Evangelische Kirche zwischen Kreuz und Hakenkreuz

Bilder und Texte
einer Ausstellung

Zusammengestellt und kommentiert
von Eberhard Röhm und Jörg Thierfelder

für die Evangelische Arbeitsgemeinschaft
für kirchliche Zeitgeschichte

im Auftrag des Rates der Evangelischen
Kirche in Deutschland

Mit einer Einführung von Klaus Scholder

Calwer Verlag Stuttgart

Dieser Bild- und Textband entstand als Dokumentation und Kommentar zu einer im Auftrag der Evangelischen Kirche in Deutschland für den Reichstag in Berlin erstellten Ausstellung gleichen Titels.

Beim Aufbau der Ausstellung wirkten beratend mit aus der Evangelischen Arbeitsgemeinschaft für kirchliche Zeitgeschichte:

Ltd. Archivdirektor Dr. Heinz Boberach, Bundesarchiv Koblenz

Prof. Dr. Georg Kretschmar, Universität München

Dr. Carsten Nicolaisen, Geschäftsführer der Evangelischen Arbeitsgemeinschaft für kirchliche Zeitgeschichte, Universität München

Prof. Dr. Klaus Scholder, Universität Tübingen

Archivdirektor Dr. Hartmut Sander, Evangelisches Zentralarchiv in Berlin

CIP-Kurztitelaufnahme der Deutschen Bibliothek

Röhm, Eberhard:
Evangelische Kirche zwischen Kreuz und Hakenkreuz: Bilder u. Texte e. Ausstellung; [Dokumentation u. Kommentar zu e. im Auftr. d. Evang. Kirche in Deutschland für d. Reichstag in Berlin erstellten Ausstellung] / Eberhard Röhm; Jörg Thierfelder. – Stuttgart: Calwer, 1981.
ISBN 3-7668-0688-2
NE: Thierfelder, Jörg:

ISBN 3-7668-0688-2

Zweite Auflage 1982

Gesamtgestaltung: Wolfgang Kern, BDG, Ludwigsburg
Druck: Offizin Chr. Scheufele, Stuttgart
Reproduktionen: TBM Repro, Winnenden

Inhalt

Abkürzungen

AGKZG	Ev. Arbeitsgemeinschaft für kirchliche Zeitgeschichte München
APU	Altpreußische Union
BA	Bundesarchiv Koblenz
BK	Bekennende Kirche
bpk	Bildarchiv preußischer Kulturbesitz
DC	Deutsche Christen
DEK	Deutsche Evangelische Kirche (1933–1945)
EKD	Evangelische Kirche in Deutschland (nach 1945)
EOK	Evangelischer Oberkirchenrat
EZA	Evangelisches Zentralarchiv in Berlin
Gestapo	Geheime Staatspolizei
HJ	Hitlerjugend
HStA	Hauptstaatsarchiv
JK	Junge Kirche
KJB	Kirchliches Jahrbuch für die Evang. Kirche in Deutschland 1933–1944, hg. v. J. Beckmann, Gütersloh 1976, 2. A.
LKA	Landeskirchliches Archiv
NSV	Nationalsozialistische Volkswohlfahrt
OKR	Oberkirchenrat
RGBl	Reichsgesetzblatt
RKA	Reichskirchenausschuß
Ullstein	Ullstein Bilderdienst Berlin (West)
VB	Völkischer Beobachter
V(K)L	Vorläufige (Kirchen-)Leitung
VO	Verordnung
[ ]	Ergänzungen der Herausgeber

Die bei den fortlaufenden Texten am Rande stehenden Ziffern sind Verweise auf die in diesem Buch wiedergegebenen Quellenstücke.

Über die Schwierigkeit, die Geschichte der Kirche im Dritten Reich zu verstehen

von Klaus Scholder, Tübingen

Was sich in den Jahren von 1933–1945, in der Zeit, als Hitler in Deutschland herrschte, zwischen dem Staat, der nationalsozialistischen Partei und der evangelischen Kirche abgespielt hat, ist schwer zu verstehen. Und diese Schwierigkeit wächst, je weiter wir uns von dieser Zeit entfernen. Denn jede Zeit hat ihre eigenen Bedingungen, Anschauungen, Gefühle, Moden und Interessen, die das Handeln der Menschen bestimmen. Und das gilt besonders für jene kurzen zwölf Jahre, in denen mehr geschah als sonst wohl in einem ganzen Jahrhundert. Nur wer vom Geist dieser Jahre etwas begriffen hat, vermag die Menschen und ihr Handeln, vermag auch die Geschichte der evangelischen Kirche in dieser Zeit zu verstehen.

Auf den ersten Blick freilich scheint alles ganz einfach zu sein. Da gab es auf der einen Seite das böse, unmenschliche und gottlose Regime Hitlers und auf der anderen Seite eine kirchliche Opposition, die »Bekennende Kirche«, die mehr oder weniger mutig, mehr oder weniger entschlossen diesem Regime Widerstand leistete. Namen wie Martin Niemöller, Dietrich Bonhoeffer und Theophil Wurm stehen für diesen Widerstand. Und ein Stück weit ist dieses Bild der Dinge sogar richtig.

Allein, bei näherem Zusehen zeigt sich, daß wir damit nur einen kleinen Ausschnitt aus dem ganzen Geschehen vor uns haben, ein ideales Bild gewissermaßen, wie wir es uns wohl wünschen würden, wenn wir uns die Geschichte unserer Kirche wünschen könnten.

Aber Wunsch und Wirklichkeit sind zweierlei. Und die ganze Wirklichkeit dieser Jahre sah sehr anders aus. Da gab es neben den Zweiflern, den Kritikern, den endlich zum Widerstand Entschlossenen, von Hitler begeisterte evangelische Christen in großer Zahl, Theologen, die den Anbruch des Dritten Reiches als Werk Gottes begrüßten, Kirchenleitungen, die die Stunde der evangelischen Kirche gekommen glaubten. Es gab Christen, die den Antisemitismus verurteilten, aber es gab sehr viel mehr, die ihn nicht sehen wollten oder sogar für richtig hielten. Und je genauer man hinsieht, um so schwerer wird es, die klaren Fronten, die eindeutigen Entscheidungen auszumachen. Woran liegt das?

Es sind vor allem *drei* große Schwierigkeiten, die sich dem Verständnis der ganzen Wirklichkeit dieser Jahre entgegenstellen.

Die *erste* große Schwierigkeit liegt in der Frage nach den Leitvorstellungen der damaligen Zeit und ihrer Menschen. Wie fern sind uns, den selbstverständlichen Europäern von heute, die Begriffe wie Nation und Vaterland gerückt, die damals das Leben und Handeln von Millionen Deutschen bis in die Tiefen ihres Daseins bestimmten. Wer kann sich angesichts des Wohlstandes des fünftreichsten Staates der Erde die ungeheuere Not noch vorstellen, die zu Beginn der dreißiger Jahre in Deutschland herrschte, die Hoffnungslosigkeit und die Resignation, aus der es kein Entrinnen zu geben schien? Wer vermag sich aus einer Gegenwart, in der Freiheit und Freizügigkeit die wichtigsten Ideale der Jugend sind, in eine Zeit zurückzuversetzen, in der mit den Parolen von Kampf und Ehre, Zucht und Ordnung, Opfer und Hingabe eine Studentenschaft nach der anderen nationalsozialistisch wählte – und dies längst vor 1933? Und wer endlich – und dies ist vielleicht der schwierigste Punkt – kann den wachsenden Einfluß verstehen, den Hitler auf die Deutschen gewann? Als er seine Karriere begann, war er ein Aussteiger, oder, wie man früher sagte, ein Bohemien, der offenbar nichts mitbrachte als eine primitive Weltanschauung, den Willen zur Macht und die Fähigkeit zur Begeisterung der Massen. Zwanzig Jahre später war er damit zum Herrscher fast ganz Europas aufgestiegen, und wiederum nur wenige Jahre später endete dies alles in beispiellosen Verbrechen und einem ungeheuren Zusammenbruch. – Man muß sich die Mühe machen, sich wenigstens ein Stück weit auf diese Fragen einzulassen, wenn man die Geschichte des Dritten Reiches verstehen will. Mit Schlagworten ist hier nichts geholfen. Solches Einlassen erfordert Zeit, Geduld und vor allem die Bereitschaft, unbeschadet des eigenen Standpunktes auch für andere Standpunkte und Meinungen offen zu sein.

Die *zweite* große Schwierigkeit besteht in der Frage, wie wir den Begriff »evangelische Kirche« verstehen. Im Unterschied zur katholischen Kirche besitzt die evangelische Kirche bekanntlich weder ein gemeinsames Oberhaupt noch eine einheitliche Organisation. Historische Entwicklungen haben es mit sich gebracht, daß zur evangelischen Kirche in Deutschland damals zum Beispiel nicht weniger als 28 Landeskirchen gehörten, von der größten, der preußischen Landeskirche mit rund 19 Millionen Mitgliedern, bis zu den kleinsten, den Landeskirchen von Birkenfeld oder Lübeck etwa, die weniger als 50000 Mitglieder zählten. Diese Landeskirchen waren zwar in einem Bund zusammengeschlossen, blieben aber trotzdem weitgehend selbständig. Was war nun damals »die« evangelische Kirche? Alle Landeskirchen gemeinsam? Oder jede für sich? Und damit nicht genug der Schwierigkeiten. Seit der Reformation gab es im Protestantismus zwei große konfessionelle Richtungen: die sich an Luther anschließenden Lutheraner und die von Calvin herkommenden Reformierten. Auch in Deutschland gab es nebeneinander große lutherische Landeskirchen und eine relativ kleine Zahl reformierter Gemeinden, dazu seit dem 19. Jahrhundert Kirchen, in denen beide Richtungen verbunden waren, die sogenannten unierten Landeskirchen. Wieder stellt sich hier die Frage, wer nun »die« evangelische Kirche darstellte: Lutheraner? Reformierte? Unierte? Oder alle zusammen? Schließlich ist die evangelische Kirche eine Gemeindekirche, keine Bischofskirche. Auf welche Stimmen also sollen wir hören? Auf die Gemeinden? Die Pfarrer? Oder bestimmten am Ende doch die Kirchenleitungen und die – wie man damals bezeichnenderweise sagte – Kirchenführer die Dinge? Keine dieser Fragen läßt sich eindeutig beantworten, und viele der Verständnisschwierigkeiten, die uns im Folgenden begegnen, stammen aus diesen Gestaltproblemen. Diese Gestaltprobleme sind andererseits der – freilich unvollkommene – Ausdruck dafür, daß nach evangelischem Verständnis Kirche überall dort ist, wo zwei oder drei versammelt sind in Jesu Namen, und daß über diese Versammlungen niemand verfügen kann als Jesus Christus allein. Niemand kann deshalb in der evangelischen Kirche kurzerhand über wahres und falsches Christentum entscheiden. Verkündigung, Glaube und Theologie sind in Freiheit an das Evangelium gebunden. Diese Freiheit hat, wie gerade die Zeit des Dritten Reiches zeigt, ihre großen Gefahren. Sie hat aber auch, wie wir aus der gleichen Zeit lernen können, ihre besondere Kraft und ihre Verheißung.

Die *dritte* große Schwierigkeit endlich besteht in der geradezu rasend schnellen Entwicklung und Veränderung, die die Jahre zwischen 1933 und 1945 auf allen Gebieten kennzeichnen. Jedes einzelne Jahr hat hier sein eigenes Gepräge, bringt neue, unvermutete Wendungen und Höhepunkte. Das gilt auch für das Verhältnis von Staat, nationalsozialistischer Partei und evangelischer Kirche. So erlebten 1933 die von Hitler begeisterten »Deutschen Christen« ihren scheinbaren Triumph in der Kirche, eine »Reichskirche« und ein »Reichsbischof« schienen die Zukunft zu bestimmen. Schon das nächste Jahr aber, 1934, brachte mit einer grundlegenden theologischen Neubesinnung eine völlige Wendung, aus der die »Bekennende Kirche« hervorging; 1935 machte der Staat mit einem »Reichskirchenminister« einen neuen Versuch, die Kirche zu einigen; 1936 kam es darüber zum Streit in der Bekennenden Kirche; 1937 bis 1939 gab es bei wachsendem Druck des Regimes wechselnde Versuche der verschiedensten Gruppen, das Verhältnis von Staat und Kirche zu ordnen. Und dann kam der Krieg mit seinen völlig anderen Bedingungen. Und ständig hatte die Kirche dabei auf neue Herausforderungen zu reagieren: auf die Erfolge und die Propaganda des Regimes ebenso wie auf das »Neuheidentum« der nationalsozialistischen Ideologie, auf die Diskriminierung und Verfolgung der Juden, auf die Frage des Eides auf Hitler, auf die sogenannte Euthanasie, auf den Krieg und auf alle Greuel in seinem Gefolge. Dies alles, wechselnde Fronten, wechselnde Gruppen, wechselnde Fragen, auf dem Hintergrund einer atemberaubenden politischen Entwicklung, macht das Bild des Ganzen so widersprüchlich, schwierig und unübersichtlich.

Angesichts dieser Schwierigkeiten bleibt für eine Ausstellung, die die Geschichte der evangelischen Kirche »zwischen Kreuz und Hakenkreuz« dokumentieren will, kein anderer Weg als der der Vereinfachung. Diese Vereinfachung muß und darf vieles weglassen; vieles verkürzen; anderes nur beispielhaft bringen oder andeuten. Nur eines darf diese Vereinfachung nicht: sie darf nicht den Eindruck jenes idealen Bildes von politischer Verfolgung und kirchlichem Widerstand erwecken, wie es möglicherweise unseren Wünschen entspricht. Die Gefahr der Apologetik, der bewußten oder unbewußten Verteidigung, Beschönigung und Idealisierung der Kirche ist nirgends größer als in dieser Zeit. Dabei fehlen Verfolgung und Widerstand, wie die Bilder und Dokumente eindrücklich zeigen, keineswegs. Und niemand wird widersprechen, wenn wir sie heute für die wichtigsten Zeugnisse dieser Jahre halten. Aber sie sind nur ein Ausschnitt aus dem Ganzen. Deshalb wird hier nicht die Geschichte der Bekennenden Kirche dokumentiert, nicht einfach »der Kirchenkampf« dargestellt, sondern dokumentiert und dargestellt wird ein Stück kirchlicher Zeitgeschichte: die evangelische Kirche auf ihrem Weg durch das »Dritte Reich« mit ihren vielen und ganz verschiedenen Gemeinden, Pfarrern und Kirchenleitungen, mit ihren politischen Fronten und konfessionellen Gruppierungen, mit ihren schrecklichen Irrtümern und leuchtenden Wahrheiten, mit ihrer Zerstrittenheit, Beschränktheit, Furchtsamkeit ebenso wie mit Beispielen des Mutes und der Glaubenstreue. Nichts davon ist schon das Ganze, nichts läßt sich auf eine einfache Formel oder ein Schlagwort bringen. Begriffe wie »Faschistische Herrschaft«, »Hitler-Diktatur«, »Rassismus«, »Deutsche Christen«, »Reichskirche«, »Bekennende Kirche« sind leer, wenn wir nicht die Mühe auf uns nehmen, sie selbst mit historischer Anschauung zu füllen.

Wie aber können wir hoffen, uns der geschichtlichen Wahrheit auch nur zu nähern, wenn sie so unübersichtlich, widersprüchlich und schwer verständlich ist? Ausstellung und Katalog laden dazu ein, die Quellen zu studieren. Quellen nennt der Historiker alle originalen Zeugnisse aus der Zeit selbst: Bilder und Berichte, Briefe und Artikel, Erklärungen, Gesetze, Befehle und was immer damals festgehalten wurde. Natürlich liegt auch in der Auswahl dieser Quellen schon eine Bewertung. Gleichwohl eröffnen sie jedem, der sich gründlich damit befaßt, die Möglichkeit, einen eigenen, unmittelbaren Zugang zu dieser Zeit zu gewinnen und sich ein eigenes, aus den Quellen geschöpftes und an ihnen kontrolliertes Urteil über die wichtigsten Vorgänge und Entscheidungen zu bilden. Studium der Quellen heißt lesen, nicht nur ein- oder zweimal, sondern immer wieder, heißt vergleichen, heißt nachdenken und prüfen. Dann gilt für den, der wirklich lernen will, noch immer unverändert der Hinweis des berühmten Basler Historikers Jacob Burckhardt, daß »eine einzige glücklich gewählte Quelle das unendlich Viele gewissermaßen ersetzen« könne, indem der Lernende »das Allgemeine im einzelnen findet und empfindet«.

Was, so sei schließlich gefragt, ist mit solchem Verständnis für uns gewonnen? Zu warnen ist zunächst vor der Hoffnung oder Erwartung, aus der Geschichte der Kirche in dieser Zeit, aus ihren Fehlern wie aus ihren richtigen Entscheidungen unmittelbare Anweisungen für die Gegenwart zu erhalten. Die Geschichte wiederholt sich nicht, und deshalb sind historische Entscheidungen niemals unmittelbar auf die Gegenwart übertragbar. Was wir gewinnen, und wozu Ausstellung und Katalog beitragen wollen, ist etwas anderes. Was wir gewinnen, wenn wir wirklich lernen wollen, ist vor allem eine Erweiterung unserer Lebens- und unserer Glaubenserfahrung. Wie einzelne, wie Gemeinden, wie eine ganze Kirche in besonderen, außerordentlichen Fällen entschieden und woran sie sich orientiert haben, was sie gehalten oder nicht gehalten hat: das bezeichnet Fülle und Grenzen menschlicher und christlicher Existenz. Die Kenntnis und das Verstehen dieser Zeit kann uns vor Überheblichkeit bewahren, vor vorschnellem Urteilen und Verurteilen; es kann nachdenklich machen, aber auch zuversichtlich. Und wenn es eine christliche Wahrheit gibt, die diese Zeit vor allem anderen lehren kann, so liegt sie in jenem Worte Martin Luthers, das sich die Bekenntnissynode von Barmen 1934 zu ihrem Motto wählte: »Wir sind es doch nicht, die da könnten die Kirche erhalten, unsere Vorfahren sind es auch nicht gewesen, unsere Nachkommen werden es auch nicht sein, sondern der ist's gewesen, ist's noch und wird es sein, der da spricht: Ich bin bei euch alle Tage bis an der Welt Ende, *Jesus Christus.*«

1. Die nationalsozialistische Bewegung und die evangelische Kirche bis 1933

Seit 1930 bestimmten Adolf Hitler und seine rechtsradikale nationalsozialistische Bewegung
immer stärker das politische Geschehen in Deutschland. 1933 wurde Hitler Reichskanzler
und hielt bald alle Macht in seinen Händen. Wie sollten die Christen und die evangelischen
Kirchen sich hier verhalten? War auch der NS-Staat für die Christen die »Obrigkeit«, der es
zu gehorchen galt?

In den Reichstagswahlen von 1930 wurde die NSDAP nach der SPD überraschend zweit-
stärkste Fraktion. Hatte die Hitlerpartei zuvor als eine der vielen kleinen Splitterparteien in der
evangelischen Kirche wenig Beachtung gefunden, so wurde sie jetzt zum Gegenstand leb-
hafter kirchlich-politischer und theologischer Diskussionen. Eine genaue Analyse des Wahl- 2
ergebnisses von 1930 zeigt, daß die Partei Hitlers gerade in evangelischen Kreisen großen
Anklang fand. Für viele Protestanten war mit dem Untergang der Monarchie 1918 eine Welt
zusammengebrochen. Daher standen sie der jungen Weimarer Republik und dem Parteien-
staat bestenfalls loyal, aber stets in kühler Distanz gegenüber. Sie erhofften sich von der 1
jungen nationalen Bewegung die Rettung des Volkes aus der Not der Zerrissenheit, des
Hungers und der entsetzlichen Arbeitslosigkeit. Die Gefahr des Rassenfanatismus und des
überzogenen Nationalismus wurde vielfach unterschätzt. Nicht wenige dachten, daß die
NSDAP – einmal in der Regierungsverantwortung – manche Drohungen nicht wahrmachen
würde.

In Wirklichkeit aber lagen die politischen Grundentscheidungen der Partei längst fest. Sie 3
beruhten auf der primitiven, aber um so wirksameren Weltanschauung Adolf Hitlers. Für ihn
waren Leben und Politik bestimmt vom Kampf der Völker um Lebensraum und vom Kampf
der arischen Rasse gegen die Juden: Danach legten es die Juden darauf an, den Ariern die
Herrschaft zu entreißen und selbst zu herrschen. Sie versuchten mit allen Mitteln, die
Lebensgrundlage der arischen Rasse zu zersetzen. Dagegen sei die arische Rasse zur Welt-
herrschaft berufen und werde sie unter Vernichtung der jüdischen Rasse erkämpfen. Am
Ende werde der Untergang des Weltfeindes Nr. 1, des internationalen Judentums, stehen.

Hitler war von der Wahrheit seiner Weltanschauung fest überzeugt. Schon im ersten Schrift- 4
stück seiner politischen Laufbahn, einem Brief vom 16. September 1919, ist sie formuliert.
Und er hält an ihr fest bis in den letzten Satz seines Politischen Testaments vom 29. April 5
1945.

In frühen Reden versuchte Hitler seinen Antisemitismus sogar vom Christentum her zu
begründen. Mit solchen Äußerungen, das wußte Hitler – im Unterschied zu manchen seiner
Parteigänger – sehr genau, mußte er den Widerspruch der christlichen Kirchen herausfor-
dern. Auf seinem politischen Weg konnten diese weltanschaulichen Auseinandersetzungen
ein gewaltiges Hindernis bedeuten. Darum verzichtete er später darauf.

Wie die Partei grundsätzlich zu Christentum und Kirche stand, hatte sie im Parteiprogramm 8
von 1920 mit dem Stichwort »positives Christentum« zum Ausdruck gebracht. Der Begriff
war unklar, klang aber bedeutungsvoll. Besonders evangelische Christen meinten, die Partei
wolle sich damit für eine klare christliche Haltung einsetzen. »Positiv« wurden in verschiede-
nen Landeskirchen gerade solche Gruppen genannt, die sich ausdrücklich für die Bewah-
rung der Bekenntnisgrundlage der Kirche einsetzten. Die Partei dagegen verstand in ihrer
Mehrheit unter diesem Schlagwort nichts anderes als ein »arisches« Christentum der Tat
nach der platten Devise: »Gemeinnutz geht vor Eigennutz«.

Nach ihrem Wahlerfolg 1930 gab die NSDAP ihre bis dahin geübte kirchenpolitische Neutrali- 9
tät auf und versuchte, die Kirchen für sich zu gewinnen. Erstaunliche Dinge ereigneten sich.
Uniformierte SA-Gruppen besuchten – die Hakenkreuzfahne voran – geschlossen die Got-
tesdienste. Prominente Nationalsozialisten zeigten öffentlich ihre Verbindung zur Kirche. So

wurde der von Haus aus katholische, spätere Reichspropagandaminister Joseph Goebbels
7 1931 in einer evangelischen Kirche in Anwesenheit Hitlers getraut. Hitler selbst ließ sich in
Bildbänden, die allerdings nach 1933 nicht mehr verbreitet werden durften, als Kirchgänger
darstellen. Eine solche Propaganda verfehlte ihre Wirkung auf viele evangelische Christen
6 nicht. Auch überzeugte Christen waren nun zur aktiven politischen Mitarbeit in der Partei
bereit. Die betont kirchenfreundliche Haltung der NSDAP hob sich für viele Christen erfreulich ab von der antikirchlichen Agitation kommunistischer und sozialistischer Gruppen.

Wie breit das Spektrum von Meinungen unter den tonangebenden Männern und Frauen in der evangelischen Kirche gegenüber dem Nationalsozialismus war, zeigte ein zweibändiges Werk, das im Frühjahr 1932 unter dem Titel »Die Kirche und das Dritte Reich – Fragen und Forderungen deutscher Theologen« erschien. Von den insgesamt 43 Autoren lehnten nahezu die Hälfte den Nationalsozialismus ab, ein Drittel blieb unentschieden und etwas über ein Viertel begrüßte ihn.

Besonders auf die Jugend wirkte die NS-Bewegung anziehend. Die NSDAP war von ihren Mitgliedern her gesehen die bei weitem jüngste politische Partei. 1932 versammelten sich zum Reichsjugendtag in Potsdam nicht weniger als 110 000 Hitlerjungen und -mädels.

Vor Hitlers »Machtergreifung« gab es in der evangelischen Kirche tatsächlich nur wenige
10/11 Hellsichtige, die die wahren Ziele des Nationalsozialismus durchschauten. Zu ihnen gehörte
vor allem die kleine, aber entschiedene Gruppe der Religiösen Sozialisten, die die NS-Bewegung von Anfang an konsequent ablehnte. Sie erkannten deutlicher als andere die Unvereinbarkeit von Christentum und NS-Ideologie. Ihre Warnung vor der »faschistischen« Gefahr verhallte jedoch wirkungslos. Ihre Sympathie für die Linksparteien, die als Kirchenfeinde galten, machte sie in der Kirche von vornherein unglaubwürdig.

Andere lehnten aus theologischen Gründen den Nationalsozialismus ab. Sie sahen in der
Rassenideologie eine besondere Form der Verherrlichung und Vergötzung des Menschen.
40 Zu ihnen gehörten vor allem der damals in Bonn lehrende Schweizer Theologe Karl Barth
und viele seiner Schüler. In ähnlicher Weise fragte 1932 auch ein lutherischer Theologe, Hermann Sasse, ob denn nicht die Lehre der evangelischen Kirche nach Punkt 24 des Parteiprogramms »eine vorsätzliche und permanente Beleidigung des Sittlichkeits- und Moralgefühls der germanischen Rasse« sei und demgemäß »keinen Anspruch auf Duldung im Dritten Reich« habe.

Eine radikale Minderheit in der Kirche – vornehmlich junge Pfarrer der sogenannten »Front-
generation« – kämpfte jedoch lautstark für Hitlers Ziele. Einzelne traten demonstrativ in Par-
6 teiversammlungen auf. So hielt etwa Wilhelm Beye, der später für kurze Zeit sogar Landesbi-
schof von Braunschweig wurde, 1931 bei einem Gauparteitag einen Feldgottesdienst in SA-Uniform.

12 Die Meinung der überwiegenden Mehrheit der evangelischen Christen brachte wohl Walter
Künneth in einem Vortrag im April 1931 zum Ausdruck: »Wir antworten als evangelische Christen auf den Ruf des Nationalsozialismus zunächst mit einem ›Ja‹. Wir antworten aber zugleich auf seinen Ruf mit einer kritische Frage.«

1. Wahlplakat der NSDAP 1932

2. Hochburgen der NSDAP und hoher evangelischer Bevölkerungsanteil bei der Reichstagswahl 1930

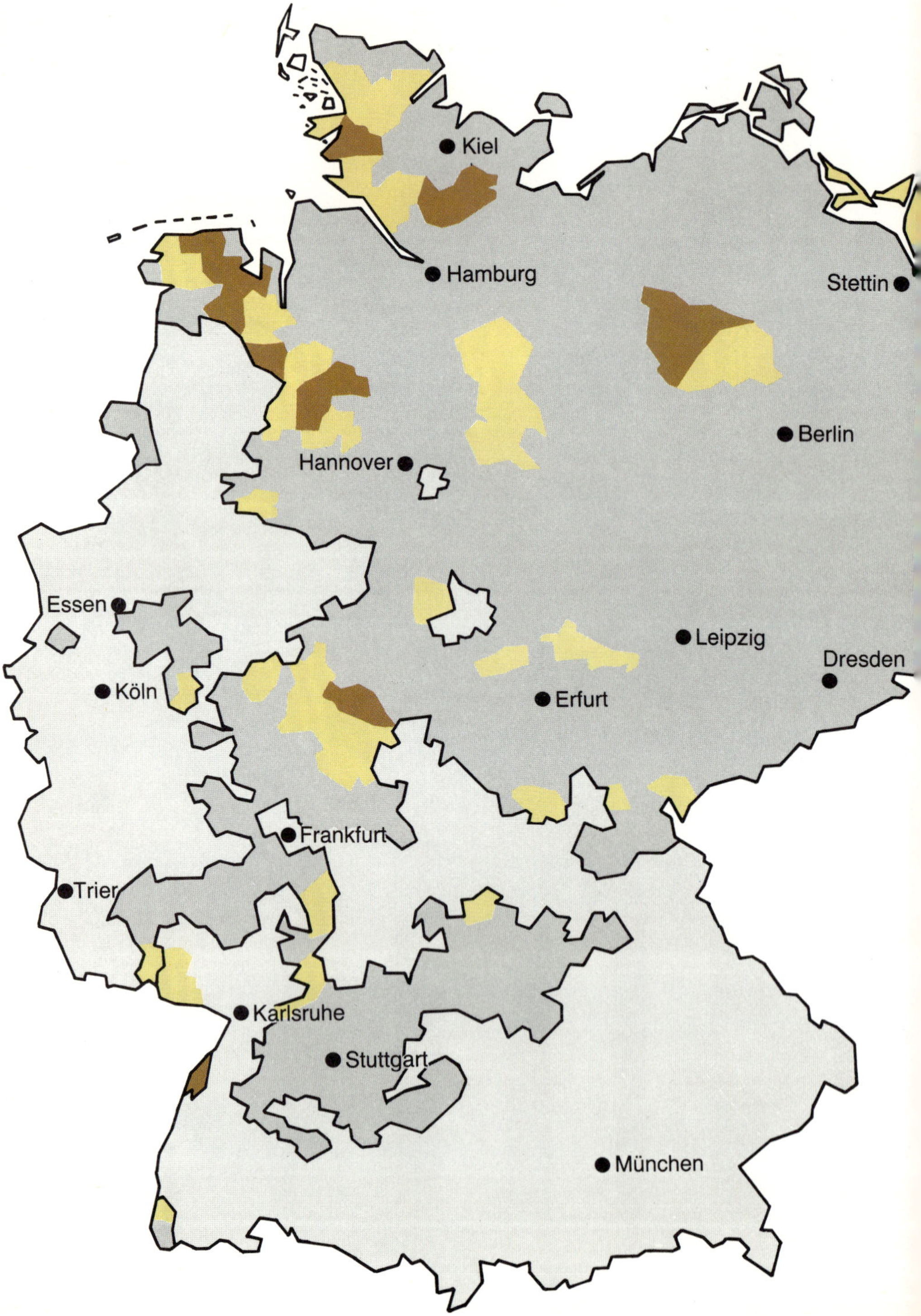

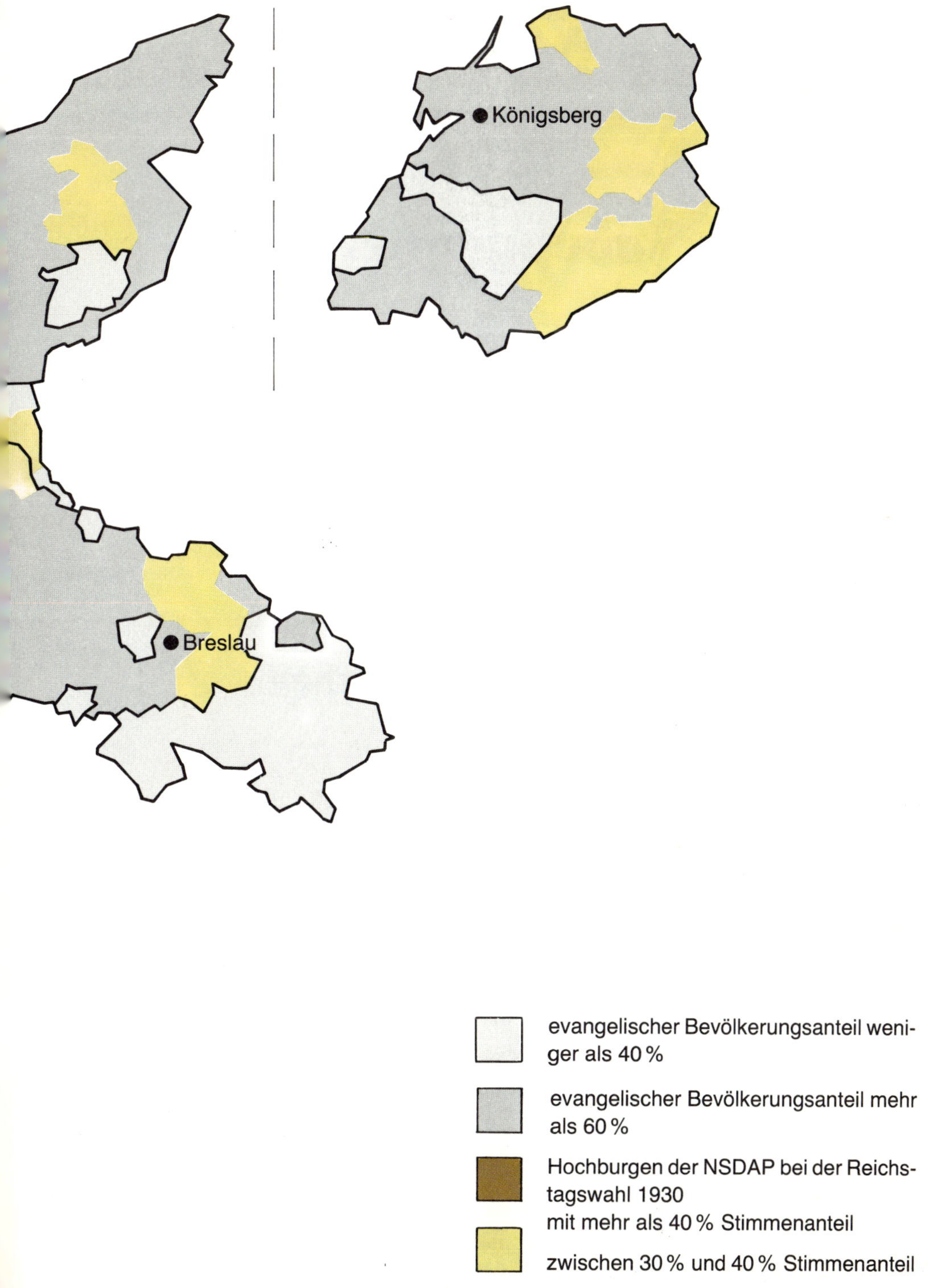
Königsberg
Breslau
evangelischer Bevölkerungsanteil weniger als 40 %
evangelischer Bevölkerungsanteil mehr als 60 %
Hochburgen der NSDAP bei der Reichstagswahl 1930
mit mehr als 40 % Stimmenanteil
zwischen 30 % und 40 % Stimmenanteil

3. Einladung zu einer NSDAP-Versammlung in München 1920

Nationalsozialistische

Deutsche Arbeiter-Partei

Alle

Volksschichten erklären uns, euer Programm erscheint uns richtig, und nur eines hindert uns mit euch zu gehen, wir verstehen nicht warum ihr

Judengegner

seid.

Gibt es nicht auch gute Juden, umgekehrt aber auch

Lumpen unter den Christen?

Seht ihr nicht auch die christlichen **Wucherer, Schieber** und **Ausbeuter, Großkapitalisten** und ihre **Presse?**
Kann der Jude etwas dafür, daß er kein Deutscher, sondern eben Jude ist?

Da erklären wir euch:

Wir bekämpfen jedes **Kapital** gleich ob **jüdisch** oder **deutsch,** wenn es nicht in schaffender Arbeit liegt, sondern im Prinzip des **Zinses,** des **mühe- und arbeitslosen Einkommens** überhaupt.
Wir bekämpfen den Juden nicht als alleinigen Träger dieses Kapitals, sondern als den planmäßigen **Verhinderer seiner Bekämpfung,** sowie als ursprünglichen Begründer dieses Systems.
Wir bekämpfen ihn nicht als einzigen Wucherer, aber als denjenigen, der auf ein Prozent der Bevölkerung **90 Prozent aller Wucherer** stellt.
Wir bekämpfen ihn nicht als einzigen Schlemmer in unserer jetzigen Not, aber als denjenigen, der zu 90 Prozent bei wieder nur 1 Prozent Bevölkerungsanteil **alle Schlemmerstätten füllt.**
Wir bekämpfen ihn aber vor allem, als denjenigen, der es immer versteht, selber unschuldig zu erscheinen und andere hängen zu lassen.

Der in Deutschland Millionen kleiner Hamsterer als

Christliche Schieber

aussuchen läßt, um selber desto sicherer **Milliarden** verschieben zu können.

Wir bekämpfen ihn vor allem auch als denjenigen, der jedes Gesetz nur solange vertritt, solange andere davon betroffen werden, jede Anwendung aber auf Verbrecher seiner eigenen Rasse sofort als

Judenhetze

bezeichnet.

Wir bekämpfen ihn als fremde Rasse nicht weil er kein Deutscher ist, sondern weil er vorschwindelt einer zu sein.
Wir bekämpfen ihn, weil er nach Mommsen ein **„Ferment der Zerstörung“** von Staaten und Rassen ist, und während er Staaten zerstört und hungernde Völker als Auswanderer in die Fremde treibt, sich selber als Fremder in diese Staaten setzt.
Wir bekämpfen sein Wirken als

Rassentuberkulose der Völker,

und sind überzeugt, daß Genesung nur eintritt, nach Entfernung des Erregers.

Deshalb fordern wir Euch auf, kommt **Alle** **zur großen öffentlichen** **Versammlung**

Heute Freitag, den 13. August im Hofbräuhausfestsaal (Platzl)

Es spricht Herr Adolf Hitler über:

„Warum sind wir Antisemiten?“

Beginn der Versammlung 7½ Uhr abends.

J. Schreibers Buchdruckerei
München, Rosental 6

Erst hört uns, und dann erst urteilt!

Zur Deckung der Saalunkosten werden 50 Pfg. Eintritt erhoben.

Einberufer für die Parteileitung: Anton Drexler.

4. Früher Brief Hitlers zur Judenfrage

Adolf Hitler in einem Brief an Adolf Gemlich vom 16. September 1919:

»Bewegt sich schon das Gefühl des Juden im rein Materiellen, so noch mehr sein Denken und Streben ...
Sein Wirken wird in seinen Folgen zur Rassentuberkulose der Völker.
Und daraus ergibt sich folgendes: Der Antisemitismus aus rein gefühlsmäßigen Gründen wird seinen letzten Ausdruck finden in der Form von Pogromen. Der Antisemitismus der Vernunft jedoch muß führen zur planmäßigen gesetzlichen Bekämpfung und Beseitigung der Vorrechte des Juden, die er nur zum Unterschied des anderen zwischen uns lebenden Fremden besitzt (Fremdengesetzgebung). Sein letztes Ziel aber muß unverrückbar die Entfernung der Juden überhaupt sein. Zu beidem ist nur fähig eine Regierung nationaler Kraft und niemals eine Regierung nationaler Ohnmacht.«

Ernst Deuerlein (Hg), Der Aufstieg der NSDAP in Augenzeugenberichten, Deutscher Taschenbuchverlag 1968 (dtv 1040), 91 ff.

5. Antisemitismus in Hitlers Testament

ADOLF HITLER

Mein politisches Testament.

Seit ich 1914 als Freiwilliger meine bescheidene Kraft im ersten, dem Reich aufgezwungenen Weltkrieg einsetzte, sind nunmehr über dreissig Jahre vergangen.

Vor allem verpflichte ich die Führung der Nation und die Gefolgschaft zur peinlichen Einhaltung der Rassegesetze und zum unbarmherzigen Widerstand gegen den Weltvergifter aller Völker, das internationale Judentum.

Gegeben zu Berlin, den 29. April 1945, 4.00 Uhr.

Als Zeuge:

6. Pfarrer Wilhelm Beye beim Feldgottesdienst auf dem Gauparteitag in Braunschweig 1931

7. Hitler als Trauzeuge in der Kirche (aus einem Propaganda-Bildband der NSDAP)

IST HITLER EIN KETZER?

Der Führer als Trauzeuge bei der Hochzeit seines Festungskameraden und jetzigen ständigen treuen Begleiters Schaub.

8. NSDAP-Parteiprogramm von 1920

Das Programm der Nationalsozialistischen Deutschen Arbeiterpartei

1. Wir fordern den Zusammenschluß aller Deutschen auf Grund des Selbstbestimmungsrechtes der Völker zu einem Groß-Deutschland.

2. Wir fordern die Gleichberechtigung des Deutschen Volkes gegenüber den anderen Nationen, Aufhebung der Friedensverträge von Versailles und St.-Germain.

3. Wir fordern Land und Boden (Kolonien) zur Ernährung unseres Volkes und Ansiedelung unseres Bevölkerungsüberschusses.

4. Staatsbürger kann nur sein, wer Volksgenosse ist. Volksgenosse kann nur sein, wer deutschen Blutes ist, ohne Rücksichtnahme auf Konfession. Kein Jude kann daher Volksgenosse sein.

5. Wer nicht Staatsbürger ist, soll nur als Gast in Deutschland leben können und muß unter Fremdengesetzgebung stehen.

6. Das Recht, über Führung und Gesetze des Staates zu bestimmen, darf nur dem Staatsbürger zustehen. Daher fordern wir, daß jedes öffentliche Amt, gleichgültig welcher Art, gleich ob im Reich, Land oder Gemeinde, nur durch Staatsbürger bekleidet werden darf. – Wir bekämpfen die korrumpierende Parlamentswirtschaft einer Stellenbesetzung nur nach Parteigesichtspunkten ohne Rücksichten auf Charakter und Fähigkeiten.

7. Wir fordern, daß sich der Staat verpflichtet, in erster Linie für die Erwerbs- und Lebensmöglichkeit der Staatsbürger zu sorgen. Wenn es nicht möglich ist, die Gesamtbevölkerung des Staates zu ernähren, so sind die Angehörigen fremder Nationen (Nicht-Staatsbürger) aus dem Reiche auszuweisen.

8. Jede weitere Einwanderung Nicht-Deutscher ist zu verhindern. Wir fordern, daß alle Nicht-Deutschen, die seit 2. August 1914 in Deutschland eingewandert sind, sofort zum Verlassen des Reiches gezwungen werden.

9. Alle Staatsbürger müssen gleiche Rechte und Pflichten besitzen.

10. Erste Pflicht jedes Staatsbürgers muß sein, geistig oder körperlich zu schaffen. Die Tätigkeit des Einzelnen darf nicht gegen die Interessen der Allgemeinheit verstoßen, sondern muß im Rahmen des Gesamten und zum Nutzen aller erfolgen.

11. Daher fordern wir: Abschaffung des arbeits- und mühelosen Einkommens. Brechung der Zinsknechtschaft.

12. Im Hinblick auf die ungeheuren Opfer an Gut und Blut, die jeder Krieg vom Volke fordert, muß die persönliche Bereicherung durch den Krieg als Verbrechen am Volke bezeichnet werden. Wir fordern daher restlose Einziehung aller Kriegsgewinne.

13. Wir fordern die Verstaatlichung aller (bisher) bereits vergesellschafteten (Trusts) Betriebe.

14. Wir fordern Gewinnbeteiligung an Großbetrieben.

15. Wir fordern einen großzügigen Ausbau der Altersversorgung.

16. Wir fordern die Schaffung eines gesunden Mittelstandes und seine Erhaltung, sofortige Kommunalisierung der Groß-Warenhäuser und ihre Vermietung zu billigen Preisen an kleine Gewerbetreibende, schärfste Berücksichtigung aller kleinen Gewerbetreibenden bei Lieferung an den Staat, die Länder oder Gemeinden.

17. Wir fordern eine unseren nationalen Bedürfnissen angepaßte Bodenreform, Schaffung eines Gesetzes zur unentgeltlichen Enteignung von Boden für gemeinnützige Zwecke. Abschaffung des Bodenzinses und Verhinderung jeder Bodenspekulation.

18. Wir fordern den rücksichtslosen Kampf gegen diejenigen, die durch ihre Tätigkeit das Gemeininteresse schädigen. Gemeine Volksverbrecher, Wucherer, Schieber usw. sind mit dem Tode zu bestrafen, ohne Rücksichtnahme auf Konfession und Rasse.

19. Wir fordern Ersatz für das der materialistischen Weltordnung dienende römische Recht durch ein Deutsches Gemeinrecht.

20. Um jedem fähigen und fleißigen Deutschen das Erreichen höherer Bildung und damit das Einrücken in führende Stellungen zu ermöglichen, hat der Staat für einen gründlichen Ausbau unseres gesamten Volksbildungswesens Sorge zu tragen. Die Lehrpläne aller Bildungsanstalten sind den Erfordernissen des praktischen Lebens anzupassen. Das Erfassen des Staatsgedankens muß bereits mit dem Beginn des Verständnisses durch die Schule (Staatsbürgerkunde) erzielt werden. Wir fordern die Ausbildung geistig besonders veranlagter Kinder armer Eltern ohne Rücksicht auf deren Stand oder Beruf auf Staatskosten.

21. Der Staat hat für die Hebung der Volksgesundheit zu sorgen durch den Schutz der Mutter und des Kindes, durch Verbot der Jugendarbeit, durch Herbeiführung der körperlichen Ertüchtigung mittels gesetzlicher Festlegung einer Turn- und Sportpflicht, durch größte Unterstützung aller sich mit körperlicher Jugendausbildung beschäftigenden Vereine.

22. Wir fordern die Abschaffung der Söldnertruppe und die Bildung eines Volksheeres.

23. Wir fordern den gesetzlichen Kampf gegen die bewußte politische Lüge und ihre Verbreitung durch die Presse. Um die Schaffung einer deutschen Presse zu ermöglichen, fordern wir, daß

a) sämtliche Schriftleiter und Mitarbeiter von Zeitungen, die in deutscher Sprache erscheinen, Volksgenossen sein müssen,

b) nichtdeutsche Zeitungen zu ihrem Erscheinen der ausdrücklichen Genehmigung des Staates bedürfen. Sie dürfen nicht in deutscher Sprache gedruckt werden,

c) jede finanzielle Beteiligung an deutschen Zeitungen oder deren Beeinflussung durch Nicht-Deutsche gesetzlich verboten wird und fordern als Strafe für Übertretungen die Schließung einer solchen Zeitung sowie die sofortige Ausweisung der daran beteiligten Nicht-Deutschen aus dem Reich. Zeitungen, die gegen das Gemeinwohl verstoßen, sind zu verbieten. Wir fordern den gesetzlichen Kampf gegen eine Kunst- und Literaturrichtung, die einen zersetzenden Einfluß auf unser Volksleben ausübt, und die Schließung von Veranstaltungen, die gegen vorstehende Forderungen verstoßen.

24. Wir fordern die Freiheit aller religiösen Bekenntnisse im Staat, soweit sie nicht dessen Bestand gefährden oder gegen das Sittlichkeits- und Moralgefühl der germanischen Rasse verstoßen.
Die Partei als solche vertritt den Standpunkt eines positiven Christentums, ohne sich konfessionell an ein bestimmtes Bekenntnis zu binden. Sie bekämpft den jüdisch-materialistischen Geist in und außer uns und ist überzeugt, daß eine dauernde Genesung unseres Volkes nur erfolgen kann von innen heraus auf der Grundlage: Gemeinnutz vor Eigennutz.

25. Zur Durchführung alles dessen fordern wir die Schaffung einer starken Zentralgewalt des Reiches. Unbedingte Autorität des politischen Zentralparlaments über das gesamte Reich und seine Organisationen im allgemeinen. – Die Bildung von Stände- und Berufskammern zur Durchführung der vom Reich erlassenen Rahmengesetze in den einzelnen Bundesstaaten. – Die Führer der Partei versprechen, wenn nötig unter Einsatz des eigenen Lebens, für die Durchführung der vorstehenden Punkte rücksichtslos einzutreten.

München, den 24. Februar 1920, (Tag der Verkündung durch Adolf Hitler im Hofbräuhaus-Festsaal)

Anmerkung: [illegible]

München, den 13. April 1928 — gez. Adolf Hitler

[illegible] Amt für Schulungsbriefe im Hauptschulungsamt der NSDAP

Aus dem Parteiprogramm der NSDAP vom 24. Februar 1920

Punkt 4: Staatsbürger kann nur sein, wer Volksgenosse ist. Volksgenosse kann nur sein, wer deutschen Blutes ist, ohne Rücksichtnahme auf Konfession. Kein Jude kann daher Volksgenosse sein.
Punkt 5: Wer nicht Staatsbürger ist, soll nur als Gast in Deutschland leben können und muß unter Fremdengesetzgebung stehen.
Punkt 6: Das Recht, über Führung und Gesetze des Staates zu bestimmen, darf nur dem Staatsbürger zustehen. Daher fordern wir, daß jedes öffentliche Amt, gleichgültig welcher Art, gleich ob im Reich, Land oder Gemeinde, nur durch Staatsbürger bekleidet werden darf. Wir bekämpfen die korrumpierende Parlamentswirtschaft einer Stellenbesetzung nur nach Parteigesichtspunkten ohne Rücksichten auf Charakter und Fähigkeiten.
Punkt 24: Wir fordern die Freiheit aller religiösen Bekenntnisse im Staat, soweit sie nicht dessen Bestand gefährden oder gegen das Sittlichkeits- und Moralgefühl der germanischen Rasse verstoßen.
Die Partei als solche vertritt den Standpunkt eines positiven Christentums, ohne sich konfessionell an ein bestimmtes Bekenntnis zu binden. Sie bekämpft den jüdisch-materialistischen Geist *in* und *außer* uns und ist überzeugt, daß eine dauernde Genesung unseres Volkes nur erfolgen kann von *innen* heraus auf der Grundlage: *Gemeinnutz vor Eigennutz.*

9. NSDAP-Plakat 1930

10. Wochenzeitung der Religiösen Sozialisten

Sonntagsblatt des arbeitenden Volkes

Herausgegeben vom Bund der religiösen Sozialisten Deutschlands

Durch christlichen Glauben zu sozialistischem Kampf — Durch sozialistischen Kampf zu christlichem Glauben!

Verlag der religiösen Sozialisten, Mannheim, Jungbuschstraße 9, e.G.m.b.H.; Postscheckkonto Karlsruhe i. B. 275 66; Fernsprecher Nr. 238 67	Schriftleitung und Geschäftsstelle des Bundes: Pfarrer Eckert, Mannheim, Jungbuschstraße 9 Fernsprech-Nummer 238 67	Durch alle Postanstalten zu beziehen Bezugspreis vierteljährlich RM. 1.30 · Druck: Mannheimer Aktiendruckerei A.-G. Mannheim

Nr. 48 — 30. November 1930 — 12. Jahrgang

Christentum und Faschismus sind unvereinbar!

Ein Wort der religiös-sozialistischen Internationale über Nationalismus und Faschismus an die europäische Christenheit.

Als Vertreter einer Bewegung, zu deren Zielen die Neuordnung der Gesellschaft im Geiste Christi und aus den Kräften des Reiches Gottes gehört, fühlen wir uns durch die steigende Welle des Nationalismus und Faschismus in ihren verschiedenen Formen und die dadurch vermehrte Gefahr des Bürgerkrieges und Völkerkrieges tief beunruhigt und in unserem Gewissen verpflichtet, darüber ein Wort der Mahnung und Bitte besonders an die christlichen Kreise zu richten.

... uns gewissenhaft, das Recht ... Sinn der ... und ...

11. Kritik des Theologen Paul Tillich am Nationalsozialismus

Paul Tillich:
Zehn Thesen (1932)

1. Ein Protestantismus, der sich dem Nationalsozialismus öffnet und den Sozialismus verwirft, ist im Begriff, wieder einmal seinen Auftrag an der Welt zu verraten.

2. Scheinbar gehorsam dem Satz, daß das Reich Gottes nicht von dieser Welt ist, zeigt er sich, wie schon häufig in seiner Geschichte, gehorsam den siegreichen Gewalten und ihrer Dämonie.

3. Sofern er den Nationalismus und die Blut- und Rassenideologie durch eine Lehre von der göttlichen Schöpfungsordnung rechtfertigt, gibt er seine prophetische Grundlage zugunsten eines neuen offenen oder verhüllten Heidentums preis und verrät seinen Auftrag, für den *einen* Gott und die *eine* Menschheit zu zeugen.

4. Sofern er der kapitalistisch-feudalen Herrschaftsform, deren Schutz der Nationalsozialismus *tatsächlich* dient, die Weihe gottgewollter Autorität gibt, hilft er den Klassenkampf verewigen und verrät seinen Auftrag, gegen Vergewaltigung und für Gerechtigkeit als Maßstab jeder Gesellschaftsordnung zu zeugen.

5. Der Protestantismus ist in schwerster Gefahr, diesen für ihn auf weite Sicht verderblichen Weg zu gehen. Ihm fehlt seit seinen Anfängen eine von den weltlichen Mächten und nationalen Trennungen unabhängige tragende Gruppe. Ihm fehlt ein prophetisch begründetes, gesellschaftskritisches Prinzip. Ihm fehlt auf lutherischem Boden der Wille, die Wirklichkeit nach dem Bilde des Reiches Gottes zu gestalten. Er ist in Deutschland soziologisch fast nur noch getragen von den Gruppen, die hinter dem Nationalsozialismus stehen, und ist dadurch ideologisch und politisch an sie gebunden.

6. Offizielle Neutralitätserklärungen der kirchlichen Instanzen ändern nichts an der tatsächlichen Haltung weitester evangelischer Kreise, Theologen und Laien. Sie werden vollends wertlos, wenn gleichzeitig kirchliche Maßnahmen gegen sozialistische Pfarrer und Gemeinden getroffen werden und Theologen, die dem heidnischen Nationalismus entgegentreten, bei der Kirche keinerlei Schutz finden.

7. Der Protestantismus hat seinen prophetisch-christlichen Charakter darin zu bewähren, daß er dem Heidentum des Hakenkreuzes das Christentum des Kreuzes entgegenstellt. Er hat zu bezeugen, daß im Kreuz die Nation, die Rasse, das Blut, die Herrschaft in

ihrer Heiligkeit gebrochen und unter das Gericht gestellt sind.

8. Der Protestantismus hat seinem Wesen nach nicht die Möglichkeit, sich in einer bestimmten politischen Richtung darzustellen. Er muß die Freiheit von sich selbst darin bewähren, daß Protestanten jeder politischen Partei angehören können, selbst denjenigen, die den Protestantismus in seiner kirchlichen Verwirklichung bekämpfen. Er muß aber jede Partei wie überhaupt jedes menschliche, auch kirchliche Tun unter das Gericht und die Hoffnung der prophetisch-urchristlichen Reichgottesverkündigung stellen.

9. Auf diese Weise kann er dem politischen Wollen der im Nationalsozialismus zusammengeschlossenen Gruppen ein ihrer sozialen Not gemäßes, wahrhaftiges und gerechtes Ziel zeigen und die Bewegung befreien von den volks- und menschheitszerstörenden Dämonien, denen sie heute unterworfen ist.

10. Ein offenes oder verstecktes Bündnis der protestantischen Kirchen mit der nationalsozialistischen Partei zur Unterdrückung des Sozialismus und Bekämpfung des Katholizismus muß nach gegenwärtigem Machtzuwachs der Kirchen zu zukünftiger Auflösung des deutschen Protestantismus führen.

Leopold Klotz (Hg), Die Kirche und das Dritte Reich. Fragen und Forderungen deutscher Theologen. Leopold Klotz Verlag, Gotha 1932, Band I, 126–128

12. Stellungnahme des Theologen Walter Künneth zum Nationalsozialismus 1931

»Was sagen wir als evangelische Christen zum Rufe des Nationalsozialismus?«...
Wir antworten als evangelische Christen auf den Ruf des NS zunächst mit einem »Ja«. Wir antworten aber zugleich auf seinen Ruf mit einer kritischen Frage ... Wir antworten mit einem Ja und zwar mit einem Ja als *zu seinem Dienst am Volke*... Wir sagen ein Ja aber auch zu dem *Willen zur sozialen Neugestaltung* ... Wir sehen drittens in der Bewegung den *Willen zum Christentum* ... Die christliche Kirche erscheint als Kulturträger bedeutungsvoll für das Volk und darum soll sie unter Achtung und Schutz des Staates stehen. Man erkennt die kirchlichen Lehren prinzipiell an... Man bekennt sich offiziell zu einem »positiven Christentum«, wobei freilich umstritten bleibt, was im einzelnen darunter zu verstehen ist...
Wir haben aber die heilige Verpflichtung, zugleich auch eine *kritische Frage* zu stellen ... Wir stellen zunächst eine kritische Frage angesichts der weltanschaulichen *Ideologie* und *Mythologie* des NS. Zunächst im Blick auf den Rassenmythus. Es wird immer wieder betont: der Blutwert ist der Grundwert... Hier wird Rasse zum Maßstab und Ziel des Lebens. Der Rassegedanke wird zu einem Mythus fortgebildet. Die Gefahr der Übersteigerung des Rassenprinzips liegt zweifellos vor...
Auch im Blick auf die *kulturpolitischen Tendenzen* des NS werden wir verpflichtet sein, eine solche Frage zu erheben. Ich will nur kurz andeuten, daß etwa die Errichtung einer nationalen Kirche ernsthafte Bedenken erwecken muß. Hier droht wieder die Gefahr, Kirche und Christentum zu einem Mittel für nationalpolitische Zwecke zu gebrauchen...
Wir müssen schließlich die kritische Frage auch noch stellen hinsichtlich der *praktischen Lebensäußerungen* der Bewegung. Denken wir an die Art des Kampfes, an die Propaganda, an die Presse, so ist das Bild wenig erfreulich. Sind das bloß Schlacken, Auswüchse einer großen Bewegung, oder handelt es sich vielleicht doch um Symptome einer tiefer sitzenden Geistigkeit? Die skrupellose Verhetzung, der maßlose Haß, die Rücksichtslosigkeit in der Wahl der Mittel muß ja zu Explosionen führen.

Walter Künneth, in: W. Künneth u. a., Was haben wir als evangelische Christen zum Rufe des Nationalsozialismus zu sagen? Dresden 1931, 5 ff.

2. Die Machtergreifung der Deutschen Christen

Seit 1932 versuchten die Nationalsozialisten, die Kirche von der Basis her zu erobern. Da in
der evangelischen Kirche die Gemeindevertretungen von allen Kirchenmitgliedern gewählt
werden, machte die NS-Bewegung große Anstrengungen, auf diese Wahlen Einfluß zu
gewinnen. Ihre Chance sah sie in den kirchlichen Wahlen für die preußische Landeskirche im
Herbst 1932. Für diese Kirchenwahlen stellten die Nationalsozialisten eine eigene Liste auf.
Hitler selbst änderte den ursprünglichen Namen »Evangelische Nationalsozialisten« in
»Deutsche Christen« (DC). Die NSDAP wollte wenigstens dem Anschein nach die kirchen-
politische Neutralität der Partei wahren. Leiter der neuen Organisation wurde der junge Berli-
ner Pfarrer Joachim Hossenfelder. Das Programm der Deutschen Christen ist in ihren Richtli- 15
nien niedergelegt, die voll von nationalsozialistischem Gedankengut sind.
Dank der kräftigen Unterstützung der Partei und der vorzüglichen Organisation ihres Wahl-
kampfs gelang es den Deutschen Christen, viele Wähler zu mobilisieren, die noch nie zu
einer Kirchenwahl gegangen waren. Ein Drittel aller Sitze fielen ihnen in den Wahlen zu.
Hitlers »Machtergreifung« im Januar 1933 brachte den Deutschen Christen einen großen 13
Aufschwung. Sie feierten in Dankgottesdiensten die »durch Gottes Fügung« erzielte politi- 14
sche Wende. Nun wollten die Deutschen Christen auch in der evangelischen Kirche ihre 16
Machtergreifung folgen lassen.
Populär war ihre Forderung, den lockeren Kirchenbund von 28 Landeskirchen in eine ein- 17
heitliche evangelische Reichskirche umzuwandeln. In dieser Reichskirche wollten sie die
einflußreichen Positionen besetzen. Die Leiter der Landeskirchen griffen ihrerseits diese For-
derung auf und setzen im April 1933 ein Drei-Männer-Kollegium ein, das eine Reform der
Verfassung des deutschen Protestantismus anpacken sollte.
Hitler glaubte nun selbst in die Entwicklung eingreifen zu müssen. Er ernannte den in der
Öffentlichkeit nahezu unbekannten Königsberger Wehrkreispfarrer Ludwig Müller überra-
schend zu seinem »Bevollmächtigten für die Angelegenheiten der evangelischen Kirchen«.
Hitlers Wahl fiel auf Ludwig Müller, weil dieser der einzige evangelische Pfarrer war, den er
näher kannte.
Müller schaltete sich sofort in die Beratung über die Kirchenreform ein. Er selbst wollte
Reichsbischof der zukünftigen evangelischen Reichskirche werden. Nicht zuletzt um dies zu 18
verhindern, bestellten die Leiter der Landeskirchen im Mai 1933 Friedrich von Bodel-
schwingh, einen in der Kirche allseits verehrten und geachteten Mann, zum neuen Reichsbi-
schof. Vor allem wollten sie damit auch ein Zeichen für die Freiheit und Unabhängigkeit der
evangelischen Kirche setzen. Unter dem Druck von Partei und Staat jedoch ließen die Lan-
deskirchen Bodelschwingh wenig später wieder fallen. Er trat nach vier Wochen zurück.
Jetzt war der Weg frei für Ludwig Müller, dem Kandidaten Hitlers. Ende Juni besetzte Müller 19
mit Hilfe von SA-Einheiten das Gebäude des Kirchenbundesamtes in Berlin und riß sogleich
die Leitung der evangelischen Kirche an sich. Auf Verlangen des Staates wurde die neue
Reichskirchenverfassung schnellstens fertiggestellt und bereits am 14. Juli von der Reichs-
regierung gebilligt. Die neugeschaffene evangelische Reichskirche nannte sich Deutsche
Evangelische Kirche (DEK). Schon neun Tage später mußten in ganz Deutschland neue 20
Kirchenwahlen abgehalten werden. Die NSDAP unterstützte die Deutschen Christen mit 21
ihrem gesamten Propagandaapparat. Hitler persönlich stellte sich in einer Rundfunkanspra- 28
che am Vorabend der Wahlen deutlich auf ihre Seite. Demgegenüber stand die oppositio-
nelle Liste »Evangelium und Kirche« auf verlorenem Posten. Ihre Wahlvorbereitungen wur- 22
den von der politischen Polizei behindert; teilweise wurde auch ihr Wahlmaterial beschlag-
nahmt. Die Wahlen endeten mit einem überwältigenden Sieg der Deutschen Christen. Sie 16
konnten nun die Herrschaft in der Reichskirche und in den meisten Landeskirchen überneh-
men. Nur Württemberg, Bayern und Hannover behielten ihre alten Kirchenleitungen und
blieben so »intakt«. In wenigen Gemeinden, wie in Berlin-Dahlem und der reformierten Wup- 26/27

pertaler Gemeinde Barmen-Gemarke, erreichten nicht die Deutschen Christen, sondern die Liste »Evangelium und Kirche« eine Mehrheit. Beschämend war, daß viele Landeskirchen resignierten und auf eine eigentliche Wahl verzichtet hatten. Sie hatten den Deutschen Christen durch Einheitslisten von vornherein bis zu zwei Drittel der Sitze zugestanden.

Nun war nach der Reichskirche auch die größte deutsche Landeskirche, die preußische, Ludwig Müller ausgeliefert. Er übernahm das neugeschaffene Amt eines preußischen Landesbischofs. Am 27. September 1933 bestätigte eine Nationalsynode in Wittenberg seine
23–25 Machtstellung, indem sie ihn zum Reichsbischof wählte. Die »Machtergreifung« der Deut-
28/29 schen Christen schien geglückt, die völlige Gleichschaltung der evangelischen Kirche nur noch eine Frage der Zeit. Als »Gleichschaltung« bezeichnete man es damals, wenn die Grundzüge des Nationalsozialismus in irgendeiner gesellschaftlichen Gruppe oder Organisation durchgesetzt wurden.

30 Ende 1933 sah die Lage freilich völlig anders aus. Was die radikalen Deutschen Christen wollten, hatte eine Großkundgebung am 13. November 1933 im Berliner Sportpalast gezeigt.
31 Der Hauptredner, Dr. Krause, forderte die Abschaffung des Alten Testaments, die Beseitigung der jüdischen Theologie des Paulus und die Verkündigung eines »heldischen Jesus«. Durch diese Kundgebung verloren die Deutschen Christen einen großen Teil ihrer Anhänger.
32/33 In der kirchlichen Öffentlichkeit erhob sich breiter Protest. Die Kirchenleitungen wurden mit Telegrammen überschüttet. Der Reichsbischof geriet nun zwischen alle Stühle. Er mußte sich von den radikalen Deutschen Christen distanzieren, gewann dadurch aber keineswegs das Vertrauen ihrer Gegner. Auch wenn die Deutschen Christen jetzt den Höhepunkt ihrer Macht überschritten hatten, konnten sich jedoch viele von ihnen in den einmal eroberten Positionen halten, vor allem in den Leitungen einzelner Landeskirchen, teilweise bis zum Kriegsende.

Auch der Reichsbischof verlor immer mehr an Glaubwürdigkeit. Um wenigstens seine Stellung bei Hitler zu stärken, überführte Ludwig Müller im Dezember 1933 unter arglistiger Täuschung der Vertreter des Evangelischen Jugendwerks 800000 evangelische Jugendliche in
34 die Hitlerjugend. Wie alle gesellschaftlichen Organisationen sollten auch die Jugendverbände im Dritten Reich sofort »gleichgeschaltet« werden. Die evangelischen Jugendführer hatten sich jedoch gegen die Auflösung der selbständigen evangelischen Jugend und ihre Überführung in die Hitlerjugend gesperrt, auch wenn die Mehrzahl von ihnen die nationalsozialistische Machtergreifung laut begrüßt hatte. Die meisten waren zu einer engen Arbeitsgemeinschaft mit der Hitlerjugend bereit und wollten ihr auch die politische und wehrsportliche Ausbildung ihrer Jugend überlassen. Sonst aber wollten sie selbständig sein, um ihrem
35/36 volksmissionarischen Auftrag treu bleiben zu können. Obwohl der Reichsbischof diese Sachlage genau kannte, schloß er mit dem NS-Reichsjugendführer Baldur von Schirach heimlich ein Abkommen und lieferte die evangelische Jugend voll an die Hitlerjugend aus.
38 Zwar handelte Müller in diesem Vertrag für das Evangelische Jugendwerk einen Freiraum von zwei Nachmittagen in der Woche und zwei Sonntagen im Monat für kirchliche Jugendveranstaltungen aus. Dies fiel jedoch kaum ins Gewicht angesichts des viel einschneidende-
37 ren Verbots jeder sportlichen und freizeitlichen Betätigung. Die kirchliche Jugendarbeit
39 unterlag jetzt der regelmäßigen Überwachung durch die Geheime Staatspolizei. Manche Jugendleiter wurden durch Strafbefehle eingeschüchtert.

In dieser Lage entstand in den einzelnen Landeskirchen unter kirchlicher Obhut eine neue kirchliche Jugendarbeit. Die kirchlichen Jugendkreise konzentrierten sich zunehmend auf das Gespräch über die Bibel, den Gesang geistlicher Lieder, das Laienspiel und auf die Gemeinschaft in Rüstzeiten. Man empfand dies nicht nur als Rückzug aus der Öffentlichkeit in ein innerkirchliches Refugium, sondern auch als Wiederentdeckung der eigentlichen Kraftquellen der Kirche und eines christlichen Lebens.

13. Fahnen der Deutschen Christen

Bildbericht für das deutsche Christenvolk

Jahrgang 1 1. Dezember-Woche 1933 Nummer 14

Das Berliner Schloß im Fest= schmuck am Luthertag 1933

Phot. Hirtz

14. Die Deutschen Christen feiern die Machtergreifung Hitlers

Evangelium im Dritten Reich
für Groß-Berlin

Jahrgang 2, Nr. 6 Sonntag, 5. Februar 1933

Mit uns der Sieg, mit uns das Feldgeschrei:
Deutschland erwache! Deutschland du bist frei!

Diese Worte aus dem Sturmlied unseres **Wilhelm Kube** haben wir in den Jahren der Schmach und Schande so oft als heiligen Schwur gen Himmel schallen lassen. Jawohl, wir glaubten an den Sieg, wir kämpften um den Sieg, und unser Herrgott gab uns den Sieg. Heute steht unser Führer

Adolf Hitler

als Reichskanzler an der Spitze des Deutschen Reiches.

Nach all dem Kampf, nach all den blutigen Opfern der hinter uns liegenden 14 Jahre, falten sich für einen Augenblick nun unsere Hände und stille zieht durch unsere dankerfüllten Herzen des alten Martin Rinckart's schlichtes Dankgebet:

„Nun danket alle Gott mit Herzen, Mund und Händen,
Der große Dinge tut an uns und allen Enden."

Wer so denkt und mit uns Gott danken will, der komme zu unserem nachstehend angezeigten Dankgottesdienst in St. Marien. Karl Fahrenhorst.

Die Glaubensbewegung „Deutsche Christen" veranstaltet am Freitag, dem 3. Februar 1933, in der St. Marienkirche, abends 8 Uhr

einen

Dankgottesdienst

Die Predigt hält der Reichsleiter, Pfarrer Hossenfelder.

Alle Nationalsozialisten und Deutsche Christen, die mit uns Gott danken wollen für den Sieg des 30. Januar 1933, nehmen an diesem Gottesdienst teil.

Telegramm unseres Reichsleiters an den Führer des neuen Deutschlands Adolf Hitler.

Sie und das Deutsche Volk beglückwünsche ich zu dem durch Gottes Fügung gestalteten Ergebnis des 30. Januar. Als Reichsleiter der Glaubensbewegung „Deutsche Christen" versichere ich Sie, mit unserem Gebet hinter Ihnen zu stehen.

Hossenfelder.

15. Die Richtlinien der Deutschen Christen vom Mai 1932

Die Richtlinien der Glaubensbewegung »Deutscher Christen« vom Mai 1932
(Auszug)

1 Diese Richtlinien wollen allen gläubigen deutschen Menschen Wege und Ziele zeigen, wie sie zu einer Neuordnung der Kirche kommen. Diese Richtlinien wollen weder ein Glaubensbekenntnis sein oder ersetzen, noch an den Bekenntnisgrundlagen der Evangelischen Kirche rütteln. Sie sind ein Lebensbekenntnis.

2 Wir kämpfen für einen Zusammenschluß der im »Deutschen Evangelischen Kirchenbund« zusammengefaßten 29 Kirchen zu einer Evangelischen Reichskirche und marschieren unter dem Ruf und Ziel:
»Nach außen eins und geistgewaltig,
Um Christus und sein Werk geschart,
Nach innen reich und vielgestaltig,
Ein jeder Christ nach Ruf und Art!«
(Nach Geibel).

4 Wir stehen auf dem Boden des positiven Christentums. Wir bekennen uns zu einem bejahenden artgemäßen Christus-Glauben, wie er deutschem Luther-Geist und heldischer Frömmigkeit entspricht.

7 Wir sehen in Rasse, Volkstum und Nation uns von Gott geschenkte und anvertraute Lebensordnungen, für deren Erhaltung zu sorgen uns Gottes Gesetz ist. Daher ist der Rassenvermischung entgegenzutreten. Die deutsche *Äußere Mission* ruft auf Grund ihrer Erfahrung dem deutschen Volke seit langem zu: »Halte deine Rasse rein!« und sagt uns, daß der Christus-Glaube die Rasse nicht zerstört, sondern vertieft und heiligt.

8 Wir sehen in der recht verstandenen *Inneren Mission* das lebendige Tat-Christentum, das aber nach unserer Auffassung nicht im bloßen Mitleid, sondern im Gehorsam gegen Gottes Willen und im Dank gegen Christi Kreuzestod wurzelt. Bloßes Mitleid ist »Wohltätigkeit« und wird zur Überheblichkeit, gepaart mit schlechtem Gewissen, und verweichlicht ein Volk. Wir wissen etwas von der christlichen Pflicht und Liebe den Hilflosen gegenüber, wir fordern aber auch Schutz des Volkes vor den Untüchtigen und Minderwertigen. Die Innere Mission darf keinesfalls zur Entartung unseres Volkes beitragen. Sie hat sich im übrigen von wirtschaftlichen Abenteuern fernzuhalten und darf nicht zum Krämer werden.

9 In der Judenmission sehen wir eine schwere Gefahr für unser Volkstum. Sie ist das Eingangstor fremden Blutes in unseren Volkskörper. Sie hat neben der Äußeren Mission keine Daseinsberechtigung. Wir lehnen die Judenmission in Deutschland ab, solange die Juden das Staatsbürgerrecht besitzen und damit die Gefahr der Rassenverschleierung und -bastardierung besteht. Die Heilige Schrift weiß auch etwas zu sagen von heiligem Zorn und sich versagender Liebe. Insbesondere ist die Eheschließung zwischen Deutschen und Juden zu verbieten.

10 Wir wollen eine evangelische Kirche, die im Volkstum wurzelt, und lehnen den Geist eines christlichen Weltbürgertums ab. Wir wollen die aus diesem Geiste entspringenden verderblichen Erscheinungen wie Pazifismus, Internationale, Freimaurertum usw. durch den Glauben an unsere von Gott befohlene völkische Sendung überwinden. Die Zugehörigkeit eines evangelischen Geistlichen zur Freimaurerloge ist nicht statthaft.

KJB 14f.

16. Der nationale Rausch in der Kirche zu Beginn des Dritten Reiches aus der Sicht einer deutschchristlichen Wochenzeitung

Das Evangelium bewegt ein Volk

Am 6. Juli legte der Studentenkampfbund der Deutschen Christen vor der Universität zu Berlin ein feierliches Bekenntnis ab zur Deutschen Reichskirche als dem Ziel der Deutschen Christen. Die Studenten waren mit ihrer Fahne, die das Hakenkreuz mit Kreuz, Schwert und Hammer im weißen Felde zeigt, erschienen. Fot. Scherl.

Oben: Die Kaiser-Wilhelm-Gedächtniskirche, aufgenommen am 2. Juli 1933. Fot. Hirz.

In der Lazaruskirche im Osten Berlins fand die Trauung von 50 nationalsozialistischen Brautpaaren statt. Der größte Teil von ihnen holte jetzt nach der Umbildung der Kirche die kirchliche Trauung nach.

Unten: Eine kirchliche Massenversammlung im Saalbau Friedrichshain zu Berlin. Fot. Scherl.

17. Die evangelischen Landeskirchen in Deutschland 1934

Die deutschen evangelischen Landeskirchen

Lutherische Kirchen (rote Farben)

1. Evangelisch-lutherische Landeskirche des Freistaats Sachsen
2. Evangelisch-lutherische Landeskirche Hannovers
3. Evangelische Landeskirche in Württemberg
4. Evangelisch-lutherische Kirche in Bayern rechts des Rheins
5. Thüringer evangelische Kirche
6. Evangelisch-Lutherische Landeskirche Schleswig-Holsteins
7. Evangelisch-Lutherische Kirche im Hamburgischen Staate
8. Evangelisch-lutherische Landeskirche Mecklenburgs
9. Braunschweigische evangelisch-lutherische Landeskirche
10. Evangelisch-lutherische Kirche des Landesteils Oldenburg
11. Evangelisch-lutherische Kirche im Lübeckischen Staate
12. Evangelisch-Lutherische Kirche von Schaumburg-Lippe
13. Evangelisch-lutherische Landeskirche des Landesteils Lübeck im Freistaat Oldenburg

Reformierte Kirchen (blaue Farbe)

14. Evangelisch-reformierte Landeskirche der Provinz Hannover
15. Lippische Landeskirche

Unierte Kirchen (grüne Farben)

16. Evangelische Kirche der altpreußischen Union
    16.1 Kirchenprovinz Mark Brandenburg
    16.2 Kirchenprovinz Pommern
    16.3 Kirchenprovinz Grenzmark-Posen-Westpr.
    16.4 Kirchenprovinz Ostpreußen
    16.5 Kirchenprovinz Schlesien
    16.6 Kirchenprovinz Sachsen
    16.7 Kirchenprovinz Westfalen
    16.8 Kirchenprovinz Rheinland
17. Evangelische Landeskirche Nassau-Hessen
18. Evangelische Landeskirche Kurhessen-Waldeck
19. Vereinigte evangelisch-protestantische Landeskirche Badens
20. Vereinigte protestantisch-evangelisch-christliche Kirche der Pfalz (Pfälzische Landeskirche)
21. Evangelische Landeskirche Anhalts
22. Bremische Evangelische Kirche

18. Friedrich von Bodelschwingh auf dem Weg zu seinem ersten Gottesdienst als neugewählter Reichsbischof, Pfingsten 1933 in Berlin

19. Wehrkreispfarrer Ludwig Müller und Pfarrer Joachim Hossenfelder mit SA-Leuten nach der gewaltsamen Besetzung des Kirchenbundesamtes, Ende Juni 1933

20. Wahlpropaganda vor einer Berliner Kirchentür für die Wahlen am 23. Juli 1933

21. Wahlunterstützung der NSDAP für die Deutschen Christen

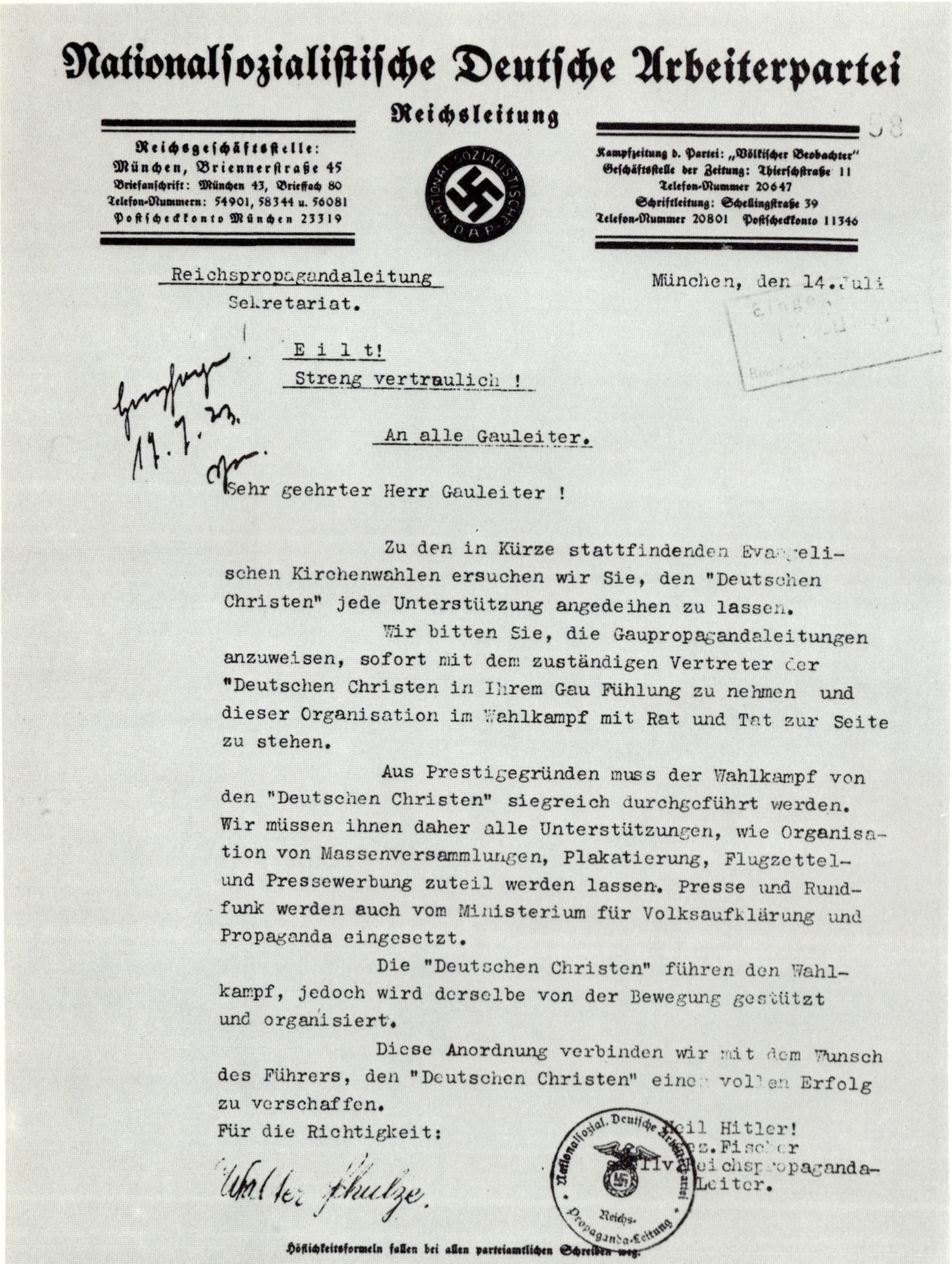

Nationalsozialistische Deutsche Arbeiterpartei

Reichsleitung

Reichsgeschäftsstelle:
München, Briennerstraße 45
Briefanschrift: München 43, Brieffach 80
Telefon-Nummern: 54901, 58344 u. 56081
Postscheckkonto München 23319

Kampfzeitung d. Partei: „Völkischer Beobachter"
Geschäftsstelle der Zeitung: Thierschstraße 11
Telefon-Nummer 20647
Schriftleitung: Schellingstraße 39
Telefon-Nummer 20801 Postscheckkonto 11346

Reichspropagandaleitung
Sekretariat.

München, den 14.Juli

Eilt!
Streng vertraulich !

An alle Gauleiter.

Sehr geehrter Herr Gauleiter !

Zu den in Kürze stattfindenden Evangelischen Kirchenwahlen ersuchen wir Sie, den "Deutschen Christen" jede Unterstützung angedeihen zu lassen.

Wir bitten Sie, die Gaupropagandaleitungen anzuweisen, sofort mit dem zuständigen Vertreter der "Deutschen Christen in Ihrem Gau Fühlung zu nehmen und dieser Organisation im Wahlkampf mit Rat und Tat zur Seite zu stehen.

Aus Prestigegründen muss der Wahlkampf von den "Deutschen Christen" siegreich durchgeführt werden. Wir müssen ihnen daher alle Unterstützungen, wie Organisation von Massenversammlungen, Plakatierung, Flugzettel- und Pressewerbung zuteil werden lassen. Presse und Rundfunk werden auch vom Ministerium für Volksaufklärung und Propaganda eingesetzt.

Die "Deutschen Christen" führen den Wahlkampf, jedoch wird derselbe von der Bewegung gestützt und organisiert.

Diese Anordnung verbinden wir mit dem Wunsch des Führers, den "Deutschen Christen" einen vollen Erfolg zu verschaffen.

Für die Richtigkeit:
Walter Schultze

Heil Hitler!
gez. Fischer
stellv. Reichspropaganda-Leiter.

Nationalsozial. Deutsche Arbeiterpartei Reichs-Propaganda-Leitung

Höflichkeitsformeln fallen bei allen parteiamtlichen Schreiben weg.

22. Wahlbehinderung der Liste »Evangelium und Kirche« durch die Deutschen Christen und die NSDAP

Jungreformatorische Bewegung Berlin-Lichterfelde
Margaretenstr. 36 links

264/28

A b s c h r i f t .

Vorgehen

der "Deutschen Christen" gegen Werbetätigkeit der Liste: "Evangelium und Kirche!" in Friedrichshagen am 19. Juli 1933.

Unter Führung des Gauleiters der "Deutschen Christen" Stud-Rat Sponholz wurden von der Polizei, S.A. und Vertretern der "Deutschen Christen" in der Verteilungsstelle der Flugblätter: Frdrhg.-Am Goldmannspark 29 bei stud theol. Kinert beschlagnahmt:

1.) ca. 7 000 Flugblätter Nr. I u. II mit Kennwort: "Evangelium und Kirche!"

2.) ca 1 500 Flugblätter I u. II mit Kennwort "Evangelische Kirche!", die am Montag besorgt und nicht mehr ausgegeben wurden.

3.) ca 1 000 Dokumente, gleichfalls am Montag vor der Beschlagnahme besorgt und überhaupt noch nicht ausgegeben.

Pf. Lic. Dr. Delius soll verhaftet werden auf Grund eines Artikels, den er aus dem Flugblatt der Jungrefomatoren zusammengestellt hatte. Dieser Artikel sollte in die Ortspresse, wurde von dem Ortsgruppenleiter der NSDAP Schmidt-Friedrichshagen, dem Zeitungsverlag abgenommen.

Bei den Flugblattverteilern wird auf Grund der gleichfalls abgenommenen Verteilungsliste Haussuchung gehalten.

Ein mithelfender Stahlhelmmann (in Zivil) soll aus dem Stahlhelm ausgeschlossen werden.

Die Verteiler stehen in Gefahr, persönlich behelligt zu werden.

23. Angebot für das Amtskreuz des DC-Landesbischofs von Braunschweig

Friedrich Höse Inh. Otto Höse

Herzoglicher Hof-Gürtler — Braunschweig, Steinweg 8

Bank-Konto: Commerz- und Privat-Bank, Dep.-K. Dankwardstr. — Postscheck: Hannover 16785 — Fernsprecher Nr. 621

Beleuchtungskörper ♦ Höse-Gasherde ♦ Gürtlerei ♦ Installationen

…haus, Steinweg, Ecke Wilhelmstraße

Mitglied
…andes der Beleuchtungsgeschäfte Deutschlands E. V.
…Verbandes deutscher Elektro-Installations-Firmen E. V.

Braunschweig, den 11. Januar 1934

Landeskirchenamt
Zch. 11. JAN. 1934
Nr.

An das
L a n d e s k i r c h e n a m t
zu
W o l f e n b ü t t e l
=====================

Betreff: Kreuz-Kette nach Skizze

Jhre Anfrage Nr. 537/Ge vom 8.1.1934

Unter Bezugnahme auf meine telefonischen Mitteilungen überreiche ich unter Rückgabe der eingesandten Skizze meine Gegenskizze zur Kreuzkette und biete dieselbe wie folgt an:

1 K r e u z k e t t e bestehend aus 1 Stahlkreuz mit mattschwarzem Felde und geschliffenem Rande 12x8 cm an 80 cm langer Kette mit großem Hakenkreuz in glattem Kreis und kleinen Hakenkreuzen in Kreis wechselnd mit je 3 Ovalkettengliedern, Hakenkreuze echt Silber poliert, Ovalkette echt Silber brüniert
Gesamtpreis etwa RM 35.- bis 40.--

Der angegebene Preis versteht sich rein netto ab hier. Die Lieferung kann bei umgehender Bestellung bis 20.1. dorthabend erfolgen.

Die Anfertigung genau nach dortiger Skizze bedürfte einer vorherigen Besprechung und einer Lieferzeit von etwa 2-3 Wochen.

Ich bitte um Auftragerteilung unter Rückgabe beider Skizzen.

Mit Deutschem Gruß !
Friedrich Höse

Anbei: 2 Skizzen

Durch Boten

Beschluß
Die Kette soll so bestellt werden.
Wfd. 11. 1. 34.
[illegible]

Bestellung ist mündlich durch Boten erfolgt
H.T. [illegible]

24. Skizze für das Amtskreuz des DC-Landesbischofs von Braunschweig

25. Siegel des Reichsbischofs mit Lutherrose und Hakenkreuz

26/27. Unzensierte und zensierte Bildseite einer rheinischen Kirchenzeitung mit bekannten Männern der Bekennenden Kirche 1934

Kirche im Aufbau

Diese evangelische Kirche in Berlin-Dahlem hat für die jüngste Geschichte unserer evangelischen Kirche besondere Bedeutung erlangt. In ihr wurde die Synode der deutschen Bekenntniskirche feierlich eröffnet und in ihr die Botschaft der Synode an die evangelischen Gemeinden verkündet, durch die sich die Bekenntniskirche eine eigene Leitung gab und der Neubau der Deutschen Evangelischen Kirche in starkem Glauben begonnen wurde.

Präses D. Dr. Koch, Oeynhausen, der als westfälischer Präses die bewährte kirchliche Ordnung seiner Heimatkirche und die des Rheinlands tapfer verteidigte; Präses der deutschen Bekenntnissynode. Vom westfälischen Konsistorium in den Ruhestand versetzt

Pfarrer D. Paul Humburg, Barmen, bekannt als langjähriger Führer des westdeutschen Jungmännerbundes. Wegen seiner Treue zur kirchlichen Ordnung disziplinarisch bestraft. Präses der rheinischen Bekenntnissynode

Pfarrer Otto Wehr, Saarbrücken, der Vertreter des Saargebietes in dem deutschen Reichsbruderrat und dadurch Bürge für die sturmbewährte Treue der Saargemeinden zum deutschen Vaterland

Pfarrer Martin Niemöller, Berlin-Dahlem, Mitglied des Bruderrats der Deutschen Evangelischen Kirche. Der Typus der die Zukunft tragenden Pfarrerschaft der Bekenntniskirche. Im Kriege U-Boot-Kommandant (Bild oben). Dann Kampfjahre als Bauer, Bankbeamter und Rottenarbeiter. Heute Pfarrer in Dahlem bei Berlin (Bild unten). Alle diese Pfarrer in der Kampffront der bekennenden Gemeinden waren Flieger, Sturmtruppführer, Offiziere: die Frontgeneration erobert sich ihre Kirche!

Pfarrer Lic. Dr. Joachim Beckmann, Düsseldorf, Mitglied des Bruderrats der Deutschen Evangelischen Kirche. Bekanntgeworden durch seine Untersuchungen über die Bekenntnisgrundlagen unserer Kirche. Vom rheinischen Konsistorium disziplinarisch bestraft

Pfarrer Karl Lücking, Dortmund, der Leiter des Bruderrates der westfälischen Bekenntniskirche und Mitglied des Reichsbruderrats der Deutschen Evangelischen Kirche

Pfarrer Heinrich Held, Essen, Mitglied des rheinischen Bruderrats und unermüdlicher Vorkämpfer für eine wahrhaft evangelische Kirche. Vom rheinischen Konsistorium disziplinarisch bestraft

Bildnachweis. Seite 1: phot. Hübschmann (Mauritius). Seite 2: phot. Hölldorf. — phot. v. Perckhammer (Mauritius). Seite 3: phot. G. Jonas. Seite 4 und 5: phot. Hans Retzlaff, Berlin. — phot. G. Jonas. — phot. von Szigethy. Seite 6: phot. B. Lohse. Seite 7: phot. Staatl. Bildstelle. Seite 8: phot. G. Jonas.

Verlag der Essener Druckerei Gemeinwohl, G.m.b.H., Essen.
Verantwortlicher Schriftleiter:
Direktor Liz. Ludwig Seiler, Essen

Diese evangelische Kirche in Berlin-Dahlem [redacted]

[redacted]

Präses D. Dr. Koch, Oeynhausen, [redacted]

Pfarrer D. Paul Humburg, Barmen, bekannt als langjähriger Führer des westdeutschen Jungmännerbundes. [redacted]

Pfarrer Otto Wehr, Saarbrücken, der Vertreter des Saargebietes [redacted] Bürge für die sturmbewährte Treue der Saargemeinden zum deutschen Vaterland

Pfarrer Martin Niemöller, Berlin-Dahlem, [redacted] Im Kriege U-Boot-Kommandant (Bild oben). Dann Kampfjahre als Bauer, Bankbeamter und Rottenarbeiter. Heute Pfarrer in Dahlem bei Berlin (Bild unten). [redacted]

Pfarrer Lic. Dr. Joachim Beckmann, Düsseldorf, [redacted] Bekanntgeworden durch seine Untersuchungen über die Bekenntnisgrundlagen unserer Kirche. [redacted]

Pfarrer Karl Lücking, Dortmund, [redacted]

Pfarrer Heinrich Held, Essen, [redacted]

Bildnachweis. Seite 1: phot. Hübschmann (Mauritius). Seite 2: phot. Hölldorf. — phot. v. Perckhammer (Mauritius). Seite 3: phot. G. Jonas. Seite 4 und 5: phot. Hans Retzlaff, Berlin. — phot. G. Jonas. — phot. von Szigethy. Seite 6: phot. B. Lohse. Seite 7: phot. Staatl. Bildstelle. Seite 8: phot. G. Jonas.

Verlag der Essener Druckerei Gemeinwohl, G.m.b.H., Essen.
Verantwortlicher Schriftleiter:
Direktor Liz. Ludwig Seiler, Essen

28. Karikatur aus einer norwegischen Zeitung, Juni 1933, mit Übersetzung und handschriftlicher Erläuterung des deutschen Auslandpfarrers in Oslo

Diese Karikatur des bekannten Blix ist zwar in einer demokratischen Zeitung erschienen (dem Organ der jetzigen Regierung), sie gibt aber die Auffassung oder besser Sorge weiter Kreise in Norwegen wieder, daß sich die deutsche Protestantische Kirche ihre Unabhängigkeit nicht werde bewahren können. Immer wieder werde ich gefragt u. von Artikel u. Interviews über die Frage gebeten: Was wird aus der evangelischen Kirche in Deutschland? Man spürt wieder einmal, wie stark die Verbundenheit mit der Kirche Luthers hier empfunden wird. Wenn die norwegischen Christen mit solcher Spannung das Schicksal der deutschen Kirche verfolgen, so tun sie das offenbar in dem Gefühl „tua res agitur"

Günther-Oslo. 10/6. 33.

29. SA vor dem Berliner Lutherdenkmal zum 450. Geburtstag des Reformators

Bildbericht für das deutsche Christenvolk

Jahrgang 1 / Nummer 12

1. November-Woche 1933

Zum 450. Geburtstag

Dr. MARTIN LUTHERS

S. A. wacht am Denkmal Martin Luthers zu Berlin

Phot. Hirtz

Ein' feste Burg ist unser Gott / ein' gute Wehr und Waffen / er hilft uns frei aus aller Not / die uns jetzt hat betroffen.

Das alte Wittenberg

30. Berliner Sportpalastkundgebung der Deutschen Christen am 13.11.1933

31. Aus der Entschließung der Sportpalastversammlung

Aus der Entschließung, die die 20000 Anwesenden der Sportpalastkundgebung am 13. November 1933 in Berlin – bei *einer* Gegenstimme – angenommen haben:

1. Wir sind als nationalsozialistische Kämpfer gewohnt, das Ringen um die Gestaltung einer großen Idee nicht mit einem faulen Frieden abzubrechen... Ein dauernder Friede kann hier nur geschaffen werden durch Versetzung oder Amtsenthebung aller der Pfarrer, die entweder nicht willens oder nicht fähig sind, bei der religiösen Erneuerung unseres Volkes und der Vollendung der deutschen Reformation aus dem Geist des Nationalsozialismus führend mitzuwirken.

3. Wir erwarten von unserer Landeskirche, daß sie den Arier-Paragraphen – entsprechend dem von der Generalsynode beschlossenen Kirchengesetz – schleunigst und ohne Abschwächung durchführt, daß sie darüber hinaus alle fremdblütigen evangelischen Christen in besondere Gemeinden ihrer Art zusammenfaßt und für die Begründung einer judenchristlichen Kirche sorgt.

4. Wir erwarten, daß unsere Landeskirche als eine deutsche Volkskirche sich frei macht von allem Undeutschen in Gottesdienst und Bekenntnis, insbesondere vom Alten Testament und seiner jüdischen Lohnmoral.

5. Wir fordern, daß eine deutsche Volkskirche ernst macht mit der Verkündigung der von aller orientalischen Entstellung gereinigten schlichten Frohbotschaft und einer heldischen Jesus-Gestalt als Grundlage eines artgemäßen Christentums, in dem an die Stelle der zerbrochenen Knechtsseele der stolze Mensch tritt, der sich als Gotteskind dem Göttlichen in sich und in seinem Volke verpflichtet fühlt.

6. Wir bekennen, daß der einzige wirkliche Gottesdienst für uns der Dienst an unseren Volksgenossen ist, und fühlen uns als Kampfgemeinschaft von unserem Gott verpflichtet, mitzubauen an einer wehrhaften völkischen Kirche, in der wir die Vollendung der deutschen Reformation Martin Luthers erblicken, und die allein dem Totalitätsanspruch des nationalsozialistischen Staates gerecht wird.

KJB 38f.

32/33. Telegramme an Reichsbischof Müller im Anschluß an die Sportpalastkundgebung

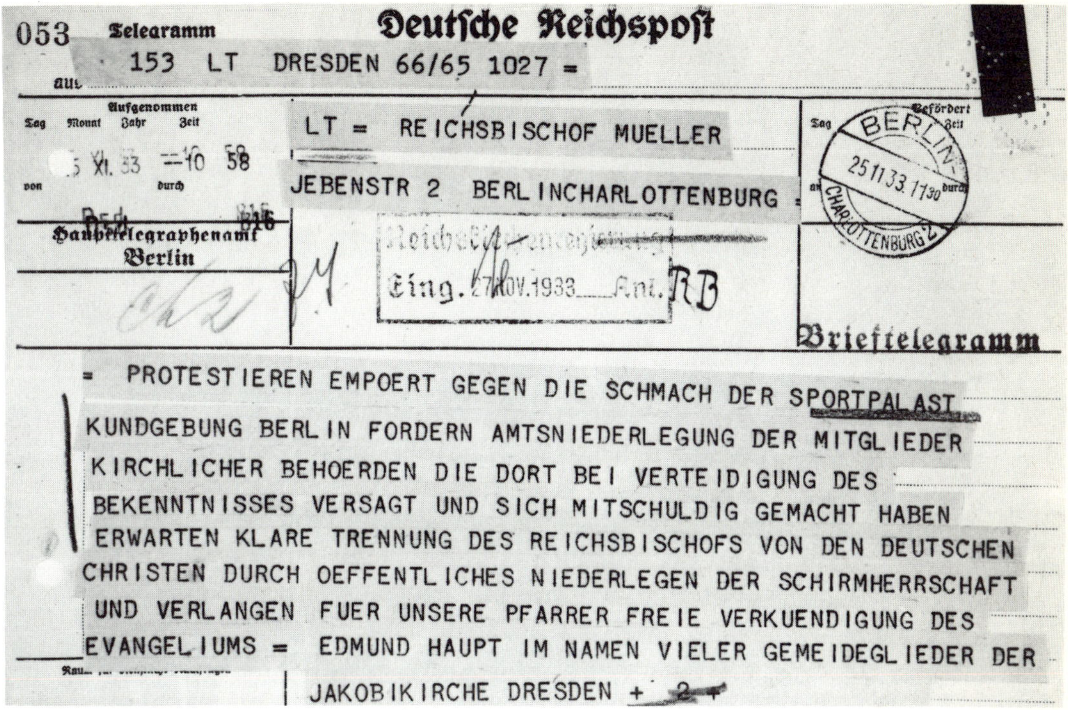

053 Telegramm **Deutsche Reichspost**

153 LT DRESDEN 66/65 1027 =

Aufgenommen Tag Monat Jahr Zeit

25 XI. 33 10 58

LT = REICHSBISCHOF MUELLER

JEBENSTR 2 BERLINCHARLOTTENBURG

Haupttelegraphenamt Berlin

Eing. 27 NOV. 1933

BERLIN 25.11.33. 11 30 CHARLOTTENBURG 2

Brieftelegramm

= PROTESTIEREN EMPOERT GEGEN DIE SCHMACH DER SPORTPALAST KUNDGEBUNG BERLIN FORDERN AMTSNIEDERLEGUNG DER MITGLIEDER KIRCHLICHER BEHOERDEN DIE DORT BEI VERTEIDIGUNG DES BEKENNTNISSES VERSAGT UND SICH MITSCHULDIG GEMACHT HABEN ERWARTEN KLARE TRENNUNG DES REICHSBISCHOFS VON DEN DEUTSCHEN CHRISTEN DURCH OEFFENTLICHES NIEDERLEGEN DER SCHIRMHERRSCHAFT UND VERLANGEN FUER UNSERE PFARRER FREIE VERKUENDIGUNG DES EVANGELIUMS = EDMUND HAUPT IM NAMEN VIELER GEMEIDEGLIEDER DER JAKOBIKIRCHE DRESDEN +

Telegramm von Pfarrern und Gemeindevertretern des rheinischen Kirchenkreises Essen an Reichsbischof Müller am 24.11.1933:

+ UEBER 250 PFARRER UND GEMEINDEVERTRETER DES RHEINISCHEN KIRCHENKREISES ESSEN BEKUNDEN IN DIESER SCHICKSALSSTUNDE UNSRER TEUREN EVANGELISCHEN KIRCHEN IHREN EINMUETIGEN WILLEN IM SINNE DER ANORDNUNGEN DES HERRN REICHSBISCHOFS, FUER KLARE FRONTEN IN UNSRER KIRCHE EINZUTRETEN. WIR BITTEN DEN HERRN REICHSBISCHOF, SEIN MANNHAFTES EINTRETEN FUER BIBEL UND BEKENNTNIS VOR DER KIRCHLICHEN OEFFENTLICHKEIT DURCH DIE GEWAEHRUNG NACHFOLGENDER ANLIEGEN ZU VOLLENDEN. WIR BITTEN: 1. DIE SCHIRMHERRSCHAFT DER GLAUBENSBEWEGUNG DEUTSCHER CHRISTEN NIEDERZULEGEN, WEIL SIE BIS ZU DIESER STUNDE NICHT DIE KRAFT FAND, SICH VON IHRER SCHULD DURCH ENTSCHEIDENDE MASSNAHMEN ZU REINIGEN. 2. ALLE INHABER KIRCHLICHER AEMTER, DIE BEI DER SPORTPALASTKUNDGEBUNG IN DER OEFFENTLICHEN VERTEIDIGUNG DES BEKENNTNISSES VERSAGT HABEN, AUS IHREN FUEHRENDEN AEMTERN ZU ENTFERNEN. 3. DEN REICHSLEITER DER GLAUBENSBEWEGUNG AUS SEINEN KIRCHLICHEN AEMTERN ZU ENTLASSEN, WEIL ER VOLLE MITVERANTWORTUNG TRAEGT UND BIS ZU DIESER STUNDE WEDER FUER SEINE PERSON NOCH FUER SEINE BEWEGUNG VON DEN SECHS PUNKTEN DER BERLINER ENTSCHLIESSUNG ABGERUECKT IST. 4. JEDE VERPFLICHTUNG EVANGELISCHER CHRISTEN, DIE NICHT EINE BINDUNG AN BIBEL UND BEKENNTNIS ALLEIN DARSTELLT, IST ALS STAENDIGE BEDROHUNG DER CHRISTLICHEN BEKENNTNISPFLICHT NUNMEHR ERWIESEN. 5. FREIHEIT UND SCHUTZ JEDEM EVANGELISCHEN CHRISTEN FEIERLICHST ZU GEWAEHREN, DER IN DIESER BEKENNTNISSTUNDE GEGEN EINE VERNEBELUNG DER LAGE VERANTWORTLICH SICH WEHRT. WIR GELOBEN, FUER DAS BEKENNTNIS UND DEN DIENST IN UNSRER KIRCHE MIT JEDER KRAFT EINZUSTEHEN = DIE PFARRER FRIEDRICH GRAEBER HEINRICH HELD +

EZA: EKD A4/97, 30

34. HJ-Propaganda-Plakat

35. Abkommen zur Eingliederung der evangelischen Jugend in die HJ vom 20.11.1933

Abkommen über die Eingliederung der evangelischen Jugend in die Hitler-Jugend.

1.) Das Evangelische Jugendwerk erkennt die einheitliche staatspolitische Erziehung der deutschen Jugend durch den nationalsozialistischen Staat und die Hitler-Jugend als Träger der Staatsidee an.

Die Jugendlichen des Evangelischen Jugendwerkes unter 18 Jahren werden in die Hitler-Jugend und ihre Untergliederungen eingegliedert.

Wer nicht Mitglied der Hitler-Jugend wird, kann fürderhin innerhalb dieser Altersstufen nicht Mitglied des Evangelischen Jugendwerkes sein.

2.) Geländesportliche (einschliesslich turnerische und sportliche) und staatspolitische Erziehung wird bis zum 18. Lebensjahre nur in der Hitler-Jugend getätigt.

3.) Die gesamten Mitglieder des Evangelischen Jugendwerkes tragen entsprechend ihrer Zugehörigkeit zur Hitler-Jugend den Dienstanzug der Hitler-Jugend.

4.) An 2 Nachmittagen in der Woche und an 2 Sonntagen im Monat bleibt dem Evangelischen Jugendwerk die volle Freiheit seiner Betätigung in erzieherischer und kirchlicher Hinsicht mit Ausnahme der in Ziffer 2 genannten Betätigung. An diesen Tagen werden, wenn nötig, die Mitglieder jeweils von der anderen Organisation beurlaubt.

Für die Mitglieder des Evangelischen Jugendwerkes wird der Dienst in der Hitler-Jugend ebenfalls auf 2 Wochentage und 2 Sonntage im Monat beschränkt.

Ausserdem wird für die evangelische Lebensgestaltung und evangelische Jugenderziehung durch volksmissionarische Kurse und Lager den Mitgliedern des Evangelischen Jugendwerkes vom Dienst in der Hitler-Jugend ein entsprechender Urlaub erteilt.

Berlin, den 20. November 1933.

Der Jugendführer des Deutschen Reiches:

Der Reichsführer im Evangelischen Jugendwerk Deutschlands:

36. Reichsjugendführer Baldur von Schirach und Reichsbischof Ludwig Müller

37. Auflösung einer Bibelfreizeit durch die Gestapo in Oberstein 1936

38. Eingliederungsvertrag zwischen der evangelischen Kirchengemeinde Oßweil und der Hitlerjugend 1934

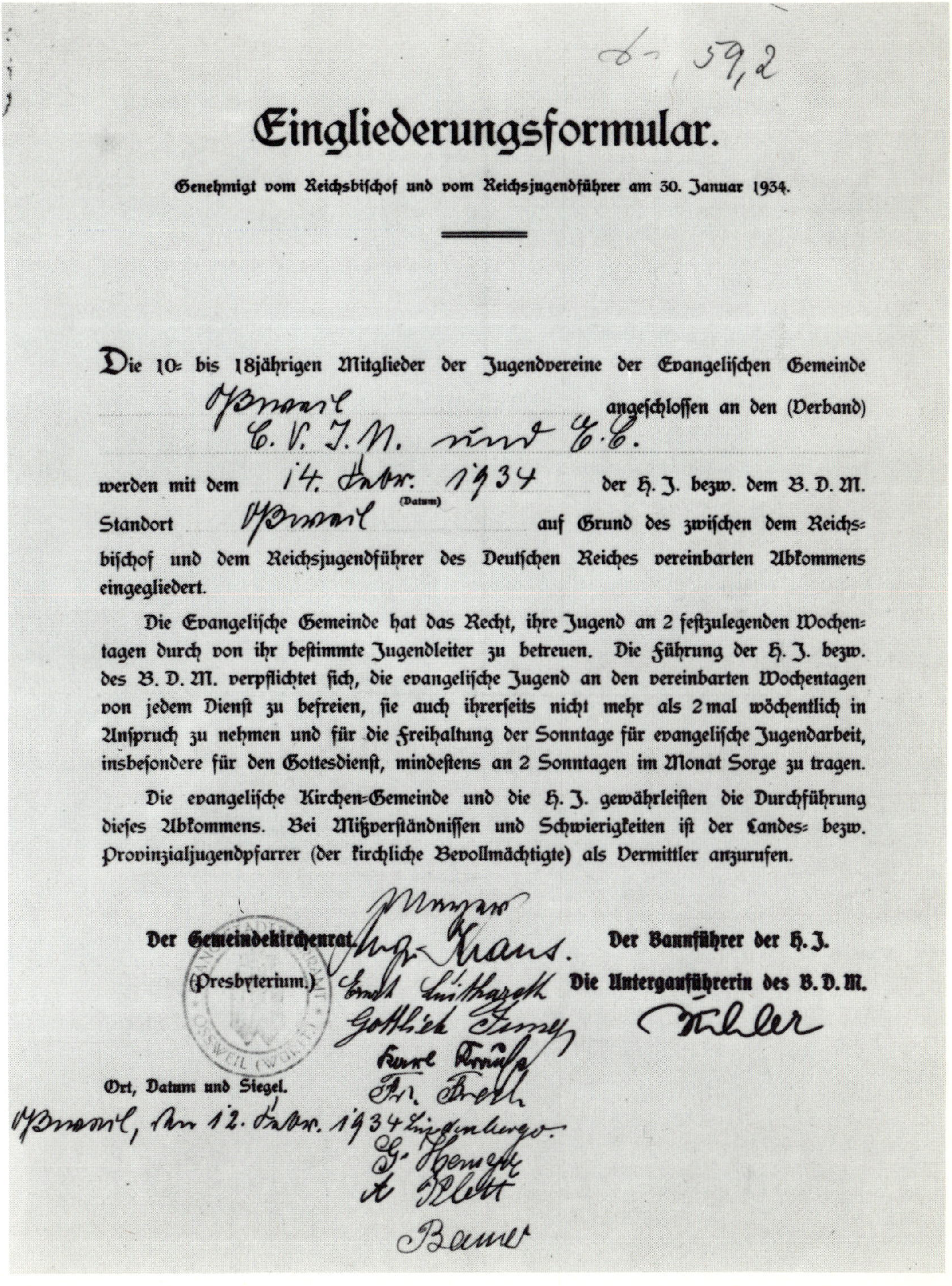

Eingliederungsformular.

Genehmigt vom Reichsbischof und vom Reichsjugendführer am 30. Januar 1934.

Die 10- bis 18jährigen Mitglieder der Jugendvereine der Evangelischen Gemeinde Oßweil angeschlossen an den (Verband) C.V.J.M. und E.C. werden mit dem 14. Febr. 1934 (Datum) der H. J. bezw. dem B. D. M. Standort Oßweil auf Grund des zwischen dem Reichsbischof und dem Reichsjugendführer des Deutschen Reiches vereinbarten Abkommens eingegliedert.

Die Evangelische Gemeinde hat das Recht, ihre Jugend an 2 festzulegenden Wochentagen durch von ihr bestimmte Jugendleiter zu betreuen. Die Führung der H. J. bezw. des B. D. M. verpflichtet sich, die evangelische Jugend an den vereinbarten Wochentagen von jedem Dienst zu befreien, sie auch ihrerseits nicht mehr als 2mal wöchentlich in Anspruch zu nehmen und für die Freihaltung der Sonntage für evangelische Jugendarbeit, insbesondere für den Gottesdienst, mindestens an 2 Sonntagen im Monat Sorge zu tragen.

Die evangelische Kirchen-Gemeinde und die H. J. gewährleisten die Durchführung dieses Abkommens. Bei Mißverständnissen und Schwierigkeiten ist der Landes- bezw. Provinzialjugendpfarrer (der kirchliche Bevollmächtigte) als Vermittler anzurufen.

Der Gemeindekirchenrat. (Presbyterium.)

Der Bannführer der H. J.
Die Untergauführerin des B. D. M.

Ort, Datum und Siegel.
Oßweil, den 12. Febr. 1934

39. Strafbefehl gegen einen evangelischen Jugendleiter

An das

Amtsgericht

Esslingen /N.

Blatt

I.15. Js Nr. 319/41.

Stuttgart-O., den 20. Oktober 1941.

Amtsgericht Esslingen /N.

Beschluß vom [illegible]

Dem Antrag der Staatsanwaltschaft entsprechend wird der nachstehende Strafbefehl hiermit erlassen:

Geschäftsnummer:
(bei allen Eingaben anzugeben)

Cs [illegible]

Amtsgericht
Eing. 2 3 OKT. 1941

Antrag.

Ich beantrage, den nachstehenden Strafbefehl zu erlassen:

Strafbefehl

gegen

den am 22.Januar 1922 in Denkendorf Krs.Esslingen geb. und dort, Adolf-Hitler-Strasse 3 wohnh., led.Bäckergesellen

Wilhelm Keller,

Die Staatsanwaltschaft beschuldigt Sie, Sie haben am Pfingsten und am 27.Juli 1941 in Denkendorf und anderen Orten fortgesetzt der Vorschrift zuwidergehandelt, wonach den konfessionellen Jugendverbänden jede Betätigung ausserhalb des kirch-religiösen Gebietes, insbesondere eine solche sportlicher, gelände-und volkssportlicher Art, das geschlossene öffentliche Auftreten und das gemeinsame Ferien-und Zeltlagern untersagt ist,

indem Sie mit 8 anderen Jungen der evang.Gemeindejugend Denkendorf an Pfingsten 1941 eine 2 1/2 tägige Radfahrt in den Schwarzwald unternahmen und dabei 2 mal gemeinsam zelteten und am 27.Juli 1941 mit lo anderen Jungen der evang. Gemeindejugend Denkendorf geschlossen mit dem Rad zu einem Bezirkstreffen der evang.Jugend nach Nürtingen und zurück fuhren, wobei Sie beidemal der Anführer waren.

Nr. 8201. Antrag auf Erlassung eines Strafbefehls — (Staatsanwaltschaft) und Strafbefehl. —
25. 5. 39. 10000.

Bitte wenden.

1 fortgesetztes ~~Übertretung~~ — Vergehen — gegen § 4 der Verordnung des Reichspräsidenten zum Schutz von Volk und Staat vom 28.Feb.1933 (RGBl.I.S.83) i.V.mit § 2 der Verordnung d.Württ.Innenministers über konfessionelle Jugendverbände vom 8.Aug.1933 (RegBl.Nr.93)

Als **Beweismittel** sind bezeichnet:

Ihr Geständnis.

Es wird gegen Sie eine

— **Geldstrafe** von 150.– RM. im Uneinbringlichkeitsfalle 30 Tage ~~Haft~~

Gefängnis —

— ~~Gefängnis- Haft- strafe von — Tage~~ —

festgesetzt, auch werden Ihnen die **Kosten des Verfahrens** und des Strafvollzugs auferlegt.

Kosten:

Gerichtsgebühr nach §§ 53, 52 GKG. 7 RM 50 Rpf
Schreibgebühr RM Rpf
Auslagen RM Rpf
zus. —: 7 RM 50 Rpf.

Dieser Strafbefehl wird **vollstreckbar**, wenn Sie nicht **binnen einer Woche** nach der Zustellung beim Amtsgericht schriftlich oder zur Niederschrift der Geschäftstelle **Einspruch erheben**.

Die Geldstrafe **und die neben berechneten Gerichtskosten** sind an die **Gerichtskasse** — ~~Gerichtszahlstelle~~ — Esslingen a.N. (**Postscheckkonto** Stuttgart № 3446.

Girokonto № bei der Reichsbank) **innerhalb einer Woche** nach dem Eintritt der Vollstreckbarkeit **unter Angabe der Geschäftsnummer Seite 1 links oben** zu zahlen.

Werden Geldstrafe und **Kosten** nicht rechtzeitig bezahlt, so muß alsbald die **zwangsweise Beitreibung** eingeleitet werden.

Zählkarte Nr.

Strafnachrichten an
a) das Strafregister bei der Staatsanw.
b) die Ortspolizeibehörde

Nachricht an StA. n.§ 19 Akt.-Ord.

Gesch. am

Amtsgerichtsrat.

Gesehen am

Der Oberstaatsanwalt bei dem Landgericht Stuttgart.

Im Auftrag

Staatsanwalt.

— Im Falle der Hauptverhandlung wird Entscheidung durch den Amtsrichter — ~~gem. § 407 Abs. 4 StPO., § 25 Abs. 1 Nr. 2 GVG.~~ — beantragt. —

Der Oberstaatsanwalt bei dem Landgericht Stuttgart

Im Auftrag:

gez. Bäuchlen

~~Erster~~ Staatsanwalt.

Eingezahlt am 29.X.41.

Gegen die Irrlehre und die Rechtsbrüche der Deutschen Christen und des Reichsbischofs setzte sich in der Deutschen Evangelischen Kirche (DEK) eine Gemeinde- und Pastorenbewegung zur Wehr, aus der später die Bekennende Kirche (BK) wurde. Die Bekennende Kirche verstand sich nie als Kirchenpartei, sondern als rechtmäßige Kirche. Sie hatte mehrere Wurzeln.

40/41 Einen entscheidenden Beitrag zur Entstehung der Bekennenden Kirche leistete der Schwei-
zer Theologieprofessor Karl Barth, der seit 1930 an der Universität Bonn lehrte. Mitten in den
44 Kirchenwirren des Sommers 1933 erschien seine Kampfschrift »Theologische Existenz
heute«, von der in kurzer Zeit über 30 000 Exemplare verkauft waren und die eine ungeheure Wirkung hatte. In dieser Schrift warnte Barth vor einer durch die Politik ausgelösten, überstürzten Kirchenreform und forderte zur theologischen Besinnung über das eigentliche Wesen der Kirche und ihren Auftrag auf. An vielen Orten in Deutschland konzentrierte man sich jetzt auf die theologische Arbeit. In Arbeitsgemeinschaften fragte man nach dem Bekenntnis der Kirche, das sich angesichts der Irrlehre der Deutschen Christen als entscheidendes Kriterium zu erweisen hatte. Immer deutlicher wurde in vielen Kreisen ausgesprochen, daß Kirche nur Kirche bleiben könne in alleiniger Bindung an die Heilige Schrift und das überlieferte Bekenntnis der Kirche.

42/43 Eine andere Wurzel der BK war der Pfarrernotbund. Er wurde gegründet, als die Generalsyn-
ode der preußischen Landeskirche am 6. September 1933 nach staatlichem Vorbild be-
schloß, Pfarrer und Kirchenbeamte jüdischer Abstammung aus ihren Ämtern zu entlassen
26, 86 (»Arierparagraph«). Kurz danach gab der Dahlemer Pfarrer Martin Niemöller die Gründung
45 des Pfarrernotbundes bekannt. Wer Mitglied dieses Notbundes werden wollte, mußte eine
Erklärung für das Bekenntnis der Kirche und gegen die Einführung des Arierparagraphen unterschreiben. Das Echo war überwältigend. Bis zum Januar 1934 wurden etwa 7 000 Pfarrer, weitaus mehr als ein Drittel der gesamten evangelischen Pfarrerschaft, durch ihre Unterschrift Mitglieder dieses Pfarrernotbundes. Der Pfarrernotbund blieb trotz mancher Verfolgung und Unterdrückung durch die Machthaber erstaunlicherweise bis zum Ende des »Dritten Reiches« bestehen. Er wurde von einem Bruderrat geleitet. Seine wichtigste Aufgabe bestand darin, die um ihres Bekenntnisses willen Verfolgten und Gemaßregelten und auch ihre Angehörigen zu unterstützen. Bis Ende 1936 brachten die Mitglieder des Pfarrernotbundes fast eine halbe Million Reichsmark, insgesamt zwischen 1934 und 1945 über 2,2 Millionen Reichsmark für die Verfolgten auf – damals eine gewaltige Summe.

Eine dritte Wurzel der Bekennenden Kirche waren die Gemeinden. Die Auseinanderset-
46 zungen um die Kirchenpolitik erfaßten auch die Christen an der Basis. In der Sorge um das
christliche Bekenntnis schlossen sich Gemeindeglieder zum Teil sogar gegen ihre deutschchristlichen Pfarrer zusammen. In einzelnen Landeskirchen bildeten sich aus bekenntnistreuen Pfarrern und Gemeinden freie Synoden. Die ersten freien Synoden fanden statt in Barmen-Gemarke, in Düsseldorf, in Berlin-Dahlem und in Dortmund. Die starke Beteiligung
47/48 der Gemeinde zeigte sich in großen Bekenntnisversammlungen. So kamen bei dem
»Gemeindetag unter dem Wort« in der Westfalenhalle in Dortmund am 18. März 1934 annähernd 25 000 Menschen zusammen.

Eine weitere Stärkung erfuhr die evangelisch-kirchliche Opposition durch den Widerstand gegen das Gewaltregiment des Reichsbischofs, der das ganze Jahr 1934 hindurch versuchte, möglichst alle Landeskirchen mit der Reichskirche »gleichzuschalten«. Damit wollten er und seine nationalsozialistischen Mithelfer endgültig allen Widerspruch in der Kirche ersticken. So wie Hitler die Regierungen der Länder dem Willen der Reichsregierung unterworfen hatte, so sollten nun auch die Landesbischöfe Befehlsempfänger Müllers werden. Das gelang ihm vor allem in jenen Landeskirchen, in denen 1933 die Deutschen Christen die
52 Mehrheit gewonnen hatten. Der Versuch scheiterte jedoch an den »intakten« Landeskirchen

in Württemberg, Bayern und – nur zum Teil – in Hannover. In diesen Landeskirchen widersetzten sich die rechtmäßigen Bischöfe mit Erfolg. So scheiterte der Versuch der Gleichschaltung der württembergischen Kirche im März 1934 am Widerstand von Landesbischof Wurm und seinem Oberkirchenrat. Sie hatten die große Mehrheit der Pfarrer und Kirchenglieder hinter sich.

Im Anschluß an diesen Eingriff des Reichsbischofs in Süddeutschland trafen sich im April 1934 in Ulm zum erstenmal Vertreter der »intakten« Landeskirchen und der freien Synoden. Sie protestierten gemeinsam gegen diese Gewaltmaßnahmen.

Im Mai 1934 fand dann in Barmen die erste Reichsbekenntnissynode statt. Auf ihr versam- 49
melten sich die »Vertreter lutherischer, reformierter und unierter Kirchen, freier Synoden,
Kirchentage und Gemeindekreise«. Aus dem Zusammenschluß dieser verschiedenen
bekennenden Gruppen, Gemeinden und Synoden war jetzt eine Kirche entstanden, die
Bekennende Kirche. In der Theologischen Erklärung von Barmen sprachen lutherische, 50
reformierte und unierte Protestanten zum erstenmal seit der Reformation ein gemeinsames
Bekenntnis. Es wurde zum richtungweisenden Wort der Bekennenden Kirche für die ganze
Zeit des Kirchenkampfs.

Im Grunde war mit der Entstehung der Bekennenden Kirche die Deutsche Evangelische Kirche gespalten. Aber weil die Bekennende Kirche sich aufgrund von Schrift und Bekenntnis als allein rechtmäßige Kirche verstand, und weil sie sich weigerte, die Kirchenverwaltung den Deutschen Christen zu überlassen, wurde die Spaltung niemals rechtlich vollzogen.

Im September 1934 versuchte Reichsbischof Müller die beiden sich heftig widersetzenden
Landeskirchen Bayern und Württemberg doch noch gewaltsam einzugliedern. Auf dem
Höhepunkt der Auseinandersetzungen wurden die beiden Bischöfe Meiser und Wurm unter
Hausarrest gestellt. Die Reichskirchenleitung, der Staat und die Partei arbeiteten bei diesen
Aktionen eng zusammen. Trotz dieses massiven Drucks gaben die Landesbischöfe von Bay- 53
ern und Württemberg nicht nach und verweigerten dem Reichsbischof den Gehorsam. Die 54
demonstrierenden Pfarrer und Gemeindeglieder halfen, dem staatlichen Druck zu widerstehen.
Dies machte auf die staatlichen und politischen Stellen großen Eindruck. Als auch noch
Proteste ausländischer Kirchenvertreter laut wurden, befürchtete Hitler zudem schwere
außenpolitische Nachteile. Darum ließ er Ende Oktober 1934 die renitenten Bischöfe Meiser
und Wurm nach Berlin kommen und setzte sie damit in aller Öffentlichkeit wieder in ihre
Ämter ein.

Unter dem Eindruck der immer stärkeren Zwangsmaßnahmen der Reichskirchenleitung ver-
sammelte sich Ende Oktober 1934 die zweite Reichsbekenntnissynode in Berlin-Dahlem.
Hier trennte sich die Bekennende Kirche endgültig von den deutschchristlichen Kirchenlei-
tungen. Sie stellte ihnen auf allen Ebenen der Kirche – in den Gemeinden, in den Kirchenkrei-
sen, in den Kirchenprovinzen bzw. Landeskirchen – jeweils eigene Kirchenleitungen entge-
gen. Diese Leitungsorgane der Bekennenden Kirche hießen Bruderräte. Noch heute heißt 51
deshalb die Leitung der Evangelischen Kirche in Deutschland »Rat der EKD«. Diese Bruder-
räte forderten die Gemeinden auf, sich in Zukunft allein an die Weisungen der Bekennenden
Kirche zu halten. Es gab nun in den »zerstörten« Kirchen Landes- bzw. Provinzialbruderräte
und auf Reichsebene einen Reichsbruderrat. Letzterer bildete zusammen mit den »intakten«
Kirchen eine »Vorläufige Kirchenleitung der Deutschen Evangelischen Kirche« (VKL). Den
Vorsitz hatte der hannoversche Landesbischof Marahrens.

Die alten DC-Kirchenleitungen konnten durch die Bruderräte freilich nicht aus dem Amt vertrieben werden. Im Gegenteil, der Staat erkannte die neuen, bruderrätlichen Kirchenleitungen niemals an. Dadurch wurden deren Aktionsmöglichkeiten von vornherein stark eingeschränkt. Die gesamte kirchliche Verwaltung, vor allem die Kirchenfinanzen, blieben im Besitz der deutschchristlichen Leitungen. Die Pfarrer der Bekennenden Kirche, die bisher schon eine feste Anstellung hatten, bekamen weiterhin ihr Gehalt von den deutschchristlichen Kirchenleitungen, obwohl sie diese nicht als rechtmäßig anerkannten.

Angesichts dieser Situation versuchten die Bruderräte trotzdem, so gut sie konnten, die Aufgaben einer Kirchenleitung wahrzunehmen. Sie erhielten von den Bekennenden Gemeinden
54–56 Kollekten zur Finanzierung der Arbeit. Die Bruderräte veröffentlichten eine Vielzahl von Handreichungen zur Bibelarbeit, zum Gottesdienst und zum Religionsunterricht. Ein wichtiger Schwerpunkt ihrer Arbeit war die Aus- und Fortbildung der jungen Theologen. Dies war nötig, da an manchen theologischen Fakultäten und Predigerseminaren ein deutschchristli-
57–60 cher Geist herrschte. Die Bekennende Kirche gründete darum eigene Kirchliche Hochschulen und eigene Predigerseminare. Sie nahm eigene Prüfungen vor und versuchte zum Teil die von den deutschchristlichen Leitungen nicht anerkannten jungen Theologen selber anzustellen.

52 An den Auseinandersetzungen zwischen der Bekennenden Kirche und den Deutschen Christen waren nicht alle Gemeinden in gleichem Maße beteiligt. Je nachdem, wo der Pfarrer, der Kirchengemeinderat bzw. das Presbyterium und die Gemeinde standen, kam es zu stärkeren oder schwächeren Auseinandersetzungen am Ort. Ebenso gab es von Landeskirche zu Landeskirche große Unterschiede. Je länger der »Kirchenkampf« dauerte, um so breiter wurde die »Mitte«.

40. Karl Barth im Kreis von Studenten in Bonn 1931 (oben 2. v. r. H. Gollwitzer, 2. v. l. K. G. Steck)

41. Barths Mitgliedskarte bei der Bekennenden Gemeinde Bonn

Bekennende Gemeinde unter dem Wort.

„Es sind mancherlei Gaben; aber es ist ein Geist. Und es sind mancherlei Ämter; aber es ist ein Herr. Und es sind mancherlei Kräfte; aber es ist ein Gott, der da wirket alles in allem. In einem jeglichen erzeigen sich die Gaben des Geistes zum gemeinen Nutzen."

1. Kor. 12, 4—7.

Ich weiß mich als Glied unserer evangelischen Kirche allein an die Heilige Schrift und an ihre rechte Auslegung in den Bekenntnissen der Reformation gebunden.

Ich weiß mich zu offenem Bekenntnis wider jede Verfälschung des Evangeliums und wider jede Anwendung von Gewalt und Gewissenszwang in unserer Kirche verpflichtet.

Ich will in Gebet, Fürbitte und Dienst eintreten für eine Erneuerung unserer Kirche aus dem Worte und Geiste Gottes.

Ich will in meiner Gemeinde mich treulich halten zum Gottesdienst, Heiligen Abendmahl, zur christlichen Haussitte und will ein dienendes Glied der bekennenden Gemeinde sein.

Solches Bekenntnis schließt ein die Verpflichtung zur Treue und Hingabe an Volk und Vaterland.

Bonn, den 12. [illegible] 1934

Vor- und Zuname: Karl Barth

Stand: Univ. Professor

Wohnort und Straße: Bonn a. Rh.

Gemeinde oder Pfarrbezirk: Bonn

(Dieser Abschnitt wird abgegeben)

Bekennende Gemeinde unter dem Wort I. 6

Bonn

Name: B a r t h, Karl

Vorname: Karl

Geburtstag und Ort: 10. Mai 1886, Basel

Stand oder Beruf: Univ. Professor

Wohnort: Bonn a. Rhein

Straße: Siebengebirgsstrasse Nr. 18

Kirchengemeinde u. Pfarrbezirk: Bonn

Kirchliche Ämter: Presbyter

verzogen

42. Preußische Generalsynode, September 1933, die sog. »Braune Synode« (i.d. Mitte Otto Dibelius)

43. Beamtengesetz der preußischen Landeskirche mit dem Arierparagraphen

Kirchengesetz betreffend die Rechtsverhältnisse der Geistlichen und Kirchenbeamten vom 6. September 1933 (Auszug)

Die Generalsynode der Evangelischen Kirche der altpreußischen Union hat folgendes Kirchengesetz beschlossen:

§ 1

1. Als Geistlicher oder Beamter der allgemeinen kirchlichen Verwaltung darf nur berufen werden, wer die für seine Laufbahn vorgeschriebene Vorbildung besitzt und rückhaltlos für den nationalen Staat und die Deutsche Evang. Kirche eintritt.
2. Wer nichtarischer Abstammung oder mit einer Person nichtarischer Abstammung verheiratet ist, darf nicht als Geistlicher und Beamter der allgemeinen kirchlichen Verwaltung berufen werden. Geistliche und Beamte arischer Abstammung, die mit einer Person nichtarischer Abstammung die Ehe eingehen, sind zu entlassen.
Wer als Person nichtarischer Abstammung zu gelten hat, bestimmt sich nach den Vorschriften der Reichsgesetze.

§ 3

1. Geistliche und Beamte, die nach ihrer bisherigen Betätigung nicht die Gewähr dafür bieten, daß sie jederzeit rückhaltlos für den nationalen Staat und die Deutsche Evangelische Kirche eintreten, können in den Ruhestand versetzt werden.
2. Geistliche oder Beamte, die nichtarischer Abstammung oder mit einer Person nichtarischer Abstammung verheiratet sind, sind in den Ruhestand zu versetzen.
3. Von der Anwendung des Abs. 2 kann abgesehen werden, wenn besondere Verdienste um den Aufbau der Kirche im deutschen Geiste vorliegen.
4. Die Vorschriften des Abs. 2 gelten nicht für Geistliche und Beamte, die bereits seit dem 1. August 1914 Geistliche oder Beamte der Kirche, des Reiches, eines Landes oder einer anderen Körperschaft des öffentlichen Rechtes gewesen sind oder die im Weltkriege an der Front für das Deutsche Reich oder für seine Verbündeten gestanden haben oder deren Väter oder Söhne im Weltkrieg gefallen sind.

KJB 33 f.

44. Karl Barth, Theologische Existenz heute

Darum kann die Kirche, kann die Theologie auch im totalen Staat keinen Winterschlaf antreten ... und auch keine Gleichschaltung sich gefallen lassen. Sie ist die naturgemäße Grenze jedes, auch des totalen Staates. Denn das Volk lebt auch im totalen Staat vom Worte Gottes ... In der ihm aufgetragenen *besonderen* Sorge muß der Theologe *wach* bleiben, ein einsamer Vogel auf dem Dach, auf der Erde also, aber unter dem offenen, weit und unbedingt offenen Himmel. Wenn doch der deutsche evangelische Theologe wach bleiben oder, wenn er geschlafen haben sollte, heute, heute wieder wach werden wollte.

Karl Barth, Theologische Existenz heute! München 1933,40

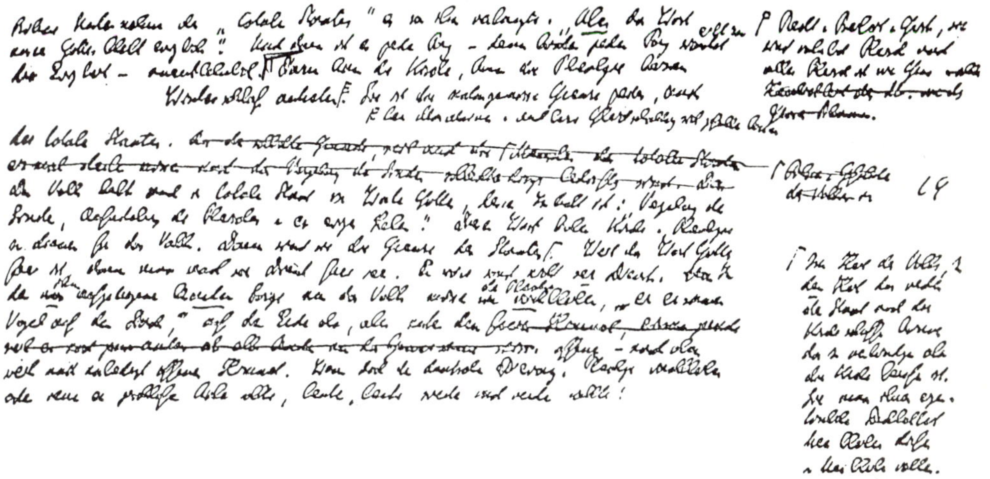

45. Verpflichtungsformular für den Pfarrernotbund

Verpflichtung.

1. Ich verpflichte mich, mein Amt als Diener des Wortos auszurichten allein in der Bindung an die Hl. Schrift und an die Bekenntnisse der Reformation als die rechte Auslegung der Hl. Schrift.
2. Ich verpflichte mich, gegen alle Verletzung solchen Bekenntstandes mit rückhaltlosem Einsatz zu protestieren.
4. Ich weiß mich nach bestem Vermögen mit verantwortlich für die, die um solchen Bekonntnisstandes willen vorfolgt werden.
5. In solcher Verpflichtung bezeuge ich, daß eine Verletzung des Bekenntnisstandes mit der Anwendung des Arierparagraphen im Raum der Kirche Christi geschaffen ist.

................, den...........1933
(Genaue Ortsangabe)

....
(Unterschrift)

Vermerk: Der Punkt 3 der früheren Verpflichtungsformulare fällt fort.

46. Unterschriftensammlung für die Bekennende Kirche in der westfälischen Gemeinde Mennighüffen

Pastor E. Wilm
Mennighüffen
Kr. Herford (Westf.)

Mennighüffen, am 24. April 1934.

An

den Bruderrat der Westfälischen Bekenntnissynode
z. Hd. Herrn Pfarrer L ü c k i n g ,
D o r t m u n d .

In unserer Kirchengemeinde ist die Unterschriftensammlung für die Bekenntnissynode abgeschlossen. Es sind 3162 Unterschriften geleistet worden, das bedeutet gut 90 % aller infragekommenden Gemeindeglieder.

Der Kopf der Unterschriftenlisten lautete:

" Einen anderen Grund kann niemand legen, ausser dem, der gelegt ist, welcher ist Jesus Christus.

Wir wollen bei dem reinen und lauteren Evangelium von dem für uns gekreuzigten und auferstandenen Herrn Jesus Christus bleiben.

Wir wollen, dass unsere Pastoren uns diese alleinige Heilsbotschaft ohne Abstriche und ohne Zusätze verkündigen.

Darum schliessen wir uns mit dem Presbyterium zusammen der Westfälischen Bekenntnissynode an und bitten sie, in unserer Heimatkirche gegenüber Irrlehre und kirchlichem Gewaltregiment die Sache der Gemeinde Jesu Christi zu verteidigen, damit also der Glaube nach dem Bekenntnis unserer evangelischen Väter uns und unseren Kindern erhalten bleibe.

Dies bekunden wir durch unsere Unterschrift.

Mennighüffen, in der Osterzeit 1934. "

Die Gemeinde steht mit grosser Freudigkeit zur Sache der bekennenden Gemeinden.

Auf der anderen Seite setzen die Deutschen Christen alles ein, um noch Einfluss zu gewinnen, sogar der Geistliche Minister Dr. Engelke spricht am 24. April 1934 in dem Wirtshaus am Bahnhof Löhne. Die Flugblätter, in denen die Deutschen Christen dazu einladen, tragen in grossen Buchstaben die Ueberschrift: "Eine Stunde innerer Mission", enthalten dann eine ganze Reihe kirchenpolitischer Bemerkungen und tragen am Schluss u. a. die Bemerkung: "Die Veranstaltung ist zu Gunsten des Rauhen Hauses." Wir sehen in dieser Formulierung nichts anderes als

47. Eintrittskarte für den »Gemeindetag unter dem Wort« der Bekennenden Kirche in der Dortmunder Westfalenhalle 1934

"Bauemnfang", denn unsere DC. haben sich bisher nicht sehr für die Innere Mission interessiert. Sie glauben aber mit solchen Ueberschriften unserer Gemeindeglieder blenden zu können.

Diese Flugblätter sind z. T. durch Lehrer an unseren Schulen den Schulkindern mitgegeben worden zum Verteilen. Wir haben dagegen beim Schulrat Beschwerde eingelegt und werden auch die Elternschaft darauf aufmerksam machen, dass sie sich gegen den Missbrauch ihrer Kinder zur Propaganda für die DC. wehrt.

Zur Feier des 1. Mai ist in der Nachbargemeinde Obernbeck ohne Wissen des Ortspfarrers ein DC-Pfarrer zum Feldgottesdienst beste[illegible]t worden. Sollte das nicht rückgängig gemacht werden, so werden wir in solchen Gemeinden genötigt sein, am 1. Mai eigene Gottesdienste für für die bekennende Gemeinde in den Gotteshäusern abzuhalten und unsere Gemeindeglieder aufzufordern, nicht zu den deutschchristlichen Feldgottesdiensten zu gehen. Die unheilvolle Verquickung von DC. und Partei zeigt sich in unserer Gemeinde immer noch sehr deutlich und führt immer wieder zu den schwersten Konflikten.

Das Presbyterium der evangelisch-lutherischen Kirchengemeinde Mennighüffen

[signature] Pfarrer.

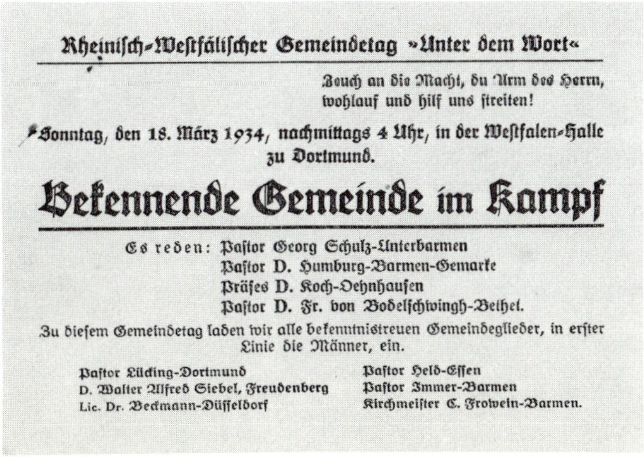
Rheinisch-Westfälischer Gemeindetag »Unter dem Wort«

Zeuch an die Macht, du Arm des Herrn, wohlauf und hilf uns streiten!

Sonntag, den 18. März 1934, nachmittags 4 Uhr, in der Westfalen-Halle zu Dortmund.

Bekennende Gemeinde im Kampf

Es reden: Pastor Georg Schulz-Unterbarmen
Pastor D. Humburg-Barmen-Gemarke
Präses D. Koch-Oehnhausen
Pastor D. Fr. von Bodelschwingh-Bethel.

Zu diesem Gemeindetag laden wir alle bekenntnistreuen Gemeindeglieder, in erster Linie die Männer, ein.

Pastor Lücking-Dortmund
D. Walter Alfred Siebel, Freudenberg
Lic. Dr. Beckmann-Düsseldorf
Pastor Held-Essen
Pastor Immer-Barmen
Kirchmeister C. Frowein-Barmen.

48. Telegramm der Gestapo Dortmund zum Gemeindetag in Dortmund 1934

RK. 2528 15. MRZ 1934

Polizei-Funkdienst

Aufgenommen		Befördert 67
a dtr	Abschrift!	an
am 14/3/34 um 1136/48	=========	am 14. MRZ 1934
durch körl	polpraes berlin	um durch

Dringend!

58

Kopf ssd dortmund nr 9 148 14 1040 =

an gestapa und reichskanzlei berlin =

pfarrer lücking leiter des hiesigen pfarrernotbundes teilt heute fernmuendlich mit, dass sontag den 18/3/34 in der westfalenhalle in dortmund ein rheinisch- westfaelischer gemeindetag stattfinden soll. die einzelnen pfarrer laden ihre gemeindemitglieder dazu ein. pfarrer lücking rechnet mit 6000- 7000 teilnehmer. es sollen sprechen pfarrer burg wuppertal- barmen, pfarrer dr. koch öynhausen und pfarrer bodelschwing bielefeld. die redner haben kein festes thema. die erörterungen sollen sich beziehen auf die frage " das bekenntnis der gemeinden " ausserdem wurde mir vertrau-ch mitgeteilt, dass am freitag den 16/3/34 in dortmund um 1000 uhr im rei noldinum eine provinzialsynode stattfinden soll, die wahrscheinlich den vor bereitungen zu den grossen öffentlichen sonntagskundgebungen dient. der pfarrernotbund scheint von dortmund aus den ganzen kampf mit erneuter hefti keit in die öffentlichkeit tragen zu wollen. ich beabsichtige ,die freitags versammlung überwachen zu lassen, und bitte um mitteilung, ob massnahmen gegen die sonntagsversammlung getroffen werden könnten =

stapo dortmund +

L124593

Efmagdruck Berlin. — Transkrit DRP.

Kirch 2

49. Sonderdruck der Barmer Zeitung zur ersten Reichsbekenntnissynode in Barmen 1934

Sonderdruck der

Barmer Zeitung

und Handelsblatt
Wuppertaler Zeitung
Westdeutsche Allgemeine Zeitung

Hauptschriftleiter: Karl Buschhaus, Wuppertal.
Sprechstunden der Schriftleitung nur von 12 bis 13 Uhr.

Verlagsleitung Gottlieb Schröder.
Bezugspreis bei Botenbest. 2.00 Mk. einschl. d. 50 Pfg. Botenl. monatl.

Die Deutsche Bekenntnis-Synode

Ein kirchengeschichtliches Ereignis / Massenversammlungen / Wichtige Entschließungen

Feierliche Eröffnung

Fast unbemerkt, ohne große Aufregung, ist Barmen über Nacht zur Kongreß-Stadt geworden. Seit gestern abend befinden sich hohe geistliche Würdenträger in den Mauern unserer Stadt. Die Bekenntnis-Synode der Deutschen Evangelischen Kirche hat sich im Anschluß an den kürzlich stattgefundenen Ulmer-Konvent versammelt und gleichsam als Eröffnungstagung fand in der Gemarker Kirche ein Gottesdienst der Bekennenden Gemeinde am Dienstag, 7 Uhr abends, statt. Schon vor der Zeit erblickte man im Kirchenschiff auf den Plätzen, die den Vertretern der Bekennenden Gemeinde aller Gaue Deutschlands reserviert waren, markante Gesichter der theologischen protestantischen deutschen Welt, so u. a. Bischof Wurm aus Stuttgart, Bischof Meiser aus München, Bischof Marahrens, Hannover, Präses Koch von der Westf. Bekenntnis-Synode, Pastor Lücking, Dortmund, Pastor Niemöller, Berlin-Dahlem, den Präses der Pommerschen Bekenntnis-Synode, Rittergutsbesitzer von Thadden-Trieglaff, Reichsgerichtsrat Flohr, Pfarrer Jacoby, Berlin, Universitäts-Professor Dr. Barth, Bonn, Graf Seydlitz-Woltersdorf, Universitäts-Professor Dr. [illegible]tter, Frau v. Mackensen, Past. Humburg, Pastor Immer, Pastor Schulz usw.

Kaum war der letzte Ton der Kirchenglocken verklungen, erschien auf der Kanzel der Gemarker Kirche der Sohn des bekannten Balten-Pfarrers Hahn, Superintendent Hahn, Dresden. Jetzt intonierte die Orgel mit wuchtigen Klängen das Vorspiel zum alten Kirchenlied „Fahre fort, fahre fort". Die Gemeinde fiel in machtvollem Gesang ein, denn die überfüllte Kirche war überwiegend mit Männern besetzt. Noch schwangen leise die Akkorde durch das Gotteshaus, als der Prediger mit der versammelten Bekenntnis-Gemeinde im Gebet Gottes Segen erflehte. Es folgte die Schriftverlesung: Offenbarung 2, Vers 1—7: Dem Engel zu Ephesus schreibe: Ich weiß deine Werke und deine Arbeit und deine Geduld und daß du die Bösen nicht tragen kannst und hast versucht die, so da sagen, sie seien Apostel und sinds nicht usw.

„Wir sind hier versammelt als die Bekennende Kirche Deutschlands und wissen um die Verantwortung aber auch gleichzeitig um die göttliche Gabe und Verheißung, wenn wir dies aussprechen," so leitete Superintendent Hahn nunmehr seine Predigt im Anschluß an das verlesene Wort ein. „Wir werden in diesen Tagen vielerlei bereden, doch soll dennoch unser Blick immer gerichtet bleiben auf den einen, der allein Herr der Kirche ist und vom Vater absolute Vollmacht hat, zu seinen Gemeinden zu reden." Danach stellte der Redner in den Mittelpunkt seiner Betrachtung die Worte: „Ich habe wider dich, daß du die erste Liebe verlassen hast". Dieser Vorwurf treffe auch die Kirche in Deutschland, auch die Bekennende Gemeinde. Wir seien Gewohnheits-Christen geworden, Christus wolle aber die völlige Hingabe. So komme es, daß eine verweltlichte Kirche nicht mehr auf den Herrn schaue, sondern die Kirche als Mittel irdischer Zwecke herabgewürdigt werde. Unsere Verweltlichung stehe nicht am Anfang, sondern am Ende einer langen Entwicklung.

Nun könne auch die Bekennende Gemeinde sich nicht selbst rühmen, aber sie dürfe den Herrn rühmen, daß er ihr, ebenso wie den Ephesern, die Gabe der Erkenntnis des Geistes der Irrlehre geschenkt habe. Die Bekennende Gemeinde müsse sich dabei vor der Gefahr des Richtgeistes hüten. Der Haß, von dem im Text die Rede sei, dürfe sich nicht gegen Personen, sondern nur gegen das unheilige Wesen richten.

Im zweiten Teil des Referats stellte Superintendent Hahn die „Hoffende Gemeinde" in den Vordergrund seiner Betrachtung. Der Herr kommt, so schalle es durch die ganze Offenbarung, es gehe jetzt ein Gericht über die Welt, möglich, daß es zunächst nur eine Gnaden-Heimsuchung sei. „Wo du nicht Buße tuest, Kirche Deutschlands", so rief Superintendent Hahn aus, „wirst du umgestoßen werden." Mit den beiden Unterstreichungen: „Wer Ohren hat zu hören, der höre" und „wer überwindet, dem will ich zu essen geben, von dem Holz des Lebens", klang die mit tiefem Ernst gehaltene Predigt aus. Im Gebet gedachte Superintendent Hahn des greisen Reichspräsidenten und des Reichskanzlers. Stehend sprach die Bekennende Gemeinde das „Vaterunser", um nach dem Gesang „Wachet auf, ruft uns die Stimme" den Segen zu empfangen.

Die Bekenntnisstätte:

Gemarker Kirche, Barmen

Das Kirchenschiff mit Kanzel

Berichtsabend im Klingelholl

Die Gemarker Kirche hatte gestern wiederum einen großen Tag. Weitere Vertreter des protestantischen Deutschlands hatten sich eingefunden, um mit den Führern der Bekenntnissynode über Glaubensfragen gerade unserer Zeit wichtige Besprechungen zu pflegen. Der Vormittag und Nachmittag war mit Referaten theologischer und juristischer Art ausgefüllt, während der Abend im Gemeindesaal Klingelhollstraße ein ungezwungenes Beisammensein brachte.

Hier ist es unserem Berichterstatter mit Mühe und Not gelungen, eine Moment-Aufnahme zu erhaschen. Man muß schon sagen, daß die Kirchenführer sich als Feinde einer jeden Popularitätshascherei zeigten, denn von der Leitung wurde jedes Gruppenbild, wenn auch freundlich, so doch leider bestimmt, abgewiesen. Neben den bereits gestern erwähnten Bischöfen und Kirchenführern, entdeckte man im Klingelholl den früherenReichsbischof P. D. Bodelschwingh.

Am Abend des 30. Mai fanden sich die Synodalen mit den Gästen im Gemeindehaus Klingelholl zusammen, um die Berichte aus den verschiedenen Notgebieten der evangelischen Kirche entgegenzunehmen.

Vorab muß vor allem gesagt sein, daß alle Berichte an diesem Abend den Geist der ganzen Synode atmeten: Nicht um die anderen geht es, sondern wir, die bekennenden Gemeinden sind angeredet in dieser großen Richt- und Rüstzeit Gottes. So vermieden alle Berichte, sich irgendwie an den Gegner persönlich zu wenden oder ihn gar persönlich herabzusetzen. Wo man die Auseinandersetzung mit ihm berühren mußte, geschah es aus einer starken inneren Beherrschung heraus, zu der der Geist einer um den Aufbau bemühten Gemeinde nötigt.

Als erster sprach Pfarrer Gluer, Gr. Schmückwalde, für Ostpreußen. Hier ist die große Not, daß die zur Kirche Zählenden ihr innerlich zum weitaus überwiegenden Teil nicht zugehören, so daß die innersten Voraussetzungen fehlen für das Verständnis dessen, um was es in der Kirche geht. Das macht die Klärung der Lage selbst unter denen, die sie ihrer Haltung nach an sich begreifen müßten, so außerordentlich schwierig. Nicht viel anders sieht es auch in Bremen aus, worüber Pfarrer Lic. Greiffenhagen berichtete. Die kleine bremische Landeskirche hat in ihrem neuen Werdegang immer schon die Entwicklung in der Reichskirche vorweggenommen. Hier ist der weltliche Führergrundsatz restlos durchgeführt, indem es der Landeskirchenführer nur noch mit den Gemeindeführern zu tun hat, die seinen Anweisungen in jeder Hinsicht zu folgen haben und auch folgen. Die Gemeinden sind auf das Hören beschränkt. Aber auch das ist noch Verheißung, wenn Zeugen Gottes reden. Wo lebendiges Zeugnis ist, kann auch wieder Gemeinde werden.

Für die hannoversche lutherische Landeskirche legte Superintendent Wolters, Soltau, die neueste Entwicklung dar. Starken Widerhall fand die Mitteilung, daß Bischof D. Marahrens tapfer durchgehalten hat und in keinem Augenblick geschwankt hat, als es galt, den Versuch der Eingliederung in eine nichtbekenntnisgebundene Reichskirche zu verhindern. Er war nicht „behindert", das diesbezügliche Kirchengesetz zu unterzeichnen, sondern er hat sich standhaft geweigert. Die Unterschrift seitens des Vizepräsidenten des Kirchensenats ist daher unwirksam. Daß die für das Gesetz Verantwortlichen selbst dieser Auffassung sind, beweist die Tatsache, daß sie nach dieser ungültigen Zeichnung erneut den erfolglosen Versuch gemacht haben, die rechtsgültige Unterschrift zu erlangen. Es steht zu befürchten, daß die bekennenden Gemeinden Hannovers jetzt erst recht in ernste Schwierigkeiten verwickelt werden.

Eine besondere Freude für alle Teilnehmer war es, die schlichte aufgeschlossene Persönlichkeit des Bischofs von Württemberg, D. Wurm, über die dortigen Verhältnisse selbst sprechen zu hören. Er gab in seinem Grußwort der Freude darüber Ausdruck, in diesen Tagen so eng mit den gleichgesinnten Brüdern aus dem Reich verbunden zu sein. Er sei besonders angetan davon, daß hier im Westen noch die Möglichkeit bestehe, so frei und ungezwungen in rein kirchlichen

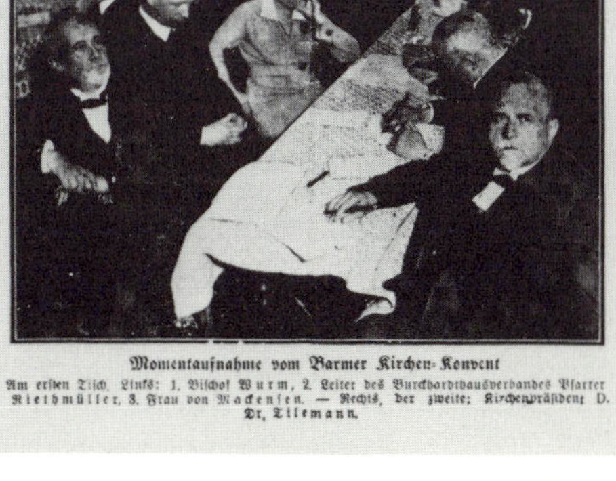

Momentaufnahme vom Barmer Kirchen-Konvent

Am ersten Tisch. Links: 1. Bischof Wurm, 2. Leiter des Burckhardthausverbandes Pfarrer Riethmüller, 3. Frau von Mackensen. — Rechts, der zweite: Kirchenpräsident D. Dr. Tilemann.

50. Die Theologische Erklärung von Barmen 1934

Theologische Erklärung zur gegenwärtigen Lage der Deutschen Evangelischen Kirche

Wir, die zur Bekenntnissynode der Deutschen Evangelischen Kirche vereinigten Vertreter lutherischer, reformierter und unierter Kirchen, freier Synoden, Kirchentage und Gemeindekreise erklären, daß wir gemeinsam auf dem Boden der Deutschen Evangelischen Kirche als eines Bundes der deutschen Bekenntniskirchen stehen. Uns fügt dabei zusammen das Bekenntnis zu dem einen Herrn der einen, heiligen, allgemeinen und apostolischen Kirche.

Wir erklären vor der Oeffentlichkeit aller evangelischen Kirchen Deutschlands, daß die Gemeinsamkeit dieses Bekenntnisses und damit auch die Einheit der Deutschen Evangelischen Kirche aufs schwerste gefährdet ist. Sie ist bedroht durch die in dem ersten Jahr des Bestehens der Deutschen Evangelischen Kirche mehr und mehr sichtbar gewordene Lehr- und Handlungsweise der herrschenden Kirchenpartei der Deutschen Christen und des von ihr getragenen Kirchenregimentes. Diese Bedrohung besteht darin, daß die theologische Voraussetzung, in der die Deutsche Evangelische Kirche vereinigt ist, sowohl seitens der Führer und Sprecher der Deutschen Christen, als auch seitens des Kirchenregiments dauernd und grundsätzlich durch fremde Voraussetzungen durchkreuzt und unwirksam gemacht wird. Bei deren Geltung hört die Kirche nach allen bei uns in Kraft stehenden Bekenntnissen auf, Kirche zu sein. Bei deren Geltung wird also auch die Deutsche Evangelische Kirche als Bund der Bekenntniskirchen innerlich unmöglich.

Gemeinsam dürfen und müssen wir als Glieder lutherischer, reformierter und unierter Kirchen heute in dieser Sache reden. Gerade weil wir unseren verschiedenen Bekenntnissen treu sein und bleiben wollen, dürfen wir nicht schweigen, da wir glauben, daß uns in einer Zeit gemeinsamer Not und Anfechtung ein gemeinsames Wort in den Mund gelegt ist. Wir befehlen es Gott, was dies für das Verhältnis der Bekenntniskirchen untereinander bedeuten mag.

Wir bekennen uns angesichts der die Kirche verwüstenden und damit auch die Einheit der Deutschen Evangelischen Kirche sprengenden Irrtümer der „Deutschen Christen" und der gegenwärtigen Reichskirchenregierung zu folgenden evangelischen Wahrheiten:

1. **„Ich bin der Weg und die Wahrheit und das Leben; niemand kommt zum Vater denn durch mich."** (Joh. 14, 6).

   „Wahrlich, wahrlich ich sage euch: Wer nicht zur Tür hineingeht in den Schafstall, sondern steigt anderswo hinein, der ist ein Dieb und ein Mörder. Ich bin die Tür; so jemand durch mich eingeht, der wird selig werden." (Joh. 10, 1. 9).

   Jesus Christus, wie er uns in der heiligen Schrift bezeugt wird, ist das eine Wort Gottes, das wir zu hören, dem wir im Leben und im Sterben zu vertrauen und zu gehorchen haben.

   Wir verwerfen die falsche Lehre, als könne und müsse die Kirche als Quelle ihrer Verkündigung außer und neben diesem einen Worte Gottes auch noch andere Ereignisse und Mächte, Gestalten und Wahrheiten als Gottes Offenbarung anerkennen.

2. **„Jesus Christus ist uns gemacht von Gott zur Weisheit und zur Gerechtigkeit und zur Heiligung und zur Erlösung."** (1. Kor. 1, 30).

   Wie Jesus Christus Gottes Zuspruch der Vergebung aller unserer Sünden ist, so und mit gleichem Ernst ist er auch Gottes kräftiger Anspruch auf unser ganzes Leben; durch ihn widerfährt uns frohe Befreiung aus den gottlosen Bindungen dieser Welt zu freiem, dankbarem Dienst an seinen Geschöpfen.

   Wir verwerfen die falsche Lehre, als gebe es Bereiche unseres Lebens, in denen wir nicht Jesus Christus, sondern anderen Herren zu eigen wären, Bereiche, in denen wir nicht der Rechtfertigung und Heiligung durch ihn bedürften.

3. **„Lasset uns aber rechtschaffen sein in der Liebe und wachsen in allen Stücken an dem, der das Haupt ist, Christus, von welchem aus der ganze Leib zusammengefügt ist."** (Eph. 4, 15—16).

Die christliche Kirche ist die Gemeinde von Brüdern, in der Jesus Christus in Wort und Sakrament durch den Heiligen Geist als der Herr gegenwärtig handelt. Sie hat mit ihrem Glauben wie mit ihrem Gehorsam, mit ihrer Botschaft wie mit ihrer Ordnung mitten in der Welt der Sünde als die Kirche der begnadigten Sünder zu bezeugen, daß sie allein sein Eigentum ist, allein von seinem Trost und von seiner Weisung in Erwartung seiner Erscheinung lebt und leben möchte.

Wir verwerfen die falsche Lehre, als dürfe die Kirche die Gestalt ihrer Botschaft und ihrer Ordnung ihrem Belieben oder dem Wechsel der jeweils herrschenden weltanschaulichen und politischen Ueberzeugungen überlassen.

4 **„Ihr wisset, daß die weltlichen Fürsten herrschen und die Oberherren haben Gewalt. So soll es nicht sein unter euch; sondern so jemand will unter euch gewaltig sein, der sei euer Diener."** (Matth. 20, 25—26).

Die verschiedenen Aemter in der Kirche begründen keine Herrschaft der einen über die anderen, sondern die Ausübung des der ganzen Gemeinde anvertrauten und befohlenen Dienstes.

Wir verwerfen die falsche Lehre, als könne und dürfe sich die Kirche abseits von diesem Dienst besondere, mit Herrschaftsbefugnissen ausgestattete Führer geben oder geben lassen.

5. **„Fürchtet Gott, ehret den König!"** (1. Petr. 2, 17).

Die Schrift sagt uns, daß der Staat nach göttlicher Anordnung die Aufgabe hat, in der noch nicht erlösten Welt, in der auch die Kirche steht, nach dem Maß menschlicher Einsicht und menschlichen Vermögens unter Androhung und Ausübung von Gewalt für Recht und Frieden zu sorgen. Die Kirche erkennt in Dank und Ehrfurcht gegen Gott die Wohltat dieser seiner Anordnungen an. Sie erinnert an Gottes Reich, an Gottes Gebot und Gerechtigkeit und damit an die Verantwortung der Regierenden und Regierten. Sie vertraut und gehorcht der Kraft des Wortes, durch das Gott alle Dinge trägt.

Wir verwerfen die falsche Lehre, als solle und könne der Staat über seinen besonderen Auftrag hinaus die einzige und totale Ordnung menschlichen Lebens werden und also auch die Bestimmung der Kirche erfüllen.

Wir verwerfen die falsche Lehre, als solle und könne sich die Kirche über ihren besonderen Auftrag hinaus staatliche Art, staatliche Aufgaben und staatliche Würde aneignen und damit selbst zu einem Organ des Staates werden.

6. **„Siehe, ich bin bei euch alle Tage, bis an der Welt Ende."** (Matth. 28, 20).
„Gottes Wort ist nicht gebunden." (2. Tim. 2, 9).

Der Auftrag der Kirche, in welchem ihre Freiheit gründet, besteht darin, an Christi Statt und also im Dienst seines eigenen Wortes und Werkes durch Predigt und Sakrament die Botschaft von der freien Gnade Gottes auszurichten an alles Volk.

Wir verwerfen die falsche Lehre, als könne die Kirche in menschlicher Selbstherrlichkeit das Wort und Werk des Herrn in den Dienst irgendwelcher eigenmächtig gewählter Wünsche, Zwecke und Pläne stellen.

Die Bekenntnis-Synode der Deutschen Evangelischen Kirche erklärt, daß sie in der Anerkennung dieser Wahrheiten und in der Verwerfung dieser Irrtümer die unumgängliche theologische Grundlage der Deutschen Evangelischen Kirche als eines Bundes der Bekenntniskirchen sieht. Sie fordert alle, die sich ihrer Erklärung anschließen können, auf, bei ihren kirchenpolitischen Entscheidungen dieser theologischen Erkenntnisse eingedenk zu sein. Sie bittet alle, die es angeht, in die Einheit des Glaubens, der Liebe und der Hoffnung zurückzukehren.

Verbum Dei manet in aeternum.

51. Mitglieder des Reichsbruderrats in Bad Oeynhausen 1935

1 Prof. v. Soden
2 Reichsgerichtsrat Flor
3 Dr. Fiedler, Justitiar der BK
4 v. Arnim-Kröchlendorff (?)
5 P. Sammetreuther
6 Präses Koch
7 P. Asmussen
8 P. Kloppenburg
9 P. Müller/Dahlem
10 Kaufmann Link
11 P. Dürr
12 von Thadden-Trieglaff
13 P. Bosse
P. Beckmann 14

52. Stand des Kirchenkampfes in Deutschland Anfang Dezember 1934 (zeitgen. Karte)

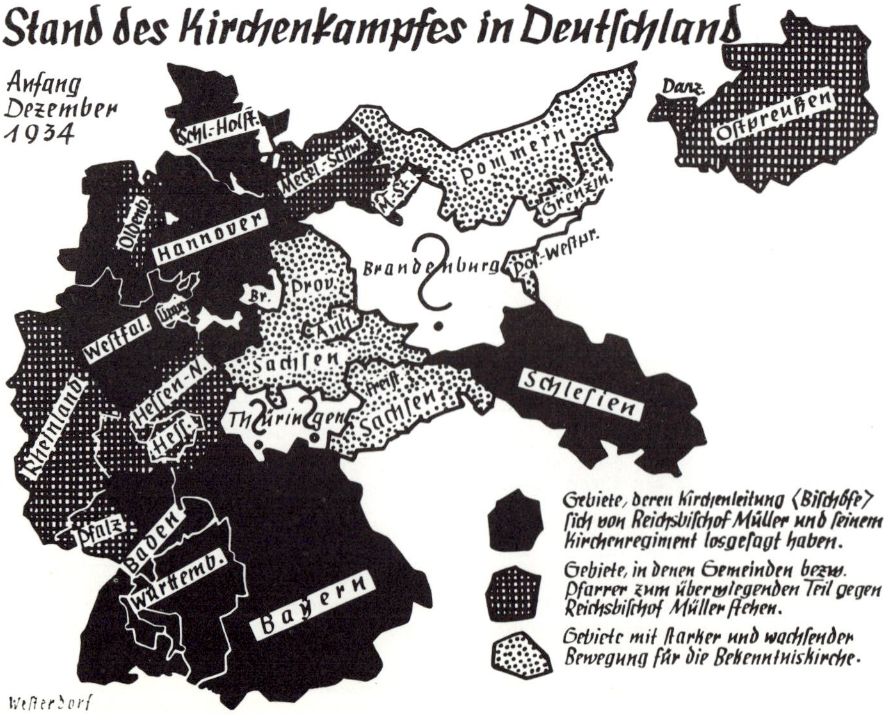

53. Angriff auf den bayrischen Landesbischof Meiser durch die Presse Oktober 1934

54. Protesttelegramm aus Württemberg wegen des Hausarrests von Landesbischof Wurm 1934

Aufruf!

Evangelische Glaubensgenossen!

Lest die heutige Ausgabe der

„Fränkischen Tageszeitung".

Sie enthält die Abrechnung der evangelischen Bevölkerung mit dem Landesbischof Meiser und seinen Helfershelfern. Landesbischof Meiser hat dem Führer Adolf Hitler, dem nationalsozialistischen Deutschland und dem Reichsbischof Müller das gegebene Wort und die feierlich versicherte Treue gebrochen.

Frauen und Männer der evangelischen Kirche! Kämpft mit dem „Süddeutschen Bund evangelischer Christen"

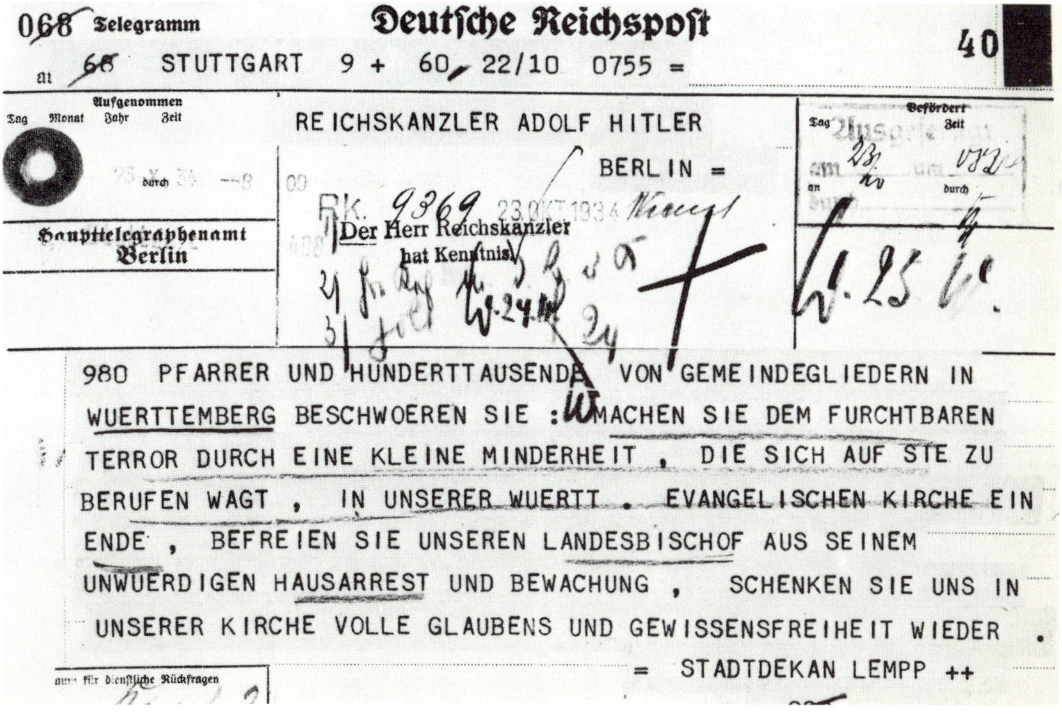

068 Telegramm Deutsche Reichspost 40

68 STUTTGART 9 + 60 22/10 0755 =

Aufgenommen Tag Monat Jahr Zeit — 23 X 34 —8 — durch

Haupttelegraphenamt Berlin

REICHSKANZLER ADOLF HITLER

BERLIN =

Rk. 9369 23.OKT.1934

Der Herr Reichskanzler hat Kenntnis

Befördert Tag Zeit an durch

980 PFARRER UND HUNDERTTAUSENDE VON GEMEINDEGLIEDERN IN WUERTTEMBERG BESCHWOEREN SIE : MACHEN SIE DEM FURCHTBAREN TERROR DURCH EINE KLEINE MINDERHEIT , DIE SICH AUF SIE ZU BERUFEN WAGT , IN UNSERER WUERTT . EVANGELISCHEN KIRCHE EIN ENDE , BEFREIEN SIE UNSEREN LANDESBISCHOF AUS SEINEM UNWUERDIGEN HAUSARREST UND BEWACHUNG , SCHENKEN SIE UNS IN UNSERER KIRCHE VOLLE GLAUBENS UND GEWISSENSFREIHEIT WIEDER .

= STADTDEKAN LEMPP ++

für dienstliche Rückfragen

55. Das Programm der Deutschen Evangelischen Woche in Dortmund 1937 mit den Namen führender Männer der BK

Evangelische Woche Dortmund

2. bis 6. Januar 1937

in der Petrikirche (abends in der Reinoldikirche)

2. Januar	17.00 Uhr:	Eröffnung – Präses D. Koch, Bad Oeynhausen **Das Amt der Kirche** Pastor Lic. Brandt, Dortmund
	20.00 Uhr:	**Der Ruf der Kirche und die völkische Forderung** Pfarrer Wehr, Saarbrücken
3. Januar	10.00 Uhr:	**Gottesdienst in den drei Kirchen der Innenstadt** Präses D. Koch, Präses D. Humburg, Pastor Wehr, Saarbrücken
	17.00 Uhr:	**Jugend unter dem Anspruch von Kirche und Volk** Landesjugendwart Dr. Manfred Müller, Stuttgart
	20.00 Uhr:	**Geboren in das Volk – berufen in die Kirche** Pfarrer D. D. Niemöller, Berlin-Dahlem
4. Januar	10.30 Uhr:	**Luther und Calvin heute** Pastor Asmussen, Berlin
	17.00 Uhr:	**Die Einheit der Christen in der Vielheit der Völker** Missionsinspektor Pastor Lokies, Berlin
	20.00 Uhr:	**Wittenberg und Rom vor dem lebendigen Christus** Seminardirektor Lic. Iwand, Bloestau
5. Januar	10.30 Uhr:	**Weltflucht und Weltverherrlichung** Pfarrer Barth, Oberfischbach
	17.00 Uhr:	**Lebenserneuerung aus Glauben** Dr. Elisabet van Randenborgh, Iserlohn
	20.00 Uhr:	**Der Kampf Jesu wider die Juden** Professor Lic. Dr. Delekat, Dresden
6. Januar	10.30 Uhr:	**Berufserfüllung aus Verantwortung vor Gott** Dr. von Thadden-Trieglaff
	17.00 Uhr:	**Christus, das Ja zum Leben** Pastor Busch, Essen

Biblisches Wort jeden Vormittag 9,30 Uhr Präses D. Humburg, Barmen

Singstunde nach jedem Vormittags-Vortrag. Leitung: Stud.-Ass. Dr. Eilers; an der Orgel: Dr. Börger und Kirchenmusik-Direktor Gerard Bunk

Kosten für die Gesamttagung 4 RM einschl. Anmeldegebühr, Tageskarte 1 RM, Einzelkarte 0,50 RM

Anmeldungen, Programme und Karten Ortsausschuß der Evangelischen Woche Dortmund, Hiltropwall 29. Fernsprecher: Dortmund 23438 (Pfarrer Stratenwerth).

Gedruckt bei Karl Str[illegible]h, Dortmund, Langestr. 51

56. Werbeplakat für das Bibellesen

57. Vorlesungsverzeichnis der Kirchlichen Hochschule in Berlin und Wuppertal-Elberfeld für das Wintersemester 1935/36

Vorlesungen.

1. Berlin.

1. Auslegung des Buches Ezechiel, P. Osterloh, Mo. 10-11; Di., Mi. 8-9; Fr. 11-12.
2. Alttestamentliche Uebung: Sünde und Sühnung im Alten Testament, P. Osterloh, Mo. 16-18.
3. Auslegung des Kolosserbriefes, P. Asmussen, Di. 10-11; Mi. 12-13; Do., Fr. 10-11.
4. Grundbegriffe des Neuen Testaments, Sup. Lic. Albertz, Mo., Do. 11-13.
5. Geschichte des Protestantismus in Frankreich, P. Chambon, Mi. 9-11.
6. Hauptfragen der Theologie des deutschen Idealismus, P. Lic. Hildebrandt, Di., Fr. 12-13.
7. Die Lehre der Augsburgischen Konfession, P. Vogel, Di., Mi. 11-12; Do. 8-10.
8. Die Theologie Calvins, P. Lic. Niesel, Di. 9-10; Fr. 8-10.
9. Dogmatisches Seminar: De servo arbitrio, P. Vogel, Di. 16-18.
10. Dogmatisches Seminar: Die Ordnung der Kirche, P. Lic. Niesel, Fr. 18-20.
11. Liturgik, P. Asmussen, Do. 18-20.
12. Homiletisches Proseminar, P. Asmussen, Di. 18-20.
13. Homiletisches Seminar, P. Asmussen, Do. 16-18.
14. Das Verhältnis der reformatorischen Kirchen in der Gegenwart, Sup. Lic. Albertz und P. Asmussen, zweistündig nach Vereinbarung.

2. Wuppertal-Elberfeld.

1. Auslegung des Propheten Jeremia, P. Lic. Hellbardt, Mo., Di., Do., Fr. 8-9.
2. Alttestamentliche Uebungen, P. Lic. Hellbardt, Mo. 18-20.
3. Auslegung des Matthäusevangeliums, P. Dr. Graffmann, Mo., Di., Do. Fr. 11-12.
4. Auslegung des Römerbriefes, Lic. Schlier, Mo., Di., Do., Fr. 11-12.
5. Auslegung der Apokalypse, Lic. Schlier, Mo., Mi. 9-10.
6. Neutestamentliches Seminar: Das Gesetz bei Paulus, Lic. Schlier, Di. 18-20.
7. Kirchengeschichte des 19. Jahrhunderts, P. Lic. Klugkist Hesse, Mo., Di., Do., Fr. 12-1.
8. Die Lehre von der Heiligung, P. Lic. de Quervain, Di., Do., Fr. 9-10.
9. Dogmatik der lutherischen Bekenntnisschriften, P. Schempp, Mo., Di., Do., Fr. 10-11.
10. Dogmatisches Seminar: Die Lehre von der christlichen Freiheit in der theologischen Arbeit der Gegenwart, P. Lic. de Quervain, Mi. 18-20.
11. Dogmatisches Seminar, P. Schempp, Mi. 18-20.
12. Homiletik, P. Lic. Obendiek, Mi. 10-11.
13. Homiletisches Seminar: P. Lic. Obendiek, Mi. 11-13.
14. Sondervorlesung:
    Auslegung des Buches Micha, P. Lic. Vischer.
    Alttestamentliches Seminar: Das Buch Esther, P. Lic. Vischer. (In der zweiten Januarwoche.)

58. 1. Kurs des unter Leitung von Dietrich Bonhoeffer stehenden BK-Predigerseminars in Finkenwalde 1935

59. BK-Predigerseminare in Deutschland

Joachim Kanitz Adolf Friedrich Preuß † Albrecht Schönherr
Wolfgang Dell Winfried Maechler
Gerhard Vibrans † Dietrich Bonhoeffer † Horst Lekszas † Robert Zenke †
Eberhard Bethge Gerhard Hellmann Erwin Kunert Hermann Thiel Wilhelm Rott
Herbert Jehle Konrad Bojack † Helmut Voelz Erna Struwe Richard Grunow Gottfried Beckmann
Wolfgang Schrader Wolfhard Danicke † Heinz Dufft † Hauswirtschaftsl. Fritz Onnasch † Johannes Goebel
Elmar, Sohn von Frau Struwe

† im Krieg gefallen oder ermordet

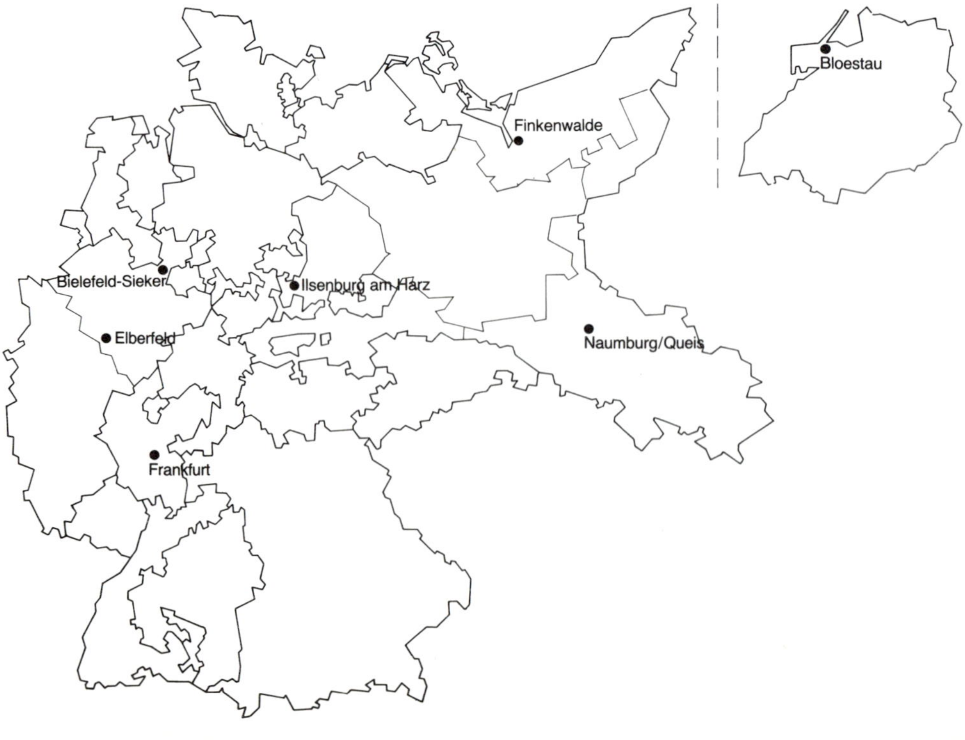

60. Verbot der Ausbildungs- und Prüfungstätigkeit der BK durch die SS

A b s c h r i f t ! 52

Der Reichsführer SS u.
Chef der Deutschen Polizei
im Reichsministerium des
Innern
S - PP (II B) 4431/37 -

Berlin, den 29. August 37.

An das
Geheime Staatspolizeiamt
in Berlin

Betr.: Verbot der Lehr-, Studenten- und Prüfungsämter der Bekennenden Kirche.
Vorgang: Ohne.

Die von den Organen der sogenannten Bekennenden Kirche seit langem gezeigte Haltung, unter Mißachtung der vom Staat geschaffenen Einrichtungen den theologischen Nachwuchs durch eigene Organisationen auszubilden und zu prüfen, enthält eine bewußte Zuwiderhandlung gegen die 5. Verordnung zur Durchführung des Gesetzes zur Sicherung der Deutschen Evangelischen Kirche vom 2.12.35 (GB.d.DEK.S.130) und ist geeignet, das Ansehen und Wohl des Staates zu gefährden.

Im Einvernehmen mit dem Herrn Reichs- und Preußischen Minister für Wissenschaft, Erziehung und Volksbildung und dem Herrn Reichs- und Preußischen Minister für die kirchlichen Angelegenheiten ordne ich daher an:

Auf Grund des § 1 der VO des Reichspräsidenten zum Schutze von Volk und Staat vom 28.2.33 (RGBl.I.S. 83) werden die von den Organen der sogenannten Bekennenden Kirche errichteten Ersatzhochschulen, Arbeitsgemeinschaften und die Lehr-, Studenten- und Prüfungsämter aufgelöst und sämtliche von ihnen veranstalteten theologischen Kurse und Freizeiten verboten.

Zuwiderhandlungen gegen diese Anordnungen ersuche ich, nach § 4 a.a.O. zu ahnden. In Zweifelsfällen ist meine Entscheidung einzuholen.

In Vertretung:
gez. Heydrich

Beglaubigt
Kanzleiangestellte.

Zu Beginn des Dritten Reiches hatten viele christliche Autoren auf einen gewissen inneren
Gleichklang von Nationalsozialismus und Christentum hingewiesen. Die Deutschen Christen
glaubten gar an eine Synthese beider. Nach 1934 wurde freilich deutlich, daß man sich einer
verhängnisvollen Täuschung hingegeben hatte: Der Nationalsozialismus entwickelte sich
61/62 selbst zu einer Art Religion. Im Mittelpunkt dieser neuen Religion standen der Glaube an die
65/66 Rasse, die Vergötterung der Nation und die Verehrung und Verherrlichung des Führers.
61 Sein Bild war in den Häusern und in den Amtsstuben allgegenwärtig. Am Schluß aller offiziel-
len Feiern wurde in einem kultischen Zeremoniell auf seinen Namen ein dreifacher Heilruf
63/64 ausgebracht. Vor allem bei der SS, die hier eine Sonderstellung einnahm, gab es bei Gebur-
ten, bei Eheschließungen und beim Tod auch schon NS-Weihehandlungen, die die christli-
che Taufe, Trauung und Beerdigung ersetzten. Nach dem Willen der Partei sollte sich dies
später einmal in ganz Deutschland durchsetzen.

Der wichtigste Vertreter der nationalsozialistischen Weltanschauung nach Hitler selbst war Alfred Rosenberg. Sein Buch »Der Mythus des 20. Jahrhunderts«, 1930 zum erstenmal erschienen, propagierte die Lehre von der arischen Rasse und ihrer weltgeschichtlichen Sendung. Der »Mythus« galt nach Hitlers »Mein Kampf« gleichsam als die »Bibel« des Nationalsozialismus.

Die christlichen Kirchen hielten dies zu Recht für nichts anderes als ein neues Heidentum. Im Januar 1934 wurde Alfred Rosenberg mit der weltanschaulichen Schulung der Partei beauftragt. Seit dieser Zeit bekämpften protestantische und katholische Theologen in einer Fülle von Schriften, Vorträgen und Predigten das aufkommende »Neuheidentum«. Es war die erste umfassende Auseinandersetzung der Kirchen mit der NS-Weltanschauung.

Wie ernst auch von Parteiseite diese Kontroverse genommen wurde, zeigte sich im März
67 1935. Als von den Kanzeln der Bekenntnisgemeinden ein Wort gegen die neue Religion
verlesen werden sollte, in dem das »Neuheidentum« klar als Abgötterei bezeichnet wurde,
verbot der Staat die Abkündigung und ließ noch vor dem Gottesdienst mehr als 700 renitente
Pfarrer verhaften oder unter Hausarrest stellen. Reichsinnenminister Frick notierte auf sei-
nem Handexemplar des Kanzelwortes: »... ein heimtückischer Angriff auf Staat und Volk,
der strafrechtliche Sühne fordert«.

3/4 Von Anfang an gehörte zum Kern der NS-Weltanschauung die antisemitische Rassenideolo-
68 gie. Die von den meisten Menschen nicht sehr ernst genommenen antisemitischen Parolen
und Drohungen der Nazis wurden mit der Machtergreifung plötzlich in blutigernste Politik
umgesetzt. Auch in der evangelischen Kirche hatte man die Rassenideologie des National-
sozialismus lange nicht als grundlegenden Gegensatz zum christlichen Glauben begriffen.
Jahrhundertealte antisemitische Vorurteile, eine fragwürdige Deutung der Sozialkonflikte
seit der Industrialisierung und die vermeintlich »wissenschaftliche« Rassenlehre wirkten
69 zusammen und waren stärker als die einfache Wahrheit der Nächstenliebe. Ja, noch mehr:
70 Die Deutschen Christen waren so verblendet, daß sie auch noch die pseudotheologische
Begründung für den rassischen Antisemitismus lieferten. Und selbst die Bekennende Kirche
kümmerte sich allzu lange nur um die getauften Juden in den eigenen Reihen. Vergeblich
hofften die Juden in Deutschland auf die Solidarität der Evangelischen Kirche.

71–75 Ein Beispiel für die Ablehnung eines Pfarrers jüdischer Abstammung durch eine deutsch-
christliche Kirchenleitung war Pfarrer Hans Ehrenberg in Bochum. Er wurde unter dem Druck
der Partei 1937 gezwungen, vorzeitig in den Ruhestand zu treten. Auch die Bekennende
Kirche sah keine Möglichkeit, Ehrenberg im Amt zu halten. Nach der »Kristallnacht« im
November 1938 kam er für vier Monate in das KZ Sachsenhausen. Kurz vor Kriegsbeginn
konnte Ehrenberg nach England emigrieren. Man kann sich an diese Vorgänge heute nur mit
großer Beschämung erinnern. Nur wenigen Landeskirchen gelang es, ihre judenchristlichen
Pfarrer im Amt zu halten.

61. Mädchen schmückt Führerbild am Erntedankfest 1935

62. Gedicht auf den Führer von Baldur von Schirach

Bekenntnis zum Führer

Wir hörten oftmals deiner Stimme Klang
und lauschten stumm und falteten die Hände,
da jedes Wort in unsre Seelen drang.
Wir wissen alle: Einmal kommt das Ende,
das uns befreien wird aus Not und Zwang.
Was ist ein Jahr der Zeitenwende!
Was ist da ein Gesetz, das hemmen will –
Der reine Glaube, den du uns gegeben,
durchpulst bestimmend unser junges Leben.
Mein Führer, du allein bist Weg und Ziel!

63. Anleitung für die Gestaltung einer SS-Namensweihe

Anleitung für Gestaltung der SS-Namensweihe.

1. Musikalische Einleitung(Streichmusik,keine Blechm.)(Grieg"Morgenstimmung)

2. Unter den Klängen der Musik trägt der Vater, rechts seine Ehefrau, links der dienstälteste SS-Führer, das Kind in den Weiheraum.
(Für eine weihevolle Ausschmückung des Raumes mit Blumen und Herstellung eines Lebensbaumsinnbildes (ᛉ) aus jungem Grün(evtl. mit brennenden Kerzen) muß gesorgt werden).
Auf einem Tisch, an dem der Weihende steht, befindet sich eine Schale.
In dieser wird dann(siehe unten) das Feuer entzündet.

3. Chorlied oder Sprechchor: Sprüche aus Hitler "Mein Kampf" (weitere Auswahl bleibt dem Gestalter der Weihe vorbehalten).

4. Der Weihende: Wir glauben an den Gott im All
Und an die Sendung unseres deutschen Blutes
Das ewig jung aus deutscher Erde wächst.
Wir glauben an das Volk,des Blutes Träger
Und an den Führer,den uns Gott bestimmt.

(zu den Eltern gerichtet):

Ihr weiht ein Kind dem Dienst Eures Volkes,
Ich frage Euch,welchen Namen soll Euer Kind erhalten?

5. Vater: Wir nennen unseren Sohn = = = = = .

6. Der Weihende erklärt den Namen des Kindes und spricht von der Verpflichtung des Namens.

7. Frage des Weihenden an die Eltern:"Wollt Ihr die in Eurem Kinde schlafenden Gaben wecken,hüten und pflegen, daß sein Name Tat wird?
So sprecht:"Wir geloben es".

8. Antwort der Eltern:" Wir geloben es".

9. Der Weihende: So entzündet das Feuer, auf daß es als Teil des Ganzen entbrenne.

10. Der Vater entzündet das Feuer(!

11. Die Freunde der Eltern sagen ihre Wünsche und legen Gaben auf den Tisch neben das Feuer des Kindes.

12. Der Weihende: So schließt den Ring um dieses Kind,daß es Teil werde unserer Gemeinschaft.

13. Der SS-Führer tritt vor: "Wir nehmen dich auf in unsere Gemeinschaft als Glied unseres Leibes,du sollst aufwachsen in unserem Schutz und deinem Namen Ehre,deiner Sippe Stolz und deinem Volke unauslöschlichen Ruhm bringen.

14. Gemeinsamer Gesang des SS-Treueliedes.

15. Die Eltern verlassen mit dem Kind,unter Musikbegleitung, den Weiheraum, die Teilnehmer grüßen stehend mit erhobenem Arm.

64. SS-Namensweihe (aus Privatpapieren Heinrich Himmlers)

65. Hitler besucht das Kloster Maulbronn 1935

Aufsatz eines Schülers des Evang.-Theol. Seminars Maulbronn

Württembergische Bekenntnisgemeinschaft

Rundbrief Nr. 15 / 1935

Stuttgart, den 6. November 1935.
Tübinger Straße 16

An die Mitglieder der Bekenntnisgemeinschaft!

(Nur zur Information! – Nicht zur Veröffentlichung!)

Ich hab' den Führer gesehen!

(Wir geben heute einem 15jährigen Seminaristen aus dem evangelisch-theologischen Seminar **Maulbronn** das Wort. Gewiß steht das Erlebnis, das er uns erzählt, in keinem direkten Zusammenhang mit dem sonstigen Inhalt des Rundbriefs, aber es soll doch seinen Platz darin haben. Wir wollen unsere Leser einmal unter den Eindruck dessen stellen, was in unseren Tagen zum größten Erleben eines deutschen Jungen gehört. Wir wollen die Freude mit ihm teilen, die aus seinen Worten spricht, die Dankbarkeit für eine Stunde, in der so viel reine starke Vorsätze in ihm geweckt wurden. – Wir geben diese Schilderung aber auch wieder in dem Wunsche, daß die Erkenntnis durchdringt, welch starke Volksverbundenheit und wieviel opferbereite Vaterlandsliebe heute wie zu allen Zeiten in den Menschen lebendig ist, die in der evangelischen Kirche ihre Heimat haben. Und daß dies von den Alten ebenso gilt, wie von den Jungen.)

„Es ist Donnerstag, der 26. September – ein Tag wie all die vielen andern. Wir sitzen im großen Hörsaal und eben schlägt die Klosteruhr gemächlich Mittag. Wir freuen uns aufs Mittagessen, der Unterricht muß ja gleich aus sein. Aber – wir hätten niemals daran gedacht!

Vom Kreuzgang herauf eine aufgeregte Stimme!

„Was!"

„Der Führer ist im Kloster!"

Wir sind platt vor Überraschung. Das plötzliche Glück hat uns ganz dumm gemacht: Der Führer, unser Führer? Und im Kloster da drunten? Das ..., das heißt ja: bei uns in Maulbronn!

Mit einem Schlag stürzt da ein jubelnder, überglücklicher Haufen davon und stürmt vor die Treppe, die vom Seminar ins Kloster hinabführt: „Der Schlüssel!" Einer dreht ihn schon im Schloß und ich weiß nimmer, wie wir die dunklen Stufen hinuntergekommen sind. Ich habe den Führer noch nie gesehen und ich liebe ihn doch so. Und nun – welche Freude! Wir zittern ganz vor Erwartung. Ein einziger Gedanke: Wir wollen unsern Führer seh'n!

Im Kreuzgang ist es still wie in einer Kirche. Da werden unsere stürmischen Schritte langsam und leise. Scheu treten wir in den Herrenchor. Und da steht er nun, um ihn seine Begleitung, und der Klosterführer hat seinen großen Tag heute ...

Ich kann plötzlich nur noch ihn ansehen. Den Mann, der Deutschland führt, der unser Deutschland ist, ihn, den wir Jungen alle heiß lieben, für den wir alles hergeben wollten. Er blickt über das Chorgestühl, er sieht immer wieder hinauf ins lichte Gewölbe des weiten Kirchenschiffs. Sein Gesicht ist ernst, sehr ernst, und doch sind diese Züge so wunderbar freundlich und gut. Ganz stumm ruhen unsere Blicke auf ihnen, und dann kommt über uns das große Begreifen:

Das also ist der Mann, der das Vaterland vom Abgrund zurückriß und es wieder zurückgeführt hat zu sich selber, der gekämpft hat für Gleichberechtigung, gegen Rebellion, und zuletzt die Wehrhaftigkeit für Deutschland errungen hat, der die Kinder so gern hat, der seine Deutschen so anschaut, daß sie auffahren und wieder Kraft und Stolz und Mut bekommen ... und nun s e h e n wir ihn!

Jetzt geht der Führer aus der Kirche zum Kreuzgang hinüber, er kommt an uns vorbei. Wir heben die Hand zum Gruß, zum erstenmal grüße ich den Führer. Er grüßt uns wieder. Es ist etwas so Erhabenes, die Stille der Kirche und die tiefe Ehrfurcht vor ihm.

Er schreitet ganz nahe an mir vorbei, und ich habe seine Augen gesehen, tief, ernst, fest, und ich war auf einmal so ruhig geworden. Nachher haben die Kameraden gesagt, er habe ganz blaue Augen. Ich habe nur gespürt, daß viel, daß alles in diesen zwei Augen liegt ...

„Der Führer wünscht die Seminaristen nach der Führung durchs Kloster zu sehen," sagt unser Herr Professor, und wir gehorchen; wir gehorchen ja so gerne, wenn es unseres Führers Wunsch ist.

So schnell habe ich die Uniform noch nie angezogen und so stolz. Vor dem Ephorat läßt unser Scharführer antreten. Er wird die Seminar-HJ. melden. Er wird – und wir

66. Hitler mit Lehrern und Schülern des Seminars

beneiden ihn alle – seine Hand dem Führer geben dürfen.

Gespannt, aufgeregt erwarten wir den Führer, etwa eine halbe Stunde. Unsere Köpfe glühen, unsere Herzen schlagen laut und rasch dem Augenblick entgegen, der unserer Jugend das größte Erlebnis bringt: dem Führer gegenüberstehen, Auge in Auge! – Und da erscheint er! „Heil, Heil", und immer wieder „Heil!" Wir hätten immer mitrufen wollen. Aber Helmut läßt stillstehen. „Die Augen – links!" Wie unsere Augen fliegen! Mit leuchtenden Gesichtern sehen wir den Führer an. Dann meldet Helmut, stramm, laut:

„Mein Führer! Ich melde – die Hitlerjugend des Seminars – eins zu achtundvierzig angetreten!" Der Führer reicht ihm die Hand und dankt. Dann ruft er – ich werde es nimmer vergessen:

„Heil, Jungens!"

Wir jubeln begeistert: „Heil Hitler!" Dann schreitet er her in unser Spalier. Sieht lange Eber und Wilhelm an. Läßt dann den ältesten von uns kommen. Der spritzt vor: „Mein Führer?" „Wie alt bist du?" „Sechzehn." Der jüngste, unser Jack, weiß in der Aufregung nicht mehr, wie alt er ist: „Dreizehn, ä – vierzehn!" „Also immerhin zwei Jahre Distanz," meint er kurz und klopft den beiden auf die Schultern. Sie kehren ins Glied zurück. Ihr größtes Erlebnis! Nicht alle sind so glücklich und dürfen dem Führer eine Antwort geben.

Doch wie der Führer dann musternd an unseren Reihen entlanggeht, hat er für jeden einen Blick. Wir alle sehen ihm fest ins Auge.

Ganz kurz sieht er auch mich an. Aber so ein Blick, das hab' ich nachher gespürt, zerbricht alles Laue und erstickt jedes „Aber". Dafür entzündet er ein heiliges Feuer in der Brust: Gehorsam und Liebe ...

Sicher denkt der Führer jetzt daran, daß wir einmal Pfarrer werden wollen. Blickt er uns deshalb so durchdringend an? Da gelobe ich mir im Herzen, immer ein starker und ein ganzer Deutscher zu sein. Denn ich will diesem Mann immer ins Auge schauen können. –

Der Führer ist bald wieder abgefahren. Wir sind noch mitgelaufen bis zum Klostertor, haben ihn nocheinmal gegrüßt. Er stand aufrecht in seinem Wagen und blickte gerade aus. Die Wagenkolonne verschwand ... Frankfurt ... nach ein paar Tagen München ... dann Tannenberg ... Bückeberg. Die Gedanken aber begleiten den Führer durchs ganze Reich und unser Erlebnis wächst zum heißen Gebet."

67. Kanzelabkündigung der preußischen Bekennenden Kirche 1935 zum »Neuheidentum« mit persönlichen Anmerkungen von Reichsinnenminister Frick

Die Bekenntnissynode der Evangelischen Kirche der altpreußischen Union.

Berlin-Dahlem, den 5. März 1935.

An die Gemeinden

In Übereinstimmung mit der Kundgebung der Vorläufigen Leitung der Deutschen Evangelischen Kirche in Nr. 4 ihrer Mitteilungen vom 21. Februar 1935 hat die Bekenntnissynode der Evangelischen Kirche der altpreußischen Union in ihrer Tagung zu Dahlem am 5. März 1935 folgendes Wort an die Gemeinden gerichtet:

Wir sehen unser Volk von einer tödlichen Gefahr bedroht. Die Gefahr besteht in einer neuen Religion.
Die Kirche hat auf Befehl ihres Herrn darüber zu wachen, daß in unserm Volk Christus die Ehre gegeben wird, die dem Richter der Welt gebührt. Die Kirche weiß, daß sie von Gott zur Rechenschaft gezogen wird, wenn das deutsche Volk ungewarnt sich von Christus abwendet.

1. Das erste Gebot lautet:

Ich bin der Herr dein Gott. Du sollst nicht andere Götter haben neben mir.

Wir gehorchen diesem Gebot allein im Glauben an Jesus Christus, den für uns gekreuzigten und auferstandenen Herrn. Die neue Religion ist Auflehnung gegen das erste Gebot.

1. In ihr wird die rassisch-völkische Weltanschauung zum Mythus. In ihr werden Blut und Rasse, Volkstum, Ehre und Freiheit zum Abgott.

2. Der in dieser neuen Religion geforderte Glaube an das »ewige Deutschland« setzt sich an die Stelle des Glaubens an das ewige Reich unseres Herrn und Heilandes Jesus Christus.

3. Dieser Wahnglaube macht sich seinen Gott nach des Menschen Bild und Wesen. In ihm ehrt, rechtfertigt und erlöst der Mensch sich selbst. Solche Abgötterei hat mit positivem Christentum nichts zu tun. Sie ist Antichristentum.

2. **Angesichts der Versuchung und Gefahr dieser Religion haben wir, gehorsam unserm kirchlichen Auftrag, vor Staat und Volk zu bezeugen:**

1. Der Staat hat seine Hoheit und Gewalt durch das Gebot und die gnädige Anordnung Gottes, der allein alle menschliche Autorität begründet und begrenzt.
Wer Blut, Rasse und Volkstum an Stelle Gottes zum Schöpfer und Herrn der staatlichen Autorität macht, untergräbt den Staat.

2. Das irdische Recht verkennt seinen himmlischen Richter und Hüter, und der Staat selbst verliert seine Vollmacht, wenn er sich mit der Würde eines ewigen Reiches bekleiden läßt und seine Autorität zu der obersten und letzten auf allen Gebieten des Lebens macht.

3. Gehorsam und dankbar erkennt die Kirche die durch Gottes Wort begründete und begrenzte Autorität des Staates an. Darum darf sie sich nicht dem die Gewissen bindenden Totalitätsanspruch beugen, den die neue Religion dem Staate zuschreibt. Gebunden an Gottes Wort ist sie verpflichtet, vor Staat und Volk die Alleinherrschaft Jesu Christi zu bezeugen, der allein Macht hat, die Gewissen zu binden und zu lösen:

Ihm ist gegeben
alle Gewalt im Himmel
und auf Erden.

3. **Die Kirche hat nach dem Befehl ihres Herrn allem Volk das Evangelium von der Gnade und Herrlichkeit Jesu Christi zu predigen.**

1. Darum darf sie sich nicht aus der Öffentlichkeit der Welt in einen Winkel privater Frömmigkeit abdrängen lassen, wo sie in Selbstgenügsamkeit ihrem Auftrag ungehorsam würde. Auch der Gewalt gegenüber darf sie nicht aufhören, das ihr aufgetragene Wort zu verkündigen.

2. In all ihrem Reden und Tun hat sie Gott allein die Ehre zu geben. Darum muß sie der Verweltlichung ihrer Sitte wehren, der Entheiligung ihres Sonntags, der Entchristlichung ihrer Feste widerstehen.

3. Der Auftrag Jesu Christi verpflichtet die Kirche in der Verantwortung für das gegenwärtige und zukünftige Geschlecht, für eine schriftgemäße Unterweisung und Erziehung der Jugend Sorge zu tragen. Sie muß ihre auf den Namen des dreieinigen Gottes getauften Glieder vor einem Weltanschauungs- und Religionsunterricht bewahren, der unter Verstümmelung und Beiseiteschiebung der Heiligen Schrift Alten und Neuen Testamentes zum Glauben an den neuen Mythus erzieht.

4. Die Kirche betet, daß Gottes Name bei uns geheiligt werde, daß sein Reich zu uns komme und daß sein guter, gnädiger Wille auch bei uns in Volk und Staat geschehe. Im Glauben an die Vergebung der Sünden erfleht sie über Volk und Obrigkeit den Segen des Gottes und Vaters Jesu Christi, der sich erbarmt über die, so ihn fürchten. Darum muß die Kirche darüber wachen, daß die ihr durch Gottes Wort befohlene Fürbitte und Danksagung für alle Obrigkeit in der Wahrheit geschehe und nicht zu einer religiösen Verklärung und Weihung irdischer Mächte und Ereignisse werde.

Jeder Eid wird vor Gottes Angesicht geleistet und stellt die in ihm übernommene Verpflichtung unter die Verantwortung vor Gott. Der Eid findet seine Grenze darin, daß allein Gottes Wort uns unbedingt bindet.

An Gottes Wort gebunden ruft die Kirche ihre Glieder an zu willigem Gehorsam, Einsatz und Opfer für Staat und Volk. Sie warnt davor, sich einer Abgötterei zu überantworten, durch die wir uns Gottes Zorn und Gericht zuziehen.

»Wir sollen Gott
über alle Dinge fürchten,
lieben und vertrauen.«

Die Schlußbemerkung in dem den Herausgebern vorliegenden Exemplar ist mit Grünstift geschrieben und stammt von Reichsinnenminister Frick:

»Es handelt sich m. E. hier um einen *heimtückischen Angriff* auf Staat und Volk, der *strafrechtliche Sühne* fordert. In Wahrheit will er die Priesterherrschaft etablieren, die sich allein für kompetent hält, festzustellen, was Gott gebietet. 12/3/Fr.«

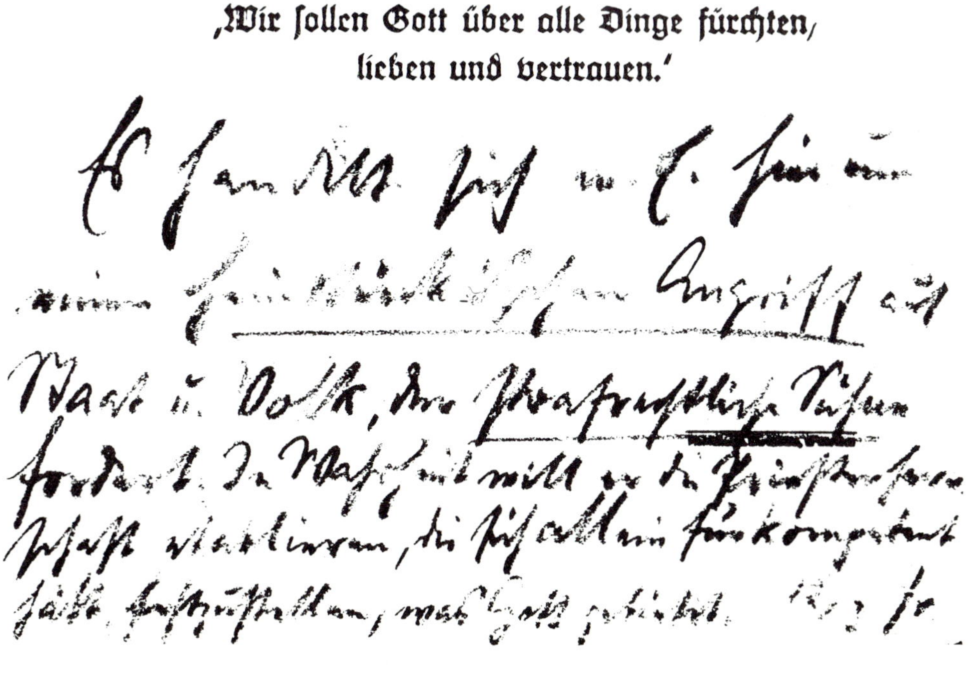
‚Wir sollen Gott über alle Dinge fürchten,
lieben und vertrauen.'

Es handelt sich m. E. hier um einen heimtückischen Angriff auf Staat u. Volk, der strafrechtliche Sühne fordert. In Wahrheit will er die Priesterherrschaft etablieren, die sich allein für kompetent hält, festzustellen, was Gott gebietet. 12/3 Fr.

68. Titelseite des NS-Hetzblattes »Der Stürmer«

Der Stürmer

Deutsches Wochenblatt zum Kampfe um die Wahrheit

HERAUSGEBER: JULIUS STREICHER

Nummer 31	Erscheint wöchentl. Einzel-Nr. 20 Pfg. Bezugspreis monatlich 84 Pfg. zuzüglich Postbestellgeld. Bestellungen bei dem Briefträger oder der zuständ. Postanstalt. Nachbestellungen a. d. Verlag. Schluß der Anzeigenannahme: Samstag vorm. 9 Uhr. Preis für Geschäfts-Anz.: Die ca. 22 mm breite, 1 mm hohe Raum-Zeile im Anzeigenteil —.30 RM.	Nürnberg, im August 1935	Verlag: Hanns König, Nürnberg-A, Pfannenschmiedsgasse 19 Verlagsleitung: Max Fink, Nürnberg-A, Pfannenschmiedsgasse 19 Fernsprecher 21 830. Postscheckkonto Amt Nürnberg Nr. 105 Schriftleitung: Nürnberg-A, Pfannenschmiedsgasse 19 Fernsprecher 21 872. Redaktionsschluß: Montag (nachmittags)	13. Jahr 1935

Judentaufe

Offener Brief an den Provinzialbruderrat Sachsen

Der Brief des Bruderrats / Unsere Antwort Was sagte Christus? / Was sagte Martin Luther? Warum lassen sich die Juden taufen? / Jüdische Selbstbekenntnisse / Bekenntnispfarrer Zuckschwerdt tauft jüdischen Großverbrecher / Martin Luthers leidenschaftliche Warnungen / Seine Mahnungen an die Geistlichkeit / Verhallt und vertan! / Der große Verrat

Magdeburg
Breiteweg 19

Am 18. Juni 1935 sprach ich anläßlich des Hirschland-Prozesses in der Magdeburger Stadthalle über die Judenfrage. Am 28. Juni 1935 richteten Sie an mich dieses Schreiben:

Herrn
Hauptschriftleiter Holz,
Nürnberg.

Laut Bericht des „Mitteldeutschen" Nummer 166 vom 19. Juni 1935 haben Sie in der großen öffentlichen Versammlung, die am Abend des ersten Verhandlungstages des hiesigen

Aus dem Inhalt

Verbietet die Mischehe
Die Juden leben von der Uneinigkeit der Nichtjuden
Die Wuchergeschäfte des Israel Markus Weißglas
Roter Terror in Neuyork
Erich Lazarus
Leopold Wertheimer

Preisausschreiben

Auf diesem Bilde sehen wir achtzehn Juden. Von ihnen sind vier katholisch und drei protestantisch getauft. Es gibt Leute, die behaupten, getaufte Juden seien keine Juden mehr sondern Christen. Wer der Stürmerschriftleitung die getauften Juden durch Ankreuzen bezeichnen kann, erhält einen Preis

Die Juden sind unser Unglück!

69. Appell der Reichsvertretung deutscher Juden an den Evangelischen Oberkirchenrat in Berlin anläßlich des »Judenboykotts«

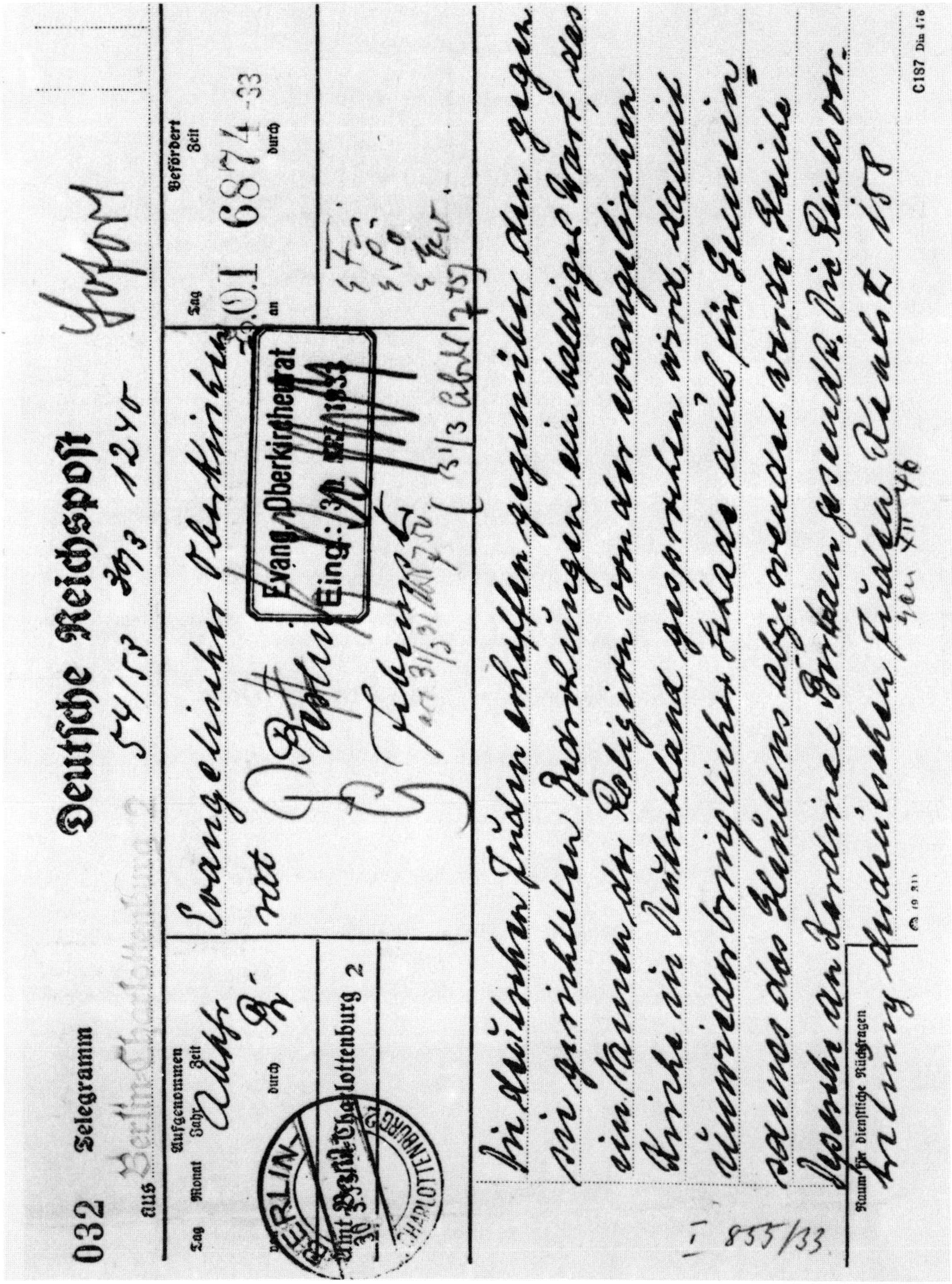

032 Telegramm

Deutsche Reichspost

aus Berlin-Charlottenburg 2 54/53 30/3 12 40 Sofort

Evangelischer Oberkirchenrat

Berlin

Evang. Oberkirchenrat Eing.: 30. MRZ. 1933

Die deutschen Juden erhoffen gegenüber den gegen sie gerichteten Bedrohungen ein baldiges Wort, das im Namen der Religion von der evangelischen Kirche in Deutschland gesprochen wird, damit unwiederbringlicher Schade auch für Gemeinsames des Glaubens abgewendet werde. Gleiche Depesche an Kardinal Bertram gesendet. Die Reichsvertretung der deutschen Juden Kantstr. 158

I 855/33

70. Der »arische« Jesus im Unterricht eines deutsch-christlichen Religionslehrers im Schuljahr 1939/40

Religion
Schuljahr 1939/40
II a

War Jesus ein Jude?

Die Bevölkerung Galiläas, der Heimat Jesu, war nicht jüdisch. Die bestand größtenteils aus arischen Einwanderern, die in ihrer Mehrheit Arier waren. Erst 104 vor Christus konnten die Juden Galiläa erobern u. zur jüdischen Religion bekehren; von nun an kamen jüdische Beamte, Priester u. Händler dorthin, doch blieben die Ur-galiläischen Bauern, Fischer u. Handwerker nach wie vor unjüdisch. Das beweist schon der Name Galiläa = Gau der Heiden.

Jesus steht in seiner ganzen Art zu denken und zu handeln im schärfsten Gegensatz zum Judentum. Joh. 8,44. nennt er die Juden Kinder des Teufels, des Mörders und Lügners von Anfang an. Die Verwandten Mt. u. Lk., die seine jüdische Abstammung

beweisen sollen, widersprechen sich und be-
weisen dadurch gerade das Gegenteil. In
den Kindheitsgeschichten, nach denen Joseph
ein Nachkomme Davids sein soll, stimmen
die Angaben von der wunderbaren
Sternerscheinung (7 v. Chr.), dem Tod des Herodes
(4 v. Chr.) u. der Volkszählung des Augustus
(6/7 n. Chr.) zeitlich nicht überein; sie sind
deshalb nicht beweiskräftig. Da Jesus und
sein Vetter Skopas Panthersöhne genannt
wurden, trug ihr Großvater wahrscheinlich
den griechischen Namen Panther.

War Jesus ein Jude?

Die Bevölkerung Galiläas, der Heimat Jesu, war nicht jüdisch. Sie bestand größtenteils aus assyrischen Einwanderern, die in ihrer Mehrheit Arier waren. Erst 104 vor Christus konnten die Juden Galiläa erobern und zur jüdischen Religion bekehren; von nun an kamen jüdische Beamte, Priester und Händler dorthin, doch blieben die galiläischen Bauern, Fischer und Handwerker nach wie vor unjüdisch. Dies beweist schon der Name Galiläa = Gau der Heiden.

Jesus steht in seiner ganzen Art zu denken und zu handeln im schärfsten Gegensatz zum Judentum. Joh. 8,44 nennt er die Juden Kinder des Teufels, des Mörders und Lügners von Anfang an. Die Stammbäume Mat. u. Luk., die seine jüdische Abstammung beweisen sollen, widersprechen sich und beweisen dadurch gerade das Gegenteil. In den Kindheitsgeschichten, nach denen Joseph ein Nachkomme Davids sein soll, stimmen die Angaben von der wunderbaren Sternerscheinung (7 v. Chr.), dem Tod des Herodes (4 v. Chr.) und der Volkszählung des Augustus (6/7 n. Chr.) zeitlich nicht überein; sie sind deshalb nicht beweiskräftig. Da Jesus und sein Vetter Skopas Panthersöhne genannt wurden, trug ihr Großvater wahrscheinlich den griechischen Namen Panther.

71. Denunziation des »nichtarischen« Pfarrers Ehrenberg durch die NSDAP von Westfalen-Süd 1937

Nationalsozialistische Deutsche Arbeiterpartei

Gauleitung Westfalen-Süd

Bochum
Wilhelmstr. 15/17
Fernsprecher: 63401/07
Postscheckkonto: Dortmund 18493
Girokonto: Kommunalbank Bochum Nr. 6600

Die Zeitung des Gaues:
„Westfälische Landeszeitung — Rote Erde"
Redaktion und Geschäftsstelle: Dortmund, Reinoldistr. 19
Fernsprech-Anschluß: Sammel-Nummer 30441

An das

Evangelische Konsistorium,

Münster /Westf.

Streng vertraulich!

Betreff: Dr. Hans Ehrenberg
z. Zt. evang. Pfarrer in Bochum 19.2.1937

Hierdurch bitte ich Sie die Amtsenthebung des in Bochum ansässigen jüdischen Pfarrers Ehrenberg umgehend in die Wege zu leiten. Der Jude Ehrenberg, der heute noch u. a. Konfirmandenunterricht und Kindergottesdienst erteilt, legt gerade in der letzten Zeit ein Benehmen an den Tag, das auf die Einwohnerschaft Bochums herausfordernd wirkt und das ich ohne einzugreifen keineswegs länger zu dulden bereit bin. Es ist mir unverständlich, daß dieser jüdische Pfarrer Ihrerseits bisher nicht abgerufen wurde, und ich mache besonders darauf aufmerksam, daß man die Disziplin, die seitens der Bevölkerung in dieser Angelegenheit bisher gewahrt wurde, nicht länger auf die Probe stellen kann. Ich darf voraussetzen, daß Sie sich dortseits bereits mit der Person des jüdischen Pfarrers Ehrenberg befaßt haben, möchte jedoch nicht versäumen, Ihnen nachstehend einiges über den Genannten bekanntzugeben.

Im Jahre 1909 ist Ehrenberg zum evangelischen Glauben übergetreten, vorher hatte er die mosaische Religion. An der Universität in Heidelberg erwarb er die Professorenwürde. Soweit bekannt, war er während des Weltkrieges nie an der Front, denn wäre er es gewesen, würde er es heute ganz besonders hervorheben. Fest steht, daß er einige Zeit vor Ausbruch der Revolution in Jüterbog eine staatsfeindliche Einstellung gezeigt hat, später war er beim Arbeiter-Soldatenrat. Im Jahre 1919 betätigte sich Ehrenberg als Kommunist und entwickelte in Heidelberg als kommissarisches Mitglied ein Räte-Programm unter Ausschluß des Bürgertums und verlangte die Zurückziehung der Mehrheitssozialisten aus der Reichsregierung. In der Volkszeitung Heidelbergs vom 13. Dezember 1919 schreibt der Jude Ehrenberg einen Artikel über die Männer des alten Staates und verunglimpft darin die Heerführer Hindenburg und Ludendorff in einer Weise, wie es eben nur ein Fremdstämmiger tun kann. Z. Zt. veröffentlicht er unverschämte Artikel im Gemeindeblatt der evangelischen Gemeinde zu Bochum. Er versteht es meisterhaft, seine ihm noch ergebenen Kreise zu Eingaben an die Regierung in Arnsberg zu mißbrauchen, um die gerade in letzter Zeit immer stärker werdende Opposition gegen sich abzuschwächen.

Ich wiederhole, wie eingangs erwähnt, meine Bitte, die Entfernung des Genannten in die Wege zu leiten und halte es im Interesse der Befriedigung weiterer Volkskreise für geboten, die Eilbedürftigkeit dieser Angelegenheit besonders zu unterstreichen.

Ich darf Sie daher bitten, mir Ihre Stellungnahme bzw. das Veranlaßte baldmöglichst bekanntzugeben.

Heil Hitler!

72. Pfarrer Hans Ehrenberg
73. Antrag Ehrenbergs auf Pensionierung

Bochum, den 5.5.37. Neustr. 15

An den
Evangelischen Oberkirchenrat,
zu Händen des Herrn
Oberkonsistorialrat D. Lic. Hymmen,
Berlin

Nach Beratung mit Herrn Präses D. Koch und im Einvernehmen mit ihm beantrage ich meine Versetzung in den Ruhestand zu einem vom Oberkirchenrat zu bestimmenden Zeitpunkt. Nachdem mein Dienst dadurch schon gefährdet gewesen ist, daß die Kirche bisher kein Zeugnis zur Frage des Christen aus Israel in der Kirche ablegen konnte, darüber auch schon Erwägungen zwischen dem westf. Bruderrat und mir angestellt gewesen sind, erkläre ich, daß ich gleichwohl den jetzt von mir geforderten Schritt in dieser Form niemals vollziehen würde, wenn ich mich als Mann und Christ in sachlicher Weise offen und ehrlich verantworten könnte betr. die gegen mich erhobenen politischen Bedenken.
Zum 20.5. werde ich bis zur Regelung um einen Urlaub nachsuchen.

74. »Zwangs«pensionierung Ehrenbergs durch die Kirchenbehörde 1937

Evangelischer Oberkirchenrat.

E.O.III.1939/37

Bei Beantwortung wird um Angabe der Geschäftsnummer gebeten.

Auf den Antrag vom 5. d. Mts.
Wir haben das Evangelische Konsistorium in Münster im Einvernehmen mit unserer Finanzabteilung ermächtigt, Sie zum 1. Juli 1937 entsprechend Ihrem Antrage in den dauernden Ruhestand zu versetzen und dabei die Bestimmungen in § 4 Abs. 2 der ersten Verordnung zum Reichsbürgergesetz vom 14. November 1935 (RGBl. I S. 1333) analog anzuwenden. Nach diesen Reichsbestimmungen werden Sie als ehemaliger Frontkämpfer bis zur Erreichung der Altersgrenze (65. Lebensjahr) als Ruhegehalt die vollen, zuletzt bezogenen ruhegehaltsfähigen Dienstbezüge erhalten, jedoch nicht in Dienstaltersstufen aufsteigen. Nach Erreichung der Altersgrenze wird Ihr Ruhegehalt dann nach den letzten ruhegehaltsfähigen Dienstbezügen neu berechnet werden.
Das Konsistorium ist ferner ermächtigt, Ihnen Urlaub bis Ende Juni d. Js. zu erteilen.

An Herrn Pfarrer Dr. Ehrenberg
in Bochum, Neustraße 15.

Vorstehende Abschrift übersenden wir auf die Berichte vom 2. März, 7. April und 30. April d. Js. (443, 443 II und 847) zur Kenntnisnahme unter Beifügung des Antrages des Pfarrers Dr. Ehrenberg vom 5. Mai mit der Ermächtigung, den Genannten entsprechend seinem Antrag zum 1. Juli 1937 in den Ruhestand zu versetzen und ihm bis zur Pensionierung Urlaub zu gewähren. Für die Höhe des Ruhegehalts sind die oben bezeichneten Reichsbestimmungen analog anzuwenden.
Der Kassenanwalt für das Ruhegehaltswesen für evangelische Geistliche ist angewiesen, der Versetzung des *Pfarrers Dr. Ehrenberg in den Ruhestand zuzustimmen.*
Die Gauleitung Westfalen-Süd ist von dem Veranlaßten zu unterrichten.

75. Kanzelabkündigung der westfälischen Bekennenden Kirche zum »Fall Ehrenberg« 1937

An die Glieder der Bekennenden Gemeinde Bochum.

An den Pfingsttagen ist auf den Kanzeln der Altstadtgemeinde Bochum folgende Kanzelabkündigung verlesen worden:

Der Bruderrat der Westfälischen Bekenntnissynode und die Pfarrer der Bekennenden Gemeinde Bochum-Altstadt geben der Gemeinde Bochum das Folgende bekannt:

Pfarrer Dr. Ehrenberg, der Seelsorger des 6. Pfarrbezirks der Gemeinde Bochum-Altstadt, wird auf seinen Antrag zum 1. Juli d. J. in den Ruhestand treten.

Pfarrer Dr. Ehrenberg hat seinem Bezirk seit 12 Jahren mit dem Worte Gottes gedient. Dieser Dienst kam in den letzten Jahren unter immer schwereren Druck. Seit Beginn des Kampfes der Bekennenden Kirche hat der Angriff der nichtkirchlichen Kreise außerhalb und innerhalb der Kirche sich gegen den Dienst der Prediger gerichtet, die als Glieder des Volkes Israel durch die Gnade Jesu Christi Glieder der christlichen Kirche geworden sind. Die Bekennende Kirche hat diesem Angriff um des Evangeliums willen widerstanden; sie hat die Geltung des Arierparagraphen in der Kirche abgelehnt. Die Gemeindeglieder des 6. Pfarrbezirks sind in das Ringen um diese Frage in besonderer Weise gerufen worden. Dieser Kampf war schwer, aber er ist nicht ungesegnet geblieben. Es ist dem Bezirk in sonderlicher Weise geschenkt worden, Bekennende Kirche zu sein. Der Sinn dieses Ringens war ja nicht, dem Pfarrer seine Stelle zu erhalten, sondern es galt das Taufsakrament und die Berufung zum Amt ernst zu nehmen.

Wenn Pfarrer Ehrenberg jetzt aus seinem Gemeindepfarramt scheidet, so geschieht das, weil die Kirche keine Möglichkeit hat, für ihn und für seinen Bezirk so einzutreten, wie es die Sache erfordert.

Wir rufen die Gemeinde Bochum auf, Gott dem Herrn für alles zu danken, was er ihr in den Jahren der Arbeit Pfarrer Ehrenbergs gegeben hat. Wir bezeugen, daß er seiner Gemeinde ein treuer Hirte war. Er hat das Wort von der Versöhnung lauter und rein gepredigt. Er hat in der Bekennenden Kirche Westfalens die Brüder im Amt gestärkt. Pfarrer Ehrenberg ist unser Bruder in Christus, er bleibt unser Bruder im Amt. Wir sind gewiß, daß Gott seinen Weg, den er in Uebereinstimmung mit uns geht, für ihn selbst und für den Dienst der Kirche segnen wird.

Der Apostel Paulus schreibt: „So ein Glied leidet, so leiden alle Glieder mit; und so ein Glied wird herrlich gehalten, so freuen sich alle Glieder mit". Nach diesem Worte des Apostels wissen sich die Leitung der Bekennenden Kirche Westfalens und die Bekennende Gemeinde Bochum für den 6. Pfarrbezirk und seinen bisherigen Pfarrer auch weiterhin verantwortlich. Es gilt, den in schweren Jahren des Kampfes der Gemeinde geschenkten Segen zu erhalten und fruchtbar werden zu lassen. Es gilt, das Bekenntnisanliegen, um das im 6. Pfarrbezirk besonders gerungen wurde, zu bewähren.

Die Rechte des Herrn ist erhöhet, die Rechte des Herrn behält den Sieg! Lasset uns halten an dem Bekenntnis der Hoffnung und nicht wanken; denn er ist treu, der sie verheißen hat! (Hebräer 10, 23.)

Der Bruderrat der Westfälischen Bekenntnissynode
Präses D. Koch

Die Pfarrer der Bekennenden Gemeinde Bochum
Hardt, Henrici, Klose, Matthieu, Lic. Schmidt, Winnacker

Seit 1935 wurde der Totalitätsanspruch der Partei immer spürbarer. Unter dem Schlagwort
»Entkonfessionalisierung des öffentlichen Lebens«, das hieß im Klartext: Verdrängung von
Christentum und Kirchen aus der Öffentlichkeit, sollte die Kirche in eine Art Ghetto einge-
schlossen werden. Die kirchliche Presse, die Diakonie und die kirchlichen Kindergärten 77
gerieten zunehmend unter Druck. Die kirchlichen Kindergärten wurden an einigen Orten in
Kindergärten der NS-Volkswohlfahrt (NSV) überführt. In vielen Teilen Deutschlands ersetz- 76
ten »deutsche« Gemeinschaftsschulen die christlichen Bekenntnisschulen.
Schon am Ende seines zweiten Regierungsjahres 1934 mußte Adolf Hitler erkennen, daß
seine Gewaltpolitik mit der evangelischen Kirche am Widerstand der Bekennenden Kirche
gescheitert war. Statt der geplanten Gleichschaltung in einer Reichskirche war die evangeli-
sche Kirche in Deutschland in mehrere Blöcke aufgesplittert. Dieser Zustand war für die NS-
Machthaber blamabel und erschien auf die Dauer auch gefährlich. Deshalb nahm Hitler
einen neuen Anlauf und ernannte im September 1935 einen eigenen »Reichsminister für die
kirchlichen Angelegenheiten«, der die evangelischen Kirchen »befrieden« sollte. Er fand in 78, 80
Hanns Kerrl einen Minister, der davon überzeugt war, daß Nationalsozialismus und Christen-
tum miteinander vereinbar seien. Damit befand sich Kerrl im Gegensatz zu radikalen Kir-
chenfeinden wie den Reichsleitern Martin Bormann, der den Parteiapparat beherrschte, und
Alfred Rosenberg. Als erstes setzte der neue Reichskirchenminister neue Kirchenleitungen,
die sogenannten Kirchenausschüsse, ein. Er berief einen nur ihm verantwortlichen Reichs-
kirchenausschuß, dem er die Leitung der Deutschen Evangelischen Kirche (DEK) übertrug.
Kerrl gelang es, für diesen Reichskirchenausschuß und die parallel dazu berufenen Landes-
kirchenausschüsse und Provinzialkirchenausschüsse sowohl Vertreter der gemäßigten Mit-
telgruppen als auch einzelne aus den Reihen der Bekennenden Kirche zu gewinnen. Die
intakten Landeskirchen und einige lutherisch geprägte Bruderräte erhofften sich von Kerrls
Kirchenpolitik tatsächlich eine Verbesserung der Lage der evangelischen Kirche. Darum
unterstützten sie ihn. Im Gegensatz dazu lehnte der preußische Bruderrat der Bekennenden
Kirche jede Mitarbeit in den Kirchenausschüssen ab. Er hielt fest: »Die Ausübung der Kir- 79
chenleitung durch den Staat oder auf Grund staatlicher Berufung widerspricht der Lehre der
Reformatoren und der reformatorischen Bekenntnisschriften. Weltliche Obrigkeit greift in ein
fremdes Amt ein, wenn sie aus eigener Macht der Kirche eine Leitung setzt« (Beschluß der
4. Reichsbekenntnissynode, Februar 1936 in Bad Oeynhausen).
So hatte die Politik des Reichskirchenministers die Bekennende Kirche gespalten. Auf der
Bekenntnissynode in Bad Oeynhausen scheiterte der Versuch, die Gegensätze zu überwin-
den. Es war die letzte Reichsbekenntnissynode. Seit Februar 1936 gab es zwei Flügel der
Bekennenden Kirche, einen gemäßigten und einen radikalen:

Der gemäßigte Flügel hielt eine Zusammenarbeit mit dem Reichskirchenministerium für möglich. Zu ihm gehörten die intakten Kirchen in Hannover, Bayern und Württemberg sowie die Bruderräte von Sachsen, Thüringen, Braunschweig, Mecklenburg, Lübeck und Schleswig-Holstein. Sie sahen sich vom neugeschaffenen Rat der Evangelisch-Lutherischen Kirche Deutschlands (Lutherrat) vertreten.
Der radikale Flügel lehnte jeden Eingriff des Staates in die Kirche ab. Zu ihm gehörten die Bruderräte der altpreußischen Union, von Oldenburg, Bremen und Nassau-Hessen. Sie unterstellten sich der neugewählten (2.) Vorläufigen Kirchenleitung (2. VKL).

Damit war die Lage noch schwieriger und unübersichtlicher geworden. Die Folgen zeigten
sich bald. Im Mai 1936 wagte der radikale Flügel der Bekennenden Kirche einen entschei-
denden Schritt nach vorne. Er verfaßte eine Denkschrift an Hitler, in der sich die Bekennende 81
Kirche zum ersten Mal nicht nur mit den eigenen Sorgen beschäftigte, sondern die Verlet-
zung der Menschenrechte durch den NS-Staat allgemein und im einzelnen anklagte. Als

diese Denkschrift auch im Ausland bekannt und dort veröffentlicht wurde, fahndeten die
83 Behörden nach den Verantwortlichen. Man griff sich Friedrich Weißler, einen Juristen jüdischer Abstammung. Er wurde in das Konzentrationslager Sachsenhausen eingeliefert und wenig später dort umgebracht. Im Laufe des Jahres 1936 zeigte sich immer deutlicher, daß das »Befriedungskonzept« des Reichskirchenministers nicht zu verwirklichen war. Anfang 1937 trat der Reichskirchenausschuß zurück. Hitlers Kirchenpolitik war damit ein weiteres Mal gescheitert.

Nun ergab sich eine neue Lage. Zur allgemeinen Überraschung ordnete Hitler neue Wahlen für die ganze evangelische Kirche an. Sie wurden jedoch niemals durchgeführt. Von dieser Zeit an bis zum Kriegsende blieb die Kirche trotz aller Versuche ohne eine eigene und allgemein anerkannte Ordnung.

84–87 Je länger der Kirchenkampf andauerte, um so mehr wurde Pfarrer Martin Niemöller aus Berlin-Dahlem im In- und Ausland zum Symbol der kirchlichen Opposition. Er wurde 1938 wegen Kanzelmißbrauchs und Widerstands gegen die Staatsgewalt zu acht Monaten Gefängnis verurteilt. Obwohl diese durch die Untersuchungshaft als verbüßt galten, wurde er auf Anordnung Hitlers noch im Gerichtsgebäude wieder festgenommen. Niemöller blieb bis zum Kriegsende als persönlicher Gefangener Hitlers in den Konzentrationslagern Sachsenhausen und Dachau.

Nicht wenige Mitglieder der Bekennenden Kirche hatten unter dem NS-Staat zu leiden. Nach einer in den Akten des Reichskirchenministeriums gefundenen Statistik wurden im Jahr 1938 folgende Strafmaßnahmen gegen Geistliche verhängt:

	Verwarnungen	Redeverbote	Aufenthaltsverbote	Schutzhaft	Strafanzeigen	Verurteilungen	Einstellungen
Evang. Geistliche	170	18	61	8	1441	10	2760
Kath. Geistliche	269	19	39	64	815	59	1271
zusammen	439	37	100	72	2256	69	4031

88/89 In den Gottesdiensten der Bekennenden Gemeinden wurde der Verfolgten regelmäßig für-
96 bittend gedacht; gelegentlich wurden auch alle ihre Namen verlesen. Die verteilten Fürbittenlisten enthielten zu Zeiten mehrere hundert Namen. Die Verfolgungen reichten von der Amtsenthebung bis zur Ausweisung, vom Gefängnis bis zur Einweisung in das KZ.

Pfarrer Ludwig Steil – KZ-Häftling in Dachau – schrieb kurz vor seinem Tod an seine westfälischen Amtsbrüder: »Unvergeßlich bleiben mir die langen Nachtstunden, in denen ich wach in meinem Lager am Boden lag. Da stand die Zeit still, da wanderte das fürbittende Gedenken zur Gemeinde, zu den Mitkämpfern, an die Fronten. Das war der uns Gefangenen aufgetragene Dienst vor dem Thron Gottes in seiner unaussprechlichen Herrlichkeit. – Jetzt erst ist mir aufgegangen, in welchem Maß Gott denen, die seit langen Jahren den Weg der gefangenen Brüder auf betendem Herzen tragen, den eigenen Weg erleichtert, wenn sie in die gleiche Lage kommen. Es ist alles schon vorher durchgekämpft, auch das allzu Menschliche und das Unmenschliche.«

90–92 Pfarrer Paul Schneider aus Dickenschied/Hunsrück wurde verfolgt, weil er kompromißlos die Sache der Bekennenden Kirche vertrat. Er wagte es, Parteifunktionäre seiner Gemeinde vom Abendmahl auszuschließen. Er starb an den Folgen unmenschlicher Folterungen im KZ Buchenwald. Die auf dem Appellplatz angetretenen Häftlinge hörten aus der Tiefe des Folterbunkers immer wieder das Christuszeugnis aus Schneiders Mund, bis er unter den Stockhieben seiner Peiniger verstummte.

Die Verfolgung der Christen durch das NS-Regime brachten auch evangelische und katholische Christen einander näher. In Lübeck trafen sich seit 1941 die drei katholischen Geistlichen Johannes Prassek, Eduard Müller und Hermann Lange mit dem evangelischen Pfarrer Karl Friedrich Stellbrink. Sie waren sich einig in der Ablehnung des Nationalsozialismus. Weil sie verbotene Schriften und Predigten austauschten und verbreiteten, wurden sie 1943 zum Tode verurteilt und hingerichtet. Pfarrer Stellbrink hatte zudem den englischen Bombenangriff auf Lübeck als Gottesgericht bezeichnet. 93–95
Hermann Lange schrieb in der Haft über die »Ökumene« von katholischen und evangelischen Christen: »Das gemeinsam ertragene Leid der letzten Jahre hat die beiden christlichen Kirchen einander näher gebracht. Ein Symbol dieser Leidensgemeinschaft, aber auch der Annäherung, ist die gemeinsame Haft des katholischen und des evangelischen Geistlichen.«

Die Zeit des Nationalsozialismus war auch die Zeit, in der die protestantischen Kirchen auf der ganzen Welt stärker zusammenrückten. Man nennt dies die Ökumenische, d.h. die ganze Erde umfassende, Bewegung. Die Vertreter der Ökumene nahmen von Anfang an am deutschen Kirchenkampf lebhaften Anteil. Vor allem in den ersten Jahren erwies sich die Ökumene als ein unschätzbarer Verbündeter der Bekennenden Kirche. Gerade deshalb wurde später in der Beziehung zur Ökumene die Zerrissenheit der deutschen Kirchen besonders schmerzlich spürbar. Es kam immer wieder zu Auseinandersetzungen, wer die evangelische Kirche gegenüber der Ökumene zu vertreten habe. Seit 1937 war die Bekennende Kirche – im Unterschied zu den Vertretern des »offiziellen« Kirchlichen Außenamts – überhaupt nicht mehr bei ökumenischen Begegnungen beteiligt. 97–99

Zur Weltkirchenkonferenz in Oxford 1937 mit dem brisanten Thema »Kirche, Volk und Staat« wurde keinem Vertreter aus der deutschen Evangelischen Kirche die Ausreise und damit die Teilnahme erlaubt. 99

76. Werbeplakat einer NS-Kreisleitung
für die deutsche Gemeinschaftsschule

Deutsche Väter und Mütter!
Deutsche Volksgenossen!

Ihr seid, soweit Kinder von Euch in diesem Frühjahr schulpflichtig werden, **morgen Dienstag, 6. Februar,** zur Entscheidung

für die deutsche Gemeinschaftsschule

aufgerufen.

Die deutsche Gemeinschaftsschule ist nicht die Simultanschule der verflossenen marxistischen Systemparteien, denen die Schule meist nur als Schacherobjekt beim politischen Kuhhandel diente, genau wie ihnen die Religion nur „Privatsache" war.

Die deutsche Gemeinschaftsschule ist die christliche Schule der deutschen Volksgemeinschaft im Staat des dritten Reichs, der „in den beiden christlichen Konfessionen die wichtigsten Faktoren zur Erhaltung unseres Volkstums sieht" (Adolf Hitler am 23. 3. 1933 vor dem Reichstag).

In der deutschen Gemeinschaftsschule, wie sie neben anderen Städten z. B. die **Stadt Bayreuth** seit vielen Jahrzehnten als alleinige Schulform hat, erhalten die Kinder der beiden Bekenntnisse den **Religionsunterricht** getrennt nach **ihrem** Bekenntnis durch Geistliche oder Lehrer **ihrer** Konfession, in allem und jedem genau wie in der Bekenntnisschule. Im **übrigen Unterricht** sitzen sie als Kinder deutscher Väter und Mütter einträchtig beieinander, während die Spaltung in evangelische und katholische Bekenntnisschulen die deutsche Jugend auseinander reißt. Der Jugend selbst ist solche Scheidung fremd: sie empfindet mit dem gesunden, natürlichen, bluthaften Gefühl naiver Menschen, daß sie als Kinder **eines** Volkes zusammengehören.

Und Ihr Eltern reißt sie auseinander? Könnt Ihr das als deutsche Eltern und christliche Erzieher verantworten?

Könnt Ihr das jetzt, — wo der **Nationalsozialismus** (nicht die Kirchen!) Deutschland vor dem Bolschewismus bewahrt und dadurch die christliche Religion überhaupt gerettet hat,

wo im Weltkrieg Millionen Deutscher ohne Scheidung nach Konfessionen nebeneinander gelitten und gestritten, wo 2 Millionen deutsche Helden ihr Leben — nicht für ein evangelisches oder katholisches, sondern **für ein volkseiniges Deutschland** geopfert haben?

Könnt ihr das verantworten in einer Zeit, —

wo unsere Jugend in der H.J. verbunden, nach freudlosen Jahren froh unseres Volkes Einigung mit Begeisterung erlebt,

wo unsere Jung-Mannenschaft einig und geschlossen in der S.A. marschiert oder im Arbeitsdienst schafft und werkt, ob Arbeiter oder Student, ob Handwerker oder Bauer, **alle ohne Unterschied des Bekenntnisses,** einig im Willen für **ein** Ziel und im Schaffen an **einem** Werk,

wo Ihr am 12. November 1933 mit 40 Millionen anderen Deutschen Euch einig zur Treue und Gefolgschaft für Adolf Hitler bekannt habt?

Jetzt, da das Wunder geschah und die Deutschen, das Volk der Zerrissenheit und des Haders endlich zu einem Volk, zur Nation geworden sind, — da wollt Ihr die endlich von Eurem Führer geschaffene Volksgemeinschaft wieder durchlöchern und an ihrer Wurzel abgraben, an der Jugend, wollt diese Jugend, die sich zusammengehörig fühlt, zerreißen, wollt die Verschiedenheit der Konfessionen, um die das deutsche Volk des Kampfes genug gelitten, als Scheidewand aufrichten bei Euren Kindern, wollt auseinanderreißen, was zu **einem** Volk **natürlich** zusammenwachsen will?

Wahrlich — Eure Kinder wollen das nicht und unser Herrgott will es auch nicht, selbst wenn andere es wollen!

Volksschule ist die Schule nur dann, wenn sie lebendiges Abbild der Volksgemeinschaft ist. **Abbild solcher Volksgemeinschaft, ja ihr Herz- und Kernstück, ist die deutsche Gemeinschaftsschule.**

Ihr Ruf ist:

Ein Volk, ein Reich, ein Gott!

In die deutsche Gemeinschaftsschule, die wahre Schule der Volksgemeinschaft gehören Eure Kinder!

Heil Hitler!

Kreisleitung NSDAP. Ansbach-Feuchtwangen.

77. Verbot einer kirchlichen Wochenzeitung 1939

Nr. 19
45. Jahrg.

Sonntag, 7. Mai 1939

Evang. Wochenzeitung u. Kirchlicher Anzeiger für Frankfurt a. M. u. Umgeb.

Unseren lieben Lesern teilen wir hierdurch mit, daß der „Sonntagsgruß" wegen eines Verbotes von behördlicher Seite nicht erscheinen kann.

Schriftleitung und Verlag

Das evangelische Wochenblatt „Sonntagsgruß", kirchlicher Anzeiger für Frankfurt a. M. und Umgegend, kostet vierteljährlich 1.50 Mk., durch jede Postanstalt zu beziehen. Neubestellungen, Anschriftenänderungen, Anfragen über Anzeigen usw. sind zu richten an die Geschäftsstelle des „Sonntagsgruß" beim Evangelischen Verein für Innere Mission, Frankfurt a. M., Hans-Handwerk-Str. 16, Erdgeschoß. Fernsprecher 23534—35, Postscheckkonto 14432 Evangelischer Verein für Innere Mission. Im Falle höherer Gewalt, Verkehrssperre, Betriebsstörung, Erscheinungsverbot usw. haben die Bezieher und Inserenten keine Ansprüche, falls das Blatt verspätet, in beschränktem Umfange oder überhaupt nicht erscheint. Anzeigen-Grundpreise: Im Anzeigenteil für 1 mm Höhe und 22 mm Breite 7 Pf., Stellengesuche, kleine Anzeigen und sonstige für 1 mm Höhe, 22 mm Breite 5 Pf. Nachlässe und sonstige Bedingungen nach Anzeigenpreisliste Nr. 4 vom 4. 4. 36. Schluß der Anzeigen-Annahme Montagvormittag. Für Aufbewahrung und Rücksendung unverlangt eingesandter Manuskripte wird keine Verantwortung übernommen.

Verantwortlich für die Schriftleitung: Pfarrer A. Schumacher, Frankfurt a. M., Cronstettenstraße 50, für den Anzeigenteil: Heinrich Stiehl in Frankfurt a. M. I. Vj. 39: über 10200
Verlag: Evangelischer Verein für Innere Mission, Frankfurt a. M.
Druck von H. L. Brönners Druckerei (F. W. Breidenstein), Frankfurt a. M. Blücherstraße 20/22.

78. Reichskirchenminister Kerrl mit Hermann Göring im Braunschweiger Dom 1935

79. Beschluß der 4. Reichsbekenntnissynode von Bad Oeynhausen 1936

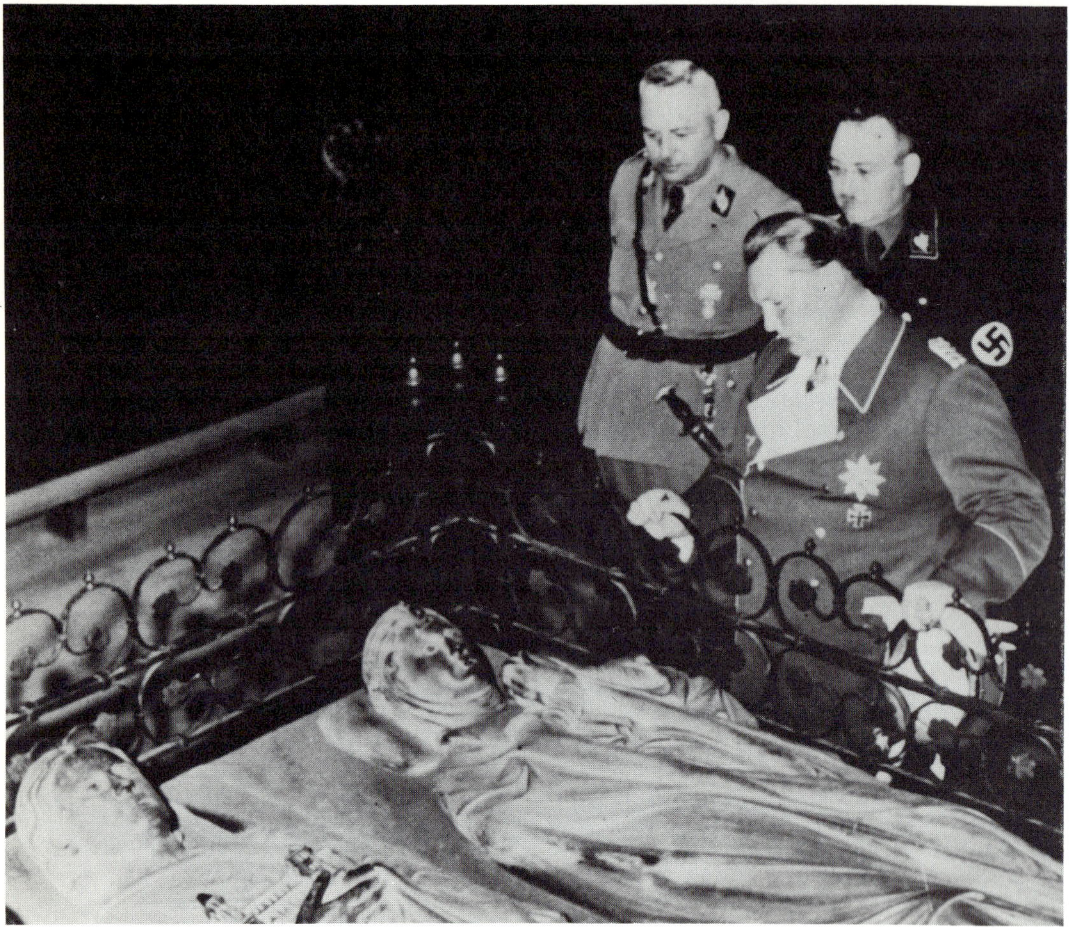

Von der Kirchenleitung

Die Ausübung der Kirchenleitung durch den Staat oder auf Grund staatlicher Berufung widerspricht der Lehre der Reformatoren und der reformatorischen Bekenntnisschriften. Weltliche Obrigkeit greift in ein fremdes Amt ein, wenn sie aus eigener Macht der Kirche eine Leitung setzt.

Aus dem Beschluß »Von der Kirchenleitung« der 4. Reichsbekenntnissynode in Bad Oeynhausen vom 17. bis 22. 2. 1936. KJB 120

80. Schnellbrief des Reichskirchenministers mit
dem Entwurf des Gesetzes zur Sicherung der DEK

Gesetz
zur Sicherung der Deutschen Evangelischen Kirche.
Vom 24. September 1935.

Nach dem Willen des evangelischen Kirchenvolkes ist der Zusammenschluß der Landeskirchen zu einer Deutschen Evangelischen Kirche vollzogen und in einer Verfassung verbrieft.

Mit tiefster Besorgnis hat die Reichsregierung jedoch beobachten müssen, wie später durch den Kampf kirchlicher Gruppen untereinander und gegeneinander allgemach ein Zustand hereingebrochen ist, der die Einigkeit des Kirchenvolkes zerreißt, die Glaubens- und Gewissensfreiheit des Einzelnen beeinträchtigt, die Volksgemeinschaft schädigt und den Bestand der evangelischen Kirche selbst schwersten Gefahren aussetzt.

Von dem Willen durchdrungen, einer in sich geordneten Kirche möglichst bald die Regelung ihrer Angelegenheiten selbst überlassen zu können, hat die Reichsregierung ihrer Pflicht als Treuhänder gemäß und in der Erkenntnis, daß diese Aufgabe keiner der kämpfenden Gruppen überlassen werden kann, *zur Sicherung des Bestandes der Deutschen Evangelischen Kirche* und zur Herbeiführung einer Ordnung, die der Kirche ermöglicht, in voller Freiheit und Ruhe ihre Glaubens- und Bekenntnisfragen selbst zu regeln,
das nachfolgende Gesetz beschlossen, das hiermit verkündet wird:

Einziger Paragraph

Der Reichsminister für die kirchlichen Angelegenheiten wird zur Wiederherstellung geordneter Zustände in der Deutschen Evangelischen Kirche und in den evangelischen Landeskirchen ermächtigt, Verordnungen mit rechtsverbindlicher Kraft zu erlassen. Die Verordnungen werden im Reichsgesetzblatt verkündet.

München, den 24. September 1935
Der Führer und Reichskanzler
gez. Adolf Hitler
Der Reichsminister
für die kirchlichen Angelegenheiten

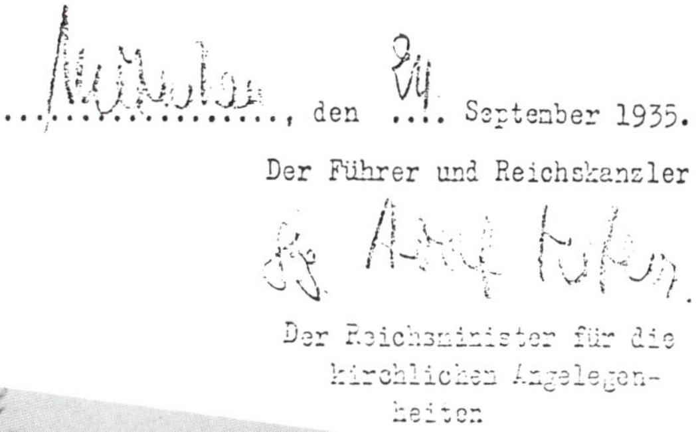
...München..., den 24. September 1935.
Der Führer und Reichskanzler
Der Reichsminister für die kirchlichen Angelegenheiten

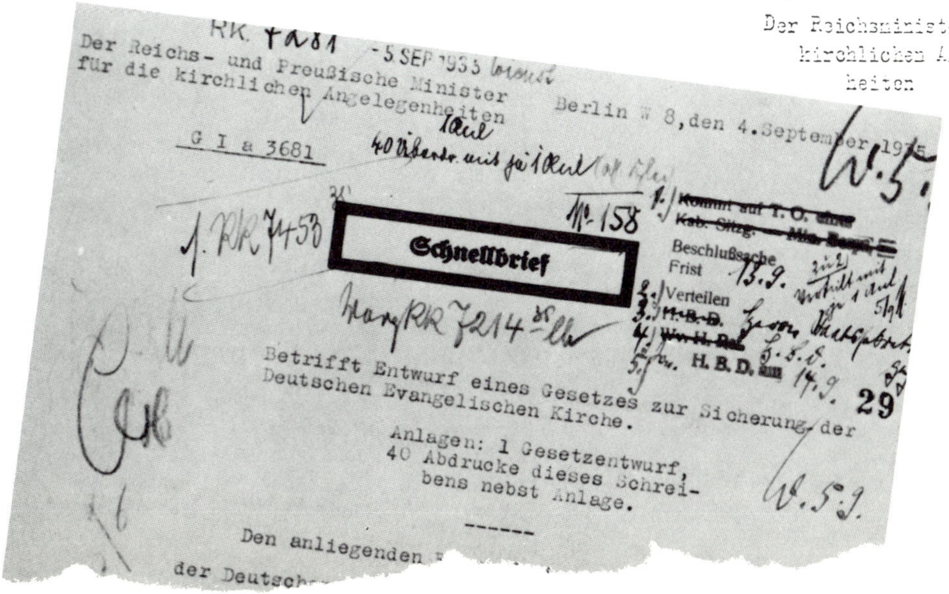
RK. 7481 - 5 SEP 1935
Der Reichs- und Preußische Minister
für die kirchlichen Angelegenheiten
Berlin W 8, den 4. September 1935
G I a 3681

Schnellbrief

Beschlußsache
Frist 13.9.
Verteilen
H. B. D.
29

Betrifft Entwurf eines Gesetzes zur Sicherung der Deutschen Evangelischen Kirche.

Anlagen: 1 Gesetzentwurf,
40 Abdrucke dieses Schreibens nebst Anlage.

Den anliegenden ...
der Deutsch...

81. Denkschrift der 2. Vorläufigen Leitung der Bekennenden Kirche an Hitler 1936

Erklärung der 2. Vorläufigen Leitung der Deutschen Evangelischen Kirche an den Führer und Reichskanzler vom Frühjahr 1936 (Auszug)

Die Deutsche Evangelische Kirche, vertreten durch die geistlichen Mitglieder ihrer Vorläufigen Leitung und den dieser zur Seite stehenden Rat, entbieten dem Führer und Reichskanzler ehrerbietigen Gruß.

Die Deutsche Evangelische Kirche ist mit dem Führer und seinen Ratgebern eng verbunden durch die Fürbitte, die sie öffentlich wie in der Stille für Volk, Staat und Regierung übt. Darum hat die Vorläufige Leitung der Deutschen Evangelischen Kirche in Verbindung mit dem Rat der Deutschen Evangelischen Kirche es auf sich nehmen dürfen, die Sorgen und Befürchtungen, die viele Christen in Gemeinden, Bruderräten und Kirchenleitungen im Blick auf die Zukunft des evangelischen Glaubens und der Evangelischen Kirche in Deutschland bewegen und die sie lange und ernstlich durchdacht hat, in dem vorliegenden Schreiben zum Ausdruck zu bringen...

1. Gefahr der Entchristlichung

Die Vorläufige Leitung weiß es zu würdigen, was es im Jahre 1933 und späterhin bedeutet hat, daß die Träger der nationalsozialistischen Revolution nachdrücklich erklären konnten: »Wir haben mit unserem Sieg über den Bolschewismus zugleich auch den Feind überwunden, der auch das Christentum und die christlichen Kirchen bekämpfte, und zu zerstören drohte.«

Wir erleben aber, daß der Kampf gegen die christliche Kirche wie nie seit 1918 im deutschen Volk wirksam und lebendig ist. Keine Macht der Welt, wie sie auch heiße, vermag die Kirche Gottes wider seinen Willen zu zerstören oder zu schützen; das ist Gottes Sache. Die Kirche aber hat sich der angefochtenen Gewissen ihrer Glieder anzunehmen...

4. Entkonfessionalisierung

Unter der Parole der »Entkonfessionalisierung« oder Überwindung der konfessionellen Spaltung hat eine Bewegung eingesetzt, die der Kirche ihre Öffentlichkeitsarbeit unmöglich machen soll.

Längst sind der Evangelischen Kirche durch einen zwischen dem Reichsjugendführer und dem dazu nicht ermächtigten Reichsbischof abgeschlossenen Vertrag ihre eigenen Jugendorganisationen genommen worden. Aber auch die durch jenen Vertrag der Evangelischen Kirche gewährleistete Betreuung der evangelischen Angehörigen der nationalsozialistischen Jugendorganisationen wird vielfach gehindert. Immer wieder wird von den obersten Führern der organisierten Jugend bis hinab zu den untersten Gliederungen der evangelischen Jugend ihre Kirche verächtlich und verdächtig gemacht und versucht, den Glauben an die ihr anvertraute Offenbarung zu untergraben.

Während der heutige Staat offiziell zum positiven Christentum steht, haben seine neuen Einrichtungen, wie das Landjahr oder der Arbeitsdienst, nicht nur so gut wie gar keine Möglichkeiten seelsorgerischer Versorgung ihrer Angehörigen, bei ihnen ist sogar die Verbindung des Seelsorgers mit seinen jungen Gemeindegliedern, etwa durch persönliche Besuche oder auch nur durch Zusendung der evangelischen Gemeindeblätter und Schriften, weithin unmöglich gemacht. Daß beispielsweise evangelische Angehörige eines Arbeitsdienstlagers keine Erlaubnis erhielten, am Karfreitag den Gottesdienst zu besuchen, zeigt, wie weit stellenweise die »Entchristlichung« schon vorgeschritten ist. Auch die Bestimmungen über die religiöse Versorgung der Kinder im Landjahr reden hier eine sehr deutliche Sprache.

Die »Entkonfessionalisierung« der Schule wird vom Staat bewußt gefördert. Unter Verletzung von Rechten der Kirche wird die Abschaffung der Bekenntnisschulen betrieben. Hierbei werden die Gewissen der Eltern stärkstem Druck der Partei ausgesetzt.

Rechtmäßig bestehende Pläne für den Religionsunterricht werden vielfach mißachtet. So sind schon lange vielerorts wesentliche Stücke biblischer Lehre aus dem Religionsunterricht ausgemerzt (Altes Testament) oder unchristliche Stoffe in ihn hineingekommen (Altgermanisches Heidentum). Schulgottesdienst und Schulandacht werden immer mehr vernachlässigt oder im Sinne einer Entchristlichung auch in der äußeren Form des schulischen Gemeinschaftslebens umgestaltet...

5. Nationalsozialistische Weltanschauung

Von den evangelischen Angehörigen der NS-Organisationen wird gefordert, sich uneingeschränkt auf die nationalsozialistische Weltanschauung zu verpflichten. Diese Weltanschauung wird vielfach als ein positiver Ersatz des zu überwindenden Christentums dargestellt und ausgegeben. Wenn hier Blut, Rasse, Volkstum und Ehre den Rang von Ewigkeitswerten erhalten, so wird der evangelische Christ durch das erste Gebot gezwungen, diese Bewertung abzulehnen. Wenn der arische Mensch verherrlicht wird, so bezeugt Gottes Wort die Sündhaftigkeit aller Menschen.

Wenn den Christen im Rahmen der nationalsozialistischen Weltanschauung ein Antisemitismus aufgedrängt wird, der zum Judenhaß verpflichtet, so steht für ihn dagegen das christliche Gebot der Nächstenliebe. Einen besonders schweren Gewissenskonflikt bedeutet es für unsere evangelischen Gemeindeglieder, wenn sie das Eindringen dieser antichristlichen Gedankenwelt bei ihren Kindern, ihrer christlichen Elternpflicht entsprechend, bekämpfen müssen.

82. Wandschmiererei gegen die Bekennende Kirche

83. Friedrich Weißler, Mitarbeiter der Vorläufigen Leitung und Mitverfasser der Denkschrift

6. Sittlichkeit und Recht

Wir sehen mit tiefer Besorgnis, daß eine dem Christentum wesensfremde Sittlichkeit in unser Volk eindringt und es zu zersetzen droht.
Wohl ist uns bekannt, daß der Führer in seiner Rede vom 23. März 1933 die sittliche Bedeutung der christlichen Konfessionen für das Volksleben anerkannt hat. Aber die Macht des neuen sittlichen Denkens ist bisher stärker gewesen als dieses Wort.
Weithin wird heute als gut angesehen, was dem Volke nützt. So konnte mit Wissen des Reichsamtsleiters Derichsweiler erklärt werden, daß der Ausdruck positives Christentum im Artikel 24 des Parteiprogramms nur so gebraucht werde, wie man einem Kranken gegenüber die volle Wahrheit zurückhalte.
Ein solches Verhalten stellt die Zweckmäßigkeitserwägungen über die in Gottes Gebot geforderte Wahrhaftigkeit...
Ist jeder Eid eine unter Gottes Augen gegebene Erklärung oder Versicherung, auch dann, wenn der Name Gottes dabei nicht ausdrücklich genannt wird, dann muß die Tatsache, daß viele Menschen in kurzen Abständen nacheinander zum Schwören veranlaßt werden, dem Eid seine Würde rauben und dazu führen, Gottes Namen zu entheiligen und zu mißbrauchen. Evangelische Eltern empfinden es als besonders unerträglich, daß man ihren Kindern schon in jungen Jahren eidähnliche Verpflichtungen abnimmt...

Die evangelischen Christen sind auf Grund der Heiligen Schrift davon überzeugt, daß Gott der Schützer des Rechts und der Rechtlosen ist; darum empfinden wir es als Abkehr von ihm, wenn Willkür in Rechtsdingen einzieht und Dinge geschehen, die nicht recht sind vor dem Herrn...
Das evangelische Gewissen, das sich für Volk und Regierung mitverantwortlich weiß, wird aufs härteste belastet durch die Tatsache, daß es in Deutschland, das sich selbst als Rechtsstaat bezeichnet, immer noch Konzentrationslager gibt und daß Maßnahmen der Geheimen Staatspolizei jeder richterlichen Nachprüfung entzogen sind...
Unser Volk droht die ihm von Gott gesetzten Schranken zu zerbrechen: Es will sich selbst zum Maß aller Dinge machen. Das ist menschliche Überheblichkeit, die sich gegen Gott empört.
In diesem Zusammenhang müssen wir dem Führer und Reichskanzler unsere Sorge kundtun, daß ihm vielfach Verehrung in einer Form dargebracht wird, die Gott allein zusteht.
Noch vor wenigen Jahren hat der Führer selbst mißbilligt, daß man sein Bild auf evangelische Altäre stellte. Heute wird immer ungehemmter seine Erkenntnis zur Norm nicht nur der politischen Entscheidungen, sondern auch der Sittlichkeit und des Rechts in unserem Volke gemacht, und er selber mit der religiösen Würde des Volkspriesters, ja des Mittlers zwischen Gott und Volk umkleidet.
Wir bitten aber um die Freiheit für unser Volk, seinen Weg in die Zukunft unter dem Zeichen des Kreuzes Christi gehen zu dürfen, daß nicht einst die Enkel den Vätern fluchen, weil sie ihnen zwar einen Staat auf der Erde bauten und hinterließen, das Reich Gottes aber ihnen verschlossen.
Was wir in diesem Schreiben dem Führer gesagt haben, mußten wir sagen in der Verantwortung unseres Amtes.

Die Kirche steht in der Hand des Herrn. *KJB 132–137*

84. Zeitungskarikatur von Clement Moreau im Exil in Argentinien

„Jungs, setzt eine fromme Miene auf, der Pastor Niemöller kommt!“

85. Brief Görings an Generalfeldmarschall v. Mackensen zum Ausgang des Prozesses Niemöller

23

Generalfeldmarschall Göring Carinhall, den 22. März 1938.

24/3. m

Sehr verehrter Herr Generalfeldmarschall !

Jnfolge der historischen Ereignisse komme ich erst heute dazu, Jhren Brief vom 7. März zu beant=worten. Die Dinge liegen kurz folgendermaßen:

1. Das Gericht hat nach aller Überzeugung ein absolutes Fehlurteil gesprochen, weil es gar nicht darüber verhandelte, weswegen N i e m ö l l e r angeklagt war, sondern es war mehr ein Konzil über Be=kenntniskirche, Christentum, Nationalsozialismus etc. Hierbei verstand Niemöller in außerordentlich ge=schickter Weise,die Richter an der Nase herumzuführen, so daß dieser völlig unmögliche Fehlspruch gefällt werden konnte, der nur ein Hohn auf jede Staatssicher=heit war. Jch möchte ausdrücklich betonen, daß Niemöller sich mit aller Schwere durch Hetzreden gegen diesen Staat vergangen hat. Wenn das Gericht ein edles Motiv unterlegt, so müßte das Gericht auch dies bei sehr vielen Kommunisten tun, die dann den völlig gleichen Anspruch haben; denn auch sie tun es aus ihrer Über=zeugung heraus. Damit wäre aber festgestellt, daß An=griffe gegen den Staat und seine Weltanschauung heute durchaus eine edle und lobenswerte Handlung sein können. Es zeigt sich leider immer wieder, daß ein Teil unserer Richter überhaupt nicht begriffen hat, worum es geht und ihrer Aufgabe in politischer Richtung in keiner Weise gewachsen sind. Der Staat muß sich gegen all diese Zerstörer verteidigen und darf sich auch dann nicht resigniert damit abfinden, wenn ein unfähiges Richter=

kollegium

Herrn
Generalfeldmarschall von Mackensen
Falkenwalde b.Stettin.

kollegium zu Fehlurteilen gelangt. Über allem formellen
Recht, das hier ja nur durch drei kleine Richter re=
präsentiert wird, steht die Sicherheit der Nation.

2. Niemöller wurde wieder verhaftet aus Sicher=
heitsgründen, da er bereits während des Prozesses und
durch Äußerungen nach dem Prozeß kundgetan hat, daß er
nach wie vor auf seiner Linie stehen bleibt und nach
wie vor so handeln wird, wie es sein Gewissen ihm ein=
gibt, also feindlich gegen den Staat. Er zeigte keine
Reue, im Gegenteil erhöhten Angriffswillen. Jeder Staat,
der sich so etwas gefallen läßt, muß auf die Dauer
kapitulieren. Das haben wir in aller Deutlichkeit am
Untergang des kaiserlichen Deutschland gesehen. Auch
hier hat das formale Recht nicht verstanden, aus voll=
kommener Verkennung heraus den bestehenden Staat zu ver=
teidigen. Joh erinnere an die zahllosen Fehlurteile
gegen die damaligen Staatsfeinde. Der nationalsoziali=
stische Staat aber wird niemals kapitulieren, auch
nicht vor Herrn Niemöller. So wie ein Dieb, wenn er
zwar für seine begangene Tat die Strafe verbüßt hat,
doch in Sicherheitsgewahrsam genommen wird, wenn man
der Überzeugung ist, daß er, wenn er freigelassen wird,
sofort wieder sein Handwerk aufnehmen wird, - so muß
der Staat auch Vorkehrungen treffen in Fällen, in
denen er bestimmt weiß und Unterlagen dafür hat,
daß der Gegner, auch wenn er seine Strafe verbüßt hat,
erneut den Kampf gegen ihn beginnen wird. Das ist hier
geschehen. Niemöller ist in Sicherheitsgewahrsam ge=
nommen, da seine Äußerungen und Haltung einwandfrei
die Überzeugung festigten, daß er mehr denn je gewillt
sei, gegen den Staat zu arbeiten. Wohin würde ein
Staat gelangen, wenn er seinen Bestand durch formale
Gerichtsurteile in Frage stellen ließe. Man muß doch
bedenken, daß die Richter auch nichts anderes sind
wie Menschen - ebenso fähig, aber auch ebenso unfähig
wie andere. Wo hier das formale Strafrecht versagt,
tritt das höhere Recht des Staates vor.

Joh

86. Pfarrer Martin Niemöller mit seinen Konfirmanden in Berlin-Dahlem

24

Jch hoffe, die Gründe ausführlich dargelegt zu haben, die die Wiederverhaftung des Niemöller absolut recht= fertigen. Jch persönlich halte jeden, der diesen Staat angreift, für einen Verbrecher, dem edle Motive niemals unterlegt werden dürfen; denn der Betreffende greift einen Staat an, der das deutsche Volk aus tief= ster Not gerettet, aus Schmach und Schande emporge= führt hat, aus einem ohnmächtigen Reich wieder die erste Großmacht Europas schuf und erst jetzt wieder durch eine Tat von weltgeschichtlicher Bedeutung ein Werk vollendete, zu dem andere Deutsche bisher nicht die Kraft hatten, die Wiedervereinigung der Deutschen. Ein Staat, der die Größe und die Kraft hat, das zu vollbringen, darf nicht angetastet werden, auch nicht unter einer Verschleierung sogenannter Glaubens= konflikte.

Mit Heil Hitler !
Jhr sehr ergebener

87. Eingabe Nürnberger Gemeindeglieder zugunsten von Martin Niemöller

RK.6 ... B 28. MÄRZ 1938 Kri

Nürnberg, den 28. März 1938

44

An die

Reichskanzlei

B e r l i n

An die
Reichskanzlei
Berlin

Nürnberg, 28. März 1938

Aus der Sorge um unser Volk und um unsere evangelische Kirche gestatten wir uns, als Vertreter des fränkischen evangelischen Kirchenvolkes folgendes zu unterbreiten:

1.) den Fall Niemöller betreffend.

Mit wachsender Sorge haben die Glieder der evangelischen Kirche wahrnehmen müssen, daß die im Juli v. Js. erfolgte Verhaftung des Pfarrers Martin Niemöller und die anschließende Untersuchungshaft sich immer mehr in die Länge zog. Beruhigend wurde allgemein empfunden, als der Beginn des Prozesses für Anfang Februar ds. Js. festgesetzt war. Wir alle haben die feste Überzeugung, daß das ehrliche kirchliche Handeln des Angeklagten anerkannt werden würde. Das Urteil bestätigte unsere Meinung und gab dem Angeklagten durch die Verhängung von Festungshaft die politische und kirchliche Ehre wieder zurück. Wir danken Gott, der den Richtern den rechten Weg gewiesen hatte, auf dem nun der seinem Volk und seiner Kirche treu dienende Mann wieder zurückkehren konnte zu Arbeit und Familie.

Um so erschütternder wirkte die Nachricht, daß Pfarrer Niemöller, der vom Gericht entlassen war, in Schutzhaft genommen und in ein Konzentrationslager verbracht wurde.

Wir sind in Sorge, weniger um das persönliche Ergehen Martin Niemöllers und um das Fortkommen seiner mit sieben Kindern gesegneten Familie, als vielmehr darüber, was unser deutsches Volk für einen Eindruck bekommt von dem, was Recht und Unrecht ist. Einfachen Menschen ist es unverständlich, daß ein deutsches Gericht einem Angeklagten ehrenhafte Gründe für sein Handeln zuerkennt und daß einen Tag später der Betreffende in ein Konzentrationslager gebracht werden kann, wo sonst doch nur asoziale Menschen, Volksschädlinge und Verbrecher sich zusammenfinden.

Es geht uns nicht nur um die Person Martin Niemöllers, sondern auch um unser Volk.

Wir erinnern daran, daß vor einiger Zeit Herr Dr. Frank II vor den NS-Rechtswahrern festgestellt hat, daß in Deutschland in einem Prozeß der Richter das letzte entscheidende Wort hat und daß (er wollte dies besonders gegenüber dem Ausland festgestellt haben) es keine andere Nebeninstanz gibt, die das Urteil in einem anderen Sinne vollstreckt.

Der Fall Niemöller ist für das Kirchenvolk in Deutschland der Präzedenzfall und berechtigt uns, der ernsten Sorge Ausdruck zu verleihen und darf deshalb auch nicht stillschweigend hingenommen werden.

»Gerechtigkeit erhöhet ein Volk!« Dürfen wir dies gerade in dem gewaltigen Geschehen unserer Tage vergessen?

Wir bitten aus all den angeführten Gründen dringend, den Pfarrer Niemöller baldigst seiner Gemeinde wiederzugeben.

2.) Unsere Pfarrer betreffend.

Die Glieder unserer bekennenden Gemeinden empfinden es als eine Schmach, in welcher Weise gegen ihre Pfarrer vorgegangen wird. Wir wissen, sie sind auch Menschen mit Mängel und Fehlern. Wir wissen, daß auch sie nicht davor gefeit sind, Fehltritte zu machen; und dort, wo sie vom Auftrag der Kirche abweichen, die Gesetze verletzen, wird sich kein Finger rühren, um der Gerechtigkeit Einhalt zu gebieten. Wenn aber da und dort von untergeordneten Stellen Verordnungen erlassen werden, die jahrhundertelange Gebräuche, die in Schrift und Bekenntnis begründet sind, einfach für strafbar er-

klären; wenn sie von unteren Organen willkürlich ausgelegt werden, um der bekennenden Kirche die Rechtsgrundlage zu entziehen, dann empört sich das gesunde Rechtsempfinden des Volkes.
Wir dürfen in aller Bescheidenheit an die Kollektenfrage erinnern, Verkündigung der aus der Kirche Ausgetretenen, Fürbitte für bedrängte Pfarrer und Gemeinden usw. Oder wenn Pfarrer um der Verkündigung des Wortes Gottes willen behindert werden, aus ihrem Amt ausgewiesen werden, wenn die besten Köpfe unserer Kirche, die von Gott als Leiter der Kirche begnadet sind, durch Rede- und Predigtverbot der Kirche und ihrer Verkündigung entzogen werden, dann befremdet dies um so mehr, wenn zu gleicher Zeit Abgesandte der DC ungehindert von Ort zu Ort ziehen und unter Schutz und Förderung von Parteistellen öffentliche Versammlungen abhalten dürfen. Wenn weiterhin Parteiversammlungen die Kirchenfrage behandeln, in denen Leute auftreten, die oft ein sehr mangelhaftes Wissen um diese Dinge besitzen und dann in unverantwortlicher Weise die Träger des kirchlichen Amtes und diejenigen Volksgenossen, die sich zu ihnen und zur Kirche halten, verunglimpfen, dann erleidet die Volksgemeinschaft einen Schaden, der niemals mehr gut zu machen ist.
Dadurch wird eine Volksgruppe zweiter Klasse geschaffen, in der sich aber dann gerade diejenigen befinden, die zu allererst dem Nationalsozialismus gegenüber die Treue gehalten haben und teilweise sogar Bannerträger desselben gewesen sind. Dies dürfen wir in besonderem Maße von unseren protestantischen Franken und nicht zuletzt von seinem Pfarrerstand sagen.
Es ist unsere ernste Sorge, daß hier eine Atmosphäre geschaffen wird, die einmal zu einer großen Gefahr in unserem Volk werden kann.
Es ist auf die Dauer untragbar, daß durch Pfarrerverhaftungen wegen kirchlicher und bekenntnismäßiger Einstellung Ausweisungen, Redeverbote und sonstige Maßnahmen die Kirchenfrage zu lösen versucht wird. Wir bitten daher dringend, es möchte hier einmal richtunggebende Weisung erteilt werden, daß das Ringen um die Deutsche Evangelische Kirche mit geistigen Mitteln durchgeführt wird und Sprechabende der Partei sich mehr auf das rein Politische beschränken.
Es liegt auf der Hand, daß mit Maßnahmen, wie sie sich in Sachsen abgespielt haben, wo Herr Klotsche mit dem Revolver in der Hand das Regiment im Landeskirchenrat an sich riß, keine Kirche gebaut werden kann. Es ist das nur ein Fall von vielen.
Alle die Übergriffe von Kirchenleitungen, denen die geistliche und kirchliche Vollmacht fehlt, bauen nicht auf, sondern zerstören.
Darum bitten wir ebenso herzlich wie dringend, es möchte hier Einhalt geboten werden und der ihres Bekenntnisses bewußten Kirche in ihren Organen Gelegenheit zum ruhigen und friedlichen Aufbau gegeben werden.
Die Kirche sieht auch eine ihrer Hauptaufgaben darin, das Volk zur Ehrfurcht zu erziehen, und zwar zur Ehrfurcht vor allem vor Gott, aber auch zur Ehrfurcht vor der Obrigkeit und vor den Mitmenschen. Diese Ehrfurcht ist zwar leicht und rasch zerstört, aber es wird nur sehr schwer möglich sein, sie wieder aufzurichten.

Heil Hitler!

Alfred Euerl, Nürnberg, [illegible] 16
Kfm. Angestellter
Hermann Streicher, Bauer u. [illegible]
Hans Regelein-Bauer
Richard Fleischmann, Metzgermeister

Berlin
Hotel [illegible]
am Anhalter Bahnhof.

Wir bitten Herrn Reichsminister ergebenst uns wenn möglich im Laufe des Dienstag 29. März eine Unterredung zu gestatten.

88. Fürbittenliste der Bekennenden Kirche, gefunden in den Akten der Reichskanzlei

RK. 25915 B – 2. OKT. 1939

Berlin, den 1. Oktober 1939

1.) V e r m e r k:

Das beiliegende Verzeichnis wurde mir gelegentlich von einem Pfarrer übermittelt.

2.) Z.d.A.

Im Konzentrationslager

1. Pfarrer Martin Niemöller – Berlin-Dahlem
2. Notariatspraktikant Leikam – Korb/Wttbg.
3. Pastor Steinbauer – Senden/Bay.
4. Pfarrer Buttler – Alvasse/Braunschweig

In Haft

1. Hilfsprediger Rouselle – Ebenfelde (Untersuchungshaft)
2. stud. theol. Münz – Baden
3. Herr von Kameke – Varchminshagen/Pom.
4. Pfarrer Thiemann – Gronau/Westf.
5. Pfarrer Middendorf – Altona
6. Pastor Jensen, Prov. Brandenburg
7. Vikar Nikolaus – Braunfels
8. Vikar Schulz – Kölschhausen

Verbannt

1. Pfarrer Lücking – Dortmund nach Jastrow/Grenzm.
2. Dipl.-Kaufmann Suppert – Dortmund nach Itzehoe/Schlesw. Holst.
3. Herr Lohmeyer – Dortmund nach Aurich/Ostfriesl.
4. Dr. jur. Schmidt – Dortmund nach Suhl/Thür.

Ausweisungen aus den Gemeinden

Brandenburg
1. Pfarrer Dühring – Leuthen

Grenzmark
2. Pfarrer Selke – Striche

Schlesien
3. Pfarrer Mochalski – Oberwalden: aus Schlesien
4. Pfarrer Schultze
5. Pfarrer Mahling – Lohsa: aus Schlesien
6. Pfarrer lic. Conrad – Michelau
7. Pfarrer Hitzer – Rösnitz: aus Schlesien
8. Pastor von Hoffmann – Oberwalden: aus Oberschlesien
9. Vikar Speer – Oberwalden: aus Oberschlesien
10. Vikar Brünig – Oberwalden: aus Oberschlesien
11. Vikar Körner – Lohsa: aus dem Reg. Bez. Liegnitz
12. Vikar Janke – Lohsa: aus dem Reg. Bez. Liegnitz
13. Pfarrer Rösler – Schleife

Pommern
14. Pfarrer Büttner – Strippow: aus dem Reg. Bez. Köslin

Ostpreußen
15. Pfarrer Glüer – Gross Schmückwalde: aus Ostpr.
16. Superintendent Bernecker – Heiligenbeil
17. Pastor Nicol – Rotwalde: a. d. Reg. Bez. Allenstein
18. Prädikant Bolle – Trunz: aus der Gemeinde Trunz
19. Pfarrer Guddas – Silberbach
20. Prd. Zimmernimgkat – Trunz: a. d. Reg. Bez. Westpreußen
21. Pfarrer Schmittat – Lenzen: a. d. Reg. Bez. Westpreußen
22. Pfarrer Gesk – Elnenfelde: aus Ostpreußen

Sachsen
23. Pastor Hoffmann – Schinne
24. Pfarrer Gester – Letzlingen
25. Pastor Wapler – Schinne

Rheinland
26. Pfarrer Eissen – Fechingen
27. Pfarrer Schmitz – Bergneustadt
28. Pfarrer Dr. Wieter – Odenspiel
29. Superintendent Blek – Saarbrücken
30. Pfarrer lic. Winter – Kölschhausen

Westfalen
31. Superintendent Heuner – Dortmund: aus Rheinl. und Westfalen
32. Pfarrer Kohlmann – Dortmund-Derne: aus Rheinl. und Westfalen
33. Pfarrer Lücking – Dortmund: aus Rheinl. und Westfalen
34. Pfarrer lic. Schmidt – Bochum: aus Rheinl. und Westfalen
35. Pfarrer Bültemeier – Exter: a. Rhld. Westf. Lippe-Detm. u. Schaumbg.-L.

Nassau-Hessen
36. Pfarrer Romberg – Wiesbaden-Dotzheim
37. Pfarrer Herrdurth – Heegheim: aus dem Filialdorf
38. Pfarrer Ide – Frankfurt/Main
39. Pfarrer Hechler – Heppenheim
40. Vikar Brandt – Nastättem: aus Nassau
41. Vikar Idelberger – Rupperthofen: aus Hessen
42. Vikar Sohn – Schornsheim
43. Vikar Straub – Oppenheim
44. Vikar Welcke – Oppenheim
45. Vikar Ernst Bleichenbach
46. Vikar Schmidt – Mainz-Mombach: aus Hessen
47. Vikar Huthmann – Neustadt: aus Hessen
48. Vikar Weckerling – Giessen: aus Hessen
49. Vikar Dauth – Giessen: aus Hessen
50. Vikar Gann – Vilbel aus Hessen
51. Vikar Stoll – Grüningen aus Hessen
52. Vikar Goethe – Dort Güll aus Hessen
53. Vikar Lorenz – Büdingen aus Hessen
54. Vikar Kern – Niederweisel aus Hessen
55. Vikar Conrady – Alzey aus Hessen
56. Vikar Fischer – Erbach aus Hessen
57. Vikar Hörr – Alzey aus Hessen
58. Vikar Semler – Westhofen aus Hessen
59. Vikar Hübner – Griesheim aus Hessen
60. Vikar Schmidt – Offenbach aus Hessen
61. Vikar Kessler – Ranstadt aus Hessen
62. Vikar Alt-Heegheim aus Hessen
63. Vikar Ferger – Worms aus Hessen
64. Vikar Schmidt – Worms aus Hessen
65. Vikar Hahn – Holzhausen aus Hessen
66. Vikar Heymann – Worms aus Hessen
67. Vikar Weitfeld – Giessen aus Hessen
68. Vikar Schneider – Giessen aus Hessen
69. Vikar Schuester – Giessen aus Hessen
70. Vikar Hassenpflug – Maibach aus Hessen
71. Vikar Schäfer – Wirberg aus Hessen
72. Vikar Müller – Vilbel aus Hessen
73. Vikar Debusmann – Offenbach aus Hessen
74. Vikar Weber – Homburg aus Hessen
75. Vikar Peter – Niederohmen aus Hessen
76. Vikar Neff – Offenbach aus Hessen
77. Vikar Gutsche – Offenbach aus Hessen
78. Vikar Schmidt – Niederramstadt aus Hessen
79. Vikar Grosch – Schwarz aus Hessen
80. Vikar Streng – Billerthausen aus Hessen
81. Vikar Sames – Maar aus Hessen
82. Vikar Ebel – Gross-Felda aus Hessen
83. Vikar Weinel – Allendorf aus Hessen
84. Vikar Bühler – Hitzkirchen aus Hessen
85. Vikar Zöllner – Roßbach: aus Roßbach

Thüringen
86. Pfarrer Wolf – Metzel
87. Hilfsprediger Brunotte – Neuhaus am Rennweg
88. Pfarrer Schultze – Röpsen
89. Pfarrer Werner – Kosma: a. Thür. u. d. Pol.Bez. Leipzig, Plauen, Halle, Kassel

Mecklenburg
90. Pfarrer Hübner – Eldena
91. Pfarrer Maerker – Blücher
92. Pfarrer Karsten – Neustrelitz

Hamburg
93. Gemeindehelfer Zedlacher – Hamburg

Hannover
94. Pfarrer Middeldorf – Schüttorf
95. Kirchenältester Bergmann. – Schüttorf
96. Pfarrer Cramer – Schüttorf

Schleswig-Holstein
97. Pastor Pinn – Flemhude bei Kiel

Württemberg
98. Pfarrer von Jan aus Württemberg und Hohenzollern

Land Sachsen
99. Superintendent Hahn – Dresden
100. Pastor Müggenburg – Weissig
101. Pastor Horn – Seifersbach

Ausreiseverbote

1. Pfarrer Müller – Berlin-Dahlem
2. Superintendent lic. Albertz – Berlin-Spandau
3. Pfarrer Dr. Böhm – Berlin-Zehlendorf
4. Pastor lic. Niesel – Berlin-Lichterfelde
5. Pfarrer Rackwitz – Berlin-Neukölln

Redeverbote

Rheinland
1. Hilfsprediger lic. Hesse – Duisburg-Hamborn: f.d. ganze Reich
2. Pfarrer Immer – W.-Barmen: f.d. ganze Reich
3. Kaufmann Henn – Ründeroth: f.d. Reg. Bez. Köln, Magdbg. Nassau-Hessen
4. Pfarrer Held – Essen: f.d. ganze Reich
5. Pfarrer lic. Dr. Beckmann – Düsseldorf: f.d. ganze Reich
6. Pfarrer Busch – Essen: für das ganze Reich

Westfalen
7. Superindentent Heuner – Dortmund: f.d. ganze Reich
8. Pfarrer Kohlmann – Dortmund: f.d. ganze Reich
9. Pfarrer Lücking – Dortmund: f.d. ganze Reich
10. Pfarrer lic. Iwand – Dortmund: f.d. ganze Reich
11. Volksmissionar Hunke – Herford: für Minden, Land Lippe, Schaumbg.-L.
12. Pfarrer lic. Schmidt – Bochum
13. Pfarrer Niemöller – Bielefeld: für Berlin und Prov. Brandenburg

Schlesien
14. Pfarrer Viebig – Breslau: f.d. ganze Reich
15. Pfarrer lic. Conrad – Michelau: f.d. ganze Reich
16. Pfarrer Schultze: f.d. ganze Reich

Sachsen
17. Superintendent Staemmler – Gr.Kugel: f.d. Reg. Bez. Magdeburg

Ostpreußen
18. Pfarrer Marienfeld – Wielitzken
19. Pfarrer Brehm – Königsberg-Liep: f.d. ganze Reich
20. Pastor Nicol – Rotwalde: für Ostpreußen
21. Pfarrer Guddas – Silberbach: f.d. ganze Reich
22. Pfarrer Gesk – Ebenfelde

Brandenburg
23. Pfarrer Dühring – Leuthen-Wintorf: Rede- u. Schreibverbot f.d. Reich

Berlin
24. Pastor Asmussen – Berlin: für das ganze Reich
25. Pfarrer Müller – Berlin-Dahlem: für das ganze Reich
26. Generalsuperintendent D. Dibelius – Berlin: für das ganze Reich
27. Pastor Dr. Gollwitzer – Berlin: für Thüringen
28. Bundessekretär Otto – Berlin-Friedenau: für das ganze Reich
29. Missionsinspektor Lokies – Berlin-Friedenau: f.d. ganze Reich
30. Dr. Künneth – Berlin (jetzt Starnberg): f.d. ganze Reich

Pommern
31. Pfarrer Büttner – Strippow: für das ganze Reich

Land Sachsen
32. Pastor Leistner – Drebach
33. Pastor Everth – Großolbersdorf
34. Pastor Hoffmann – Gornsdorf

Nassau-Hessen
35. Buchhändler-Sonnenschein – Marburg/Lahn
36. Pfarrer lic. Fricke – Frankfurt/Main

Thüringen
37. Pfarrer Werner – Kosma

Bayern
38. Pfarrer Kern – München
39. Pfarrer Steinlein: für Ostpreußen
Anhalt
40. Pfarrer Schröter – Wörbzig: f. Anhalt
Hannover
41. Pfarrer Middendorf – Schüttorf
Oldenburg
42. Pfarrer Kloppenburg – Wilhelmshaven: f.d. Reich einschl. aller Amtshdlg.
Hamburg
43. Studienrat Machleidt – Hamburg: f.d. ganze Reich
44. Pfarrer Forck – Hamburg: f.d. ganze Reich mit Ausn. s. Gemeinde

Aufenthaltsverbote

Berlin
1. Generalsuperintendent D. Dibelius – Berlin: für Österreich
Brandenburg
2. Vikar Deutsch – Babelsberg: für Berlin
Schlesien
3. Pfarrer Hornig – Breslau f. Berlin und Prov. Brandenbg.
4. Pastor Reichert – Kreuzburg f. Berlin und Prov. Brandenbg.
5. Vikar Pichert – Bunzlau f. Berlin und Prov. Brandenbg.
6. Vikar Grundtke – Breslau f. Berlin und Prof. Brandenbg.
Sachsen
7. Pastor Zippel – Magdeburg f. Berlin und Prov. Brandenbg.
8. Vikar Staude – Letzlingen f. Berlin und Prov. Brandenbg.
9. Vikar Korporal – Bad Lachstädt f. Berlin und Prov. Brandenbg.
Pommern
10. Pastor lic. Bonhoeffer f. Berlin und Prov. Brandenbg.
11. Pastor lic. de Boor – Stolp f. Berlin und Prov. Brandenbg.
Ostpreußen
12. Vikar Gers – Treuburg f. Berlin und Prov. Brandenbg.
13. Vikar Klatt – Gumbinnen f. Berlin und Prov. Brandenbg.
14. Vikar Leinwandt – Marienburg f. Berlin und Prov. Brandenbg.
15. Vikar Pisawotzki – Neidenburg f. Berlin und Prov. Brandenbg.
Rheinland
16. Pfarrer Schlingensiepen – Barmen f. Berlin und Prov. Brandenbg.
17. Pastor D. Hesse – Elberfeld f. Berlin und Prov. Brandenbg.
18. Pastor lic. Schlier – Elberfeld f. Berlin und Prov. Brandenbg.
19. Vikar Scherffig – Düsseldorf f. Berlin und Prov. Brandenbg.
20. Pastor D. Brunner – Wuppertal f. Berlin und Prov. Brandenbg.
21. Pastor lic. Schlingensiepen – Siegen f. Berlin und Prov. Brandenbg.
22. Vikar Horstmann – Dinslaken f. Berlin und Prov. Brandenbg.
23. Pfarrer Wiesser – Saarbrücken für das Saargebiet
Westfalen
24. Pfarrer Lücking – Dortmund f. Berlin u. Prov. Brandenbg.
25. Pfarrer lic. Iwand – Dortmund f. Berlin u. Ostpreußen
26. Pastor lic. Thimme f. Berlin und Ostpreußen
27. Pastor Frick – Bethel f. Berlin u. Ostpreußen
28. Vikar Krg – Gelsenkirchen f. Berlin und Ostpreußen
29. Vikar Schmidt – Witten f. Berlin u. Ostpreußen
30. Vikar Trelle – Soest f. Berlin u. Ostpreußen
Bayern
31. Pfarrer Steinlein – f. Ostpreußen

Amtsbehinderungen durch kirchenbehördliche Maßnahmen

Brandenburg
1. Pfarrer Tecklenburg – Brandenburg
2. Pfarrer Schubert – Brandenburg
3. Pfarrer Christoph – Brandenburg
4. Pfarrer Korth – Brandenburg
Ostpreußen
5. Pfarrer Beckmann – Königsberg
6. Pfarrer Guddas – Silberbach
Sachsen
7. Pfarrer Henheik – Lagendorf
Schlesien
8. Bischof D. Zänker – Breslau
Nassau-Hessen
9. Pfarrer Hechler – Heppenheim
Thüringen
10. Pfarrer Koszinowski – Oldisleben
11. Pfarrer Förtsch – Mittelhausen
12. Oberpfarrer Nothnagel – Ostheim/Rhön
13. Hilfsprediger Küntzel – Gräfenthal
14. Pfarrer Bauer – Lichtentanne
15. Pfarrer Fischer – Saalfeld
16. Pfarrer Carlsson – Wiesenthal-Rhön
17. Pfarrer Einrich – Pössneck
18. Pfarrer Koch – Sulzbacj
19. Pfarrer Wirth – Herbsleben
20. Pfarrer Hertel – Dienstädt
21. Pfarrer Hertel – Themar
22. Pfarrer Friederich – Zeulenroda
23. Pfarrer Walther – Buchfarth
24. Pfarrer Gross – Rüdersdorf
25. Pfarrer Sylten – Bad Köstritz
26. Pfarrer Otto – Eisenach
27. Pfarrer Bauer – Gotha
Mecklenburg
28. Pastor Siegert – Gustrow
29. Pastor Romberg – Teterow
30. Pastor Hübner – Eldena
31. Probst Maerker – Blücher
32. Prof. D.Dr. Schreiner – Rostock
33. Pastor Buchin – Neubrandenburg
34. Pastor Beese – Neuenkirchen
35. Pastor Langmann – Roggenhagen
36. Pastor Michaelis – Neustrelitz
37. Stadt- und Standortpfarrer Zierke-Neustrelitz
Oldenburg
38. Pfarrer Kloppenburg – Wilhelmshaven
39. Pfarrer Schipper – Delmenhorst
Land Sachsen
40. Superintendent von Kirchbach – Freiberg
41. Superintendent Hammerschmidt – Werdau
42. Pfarrer Hänichen – Hohenfichte
43. Pfarrer Luthardt – Papendorf
44. Pfarrer Tzschuke – Netzschkau
45. Pfarrer Weber – Niederlungwitz
46. Pfarrer Voigt – Falkenstein
47. Superintendent Hahn – Dresden
48. Superintendent Berg – Bautzen
49. Superintendent Ficker – Dresden
50. Superintendent Krömer – Oelsnitz
51. Superintendent Lindner – Glauchau
52. Superintendent Meyer – Rochlitz
53. Superintendent Winter – Marienberg
54. Superintendent Gerber – Chemnitz
55. Superintendent Semm – Plauen
56. Pfarrer Ackermann – Tannenberg
57. Pfarrer Pummer – Planitz
58. Pfarrer Rissmann – Pesterwitz
59. Pfarrer Kühn – Borna
60. Pfarrer Pfeiffer – Gaithain
61. Pfarrer Wannske – Mosel
62. Geh.Rat Kotte – Dresden
63. Pfarrer Magirius – Wurzen
64. Fritz Riebold – Dresden
65. Max Hofmann – Dresden
66. Max Jahn – Dresden-Moritzburg
67. Professor Delekat – Dresden
68. Studienrat Küntzelmann – Chemnitz

89. Zeichnung aus der Haft von Pfarrer Karl Steinbauer. Er sieht vor sich seine oberbayrische Gemeinde.

69. Pfarrer Reichler – Markersbach
70. Pastor Steyer – Falkenstein
71. Pastor Schleissing – Steinigtmolmsdorf
72. Pastor Deutscher – Lippendorf
73. Pastor Backmann – Chemnitz
74. Pastor Klöber – Dresden-Trachau
75. Pastor Schädlich – Dresden
76. Pastor Schulze – Dresden
77. Pastor Kläß – Großerkmannsdorf
78. Pastor Müggenburg – Weissig
79. Pastor Neustadt – Moritzburg
80. Pastor Winkler – Dresden
81. Pastor Gretzschel – Zethau
82. Pastor Schieckel – Leipzig
83. Pastor Illing – Graupa
84. Pastor Liebers – Leipzig
85. Pastor Limach – Weißenborn
86. Pastor Heinold – Oberschöna
87. Pastor Undeutsch – Merane
88. Pastor Heimer – Schmeckwitz
89. Pastor Ruppel – Lomnitz
90. Pastor Steinmüller – Leipzig
91. Pastor Wagner – Ostrau
92. Pastor Strunz – Schönbach
93. Pastor Liebchen – Satzung
94. Pastor Böttrich – Hohnstein
95. Pastor Beyerlein – Hohnstein
96. Pastor Horn – Seifersbach
97. Pastor Lösche – Lunzenau
98. Pastor Meusel – Moritzburg
99. Pastor Schlenkrich – Ossa
100. Pastor Vogel – Rochlitz
101. Pastor Reichler – Markersbach
102. Pastor v. Brück – Stützengrün
103. Pastor Hilbert – Niederwurschnitz
104. Pastor Lottner – Stollberg
105. Pastor Böttrich – Lückendorf
106. Pastor Küttner – Lückendorf
107. Pastor Heyde – Lückendorf
108. Pastor Missbach – Lückendorf
109. Pastor Kühnel – Lückendorf
110. Pastor Prehn – Meissen
111. Pastor Krause – Hirschfeld
112. Pastor Satlow – Planitz
113. Pastor Friese – Planitz
114. Pastor Michael – Conradsdorf
115. Pastor Geissel – Chemnitz
116. Pastor Mendt – Lausa
117. Pastor Klenner – Dresden
118. Pastor Merkel – Leipzig
119. Pastor Breining – Klingenthal
120. Pastor Eckart – Gelenau

BA: R 43 II/154, S. 67–74

Wegen des Gebetsgottesdienstes der V.K.L.

Berlin
1. Pfarrer Müller – Berlin-Dahlem: Amtsenth. in 1. Instanz
2. Pfarrer Dr. Böhm – Zehlendorf: susp. Gehaltssperre
3. Sup. lic. Albertz, Berlin-Spandau: susp. Gehaltssperre
4. Pfarrer von Rabenau – Berlin: susp. 1/2 Gehaltssperre

Brandenburg
5. Pfarrer Scharf – Sachsenhausen

Schlesien
6. Pfarrer Dr. Berger – Breslau
7. Pfarrer Cochlovius – Schönwald
8. Pfarrer Deuse – Weißwasser
9. Pfarrer Friedrich – Nimptsch
10. Pfarrer Gahl – Weißwasser
11. Pfarrer Gruhl – Muskau
12. Pfarrer Halle – Tentschel
13. Pfarrer Kellner – Tiefenfurth
14. Pfarrer Klein – Hochkirch
15. Pfarrer König – Bunzlau
16. Pfarrer Nierlich – Harpersdorf
17. Pfarrer Nordheim – Pilgramsdorf
18. Pfarrer Pape – Pombsen
19. Pfarrer Reblin – Trausnizt
20. Pfarrer Röchling – Manslau
21. Pfarrer Schmidt von Puskas – Mollwitz
22. Pfarrer Störmer – Fürsten-Ellguth
23. Pfarrer Stangfeld – Sächs. Haugsdorf
24. Pfarrer König – Neumittelwalde

Anhalt
25. Pfarrer Schmidt – Dessau
26. Pfarrer Schröter – Bernburg

Pfalz
27. Pfarrer Wilhelmi – Thaleischweiler

Aber Gottes Wort ist nicht gebunden! 2. Juni 39.

90. Eingabe von Pfarrer Paul Schneider an die Reichskanzlei wegen seiner Ausweisung aus dem Rheinland 1937

-20.X.1937

Pfarrer Schneider
Dickenschied(Hunsrück)

Eschbach,d.3o.September 1937

58

An

die hohe Reichskanzlei des Deutschen Reiches
in Berlin,Wilhelmstrasse,
zugleich in Abschrift an das Reichsinnenministerium
und an den Regierungspräsidenten in Koblenz.

In aller Ehrerbietung beehre ich mich,den hohen staatlichen Stellen folgendes anzuzeigen:

Am 3o. Mai ds.Jahres wurde ich,gerade aus den Krankenhaus nach Behandlung eines Unterschenkelbruches entlassen, von Beamten der Geheimen Staatspolizei aus meinem Pfarrhaus zu einer Vernehmung nach Koblenz mitgenommen und dort sofort gemäss einer mir gemachten Eröffnung ohne Ver-nehmung in längere Schutzhaft genommen.

Der Schutzhaftbefehl,der mir in den ersten Tagen meiner Haft zugestellt wurde, beruft sich auf den Erlass Hindenburgs vom Februar 1934 zur Aufrechterhaltung der öffentlichen Sicherheit und Ordnung und nennt als Gründe meiner Verhaftung ganz allgemein mein Verhalten als geeignet,die öffentliche Sicherheit und Ordnung zu gefährden. Acht Wochen weniger zwei Tage wurde ich in Schutzhaft gehalten,ohne dass mir in einem Verhör oder einer Untersuchung eine unrechte oder aufrührerische Handlung nachgewieden wurde,die diesen Schutzhaftbefehl gerechtfertigt hätte.

Am 24. Juli wurde mir meine Ausweisung aus dem Rheinland eröffnet.Als Begründung verzeichnet der Ausweisungsbefehl wieder mein Verhalten,das die öffentliche Sicherheit und Ordnung,dieses Mal der ganzen Rheinprovinz,gefährde.

Bei der Ausweisungsverhandlung vor der Geh. Staatspolizei-Leitstelle Koblenz erklärte ich:In acht Wochen Schutzhaft habe man nicht einmal den Versuch gemacht,mir eine unrechte oder aufrührerische Handlung nachzuweisen. Die mir jetzt gemachte Eröffnung meiner Ausweisung sei für mich nunmehr ein Beweis, dass schon die Schutzhaft nur eine Verfolgungsmassnahme gegen die Bekennende Kirche und damit gegen die Kirche Jesu Christi in Deutschland darstelle.Ich müsse den Schutzhaftbefehl mit Berufung auf den Hindenburgerlass als unrecht und unwahr bezeichnen;ich zerreisse zum Zeichen dessen den Schutzhaft-befehl.Dieses tat ich dann auch. Ein Vermächtniswort Hinden-burgs sei gewesen "Sorgen Sie dafür,dass Christus in Deutsch-land gepredigt werde".Nichts anderes tue die Bekennende Kirche. Selbstverständlich könne ich auch die Ausweisung nicht anerkennen oder annehmen.Ich wisse mich vor Gott an meine Gemeinden gewiesen und könne mich von ihnen nicht durch Menschen,auch durch die Obrigkeit nicht,einfach losreissen lassen,ohne dass mir ein Unrecht nachgewiesen sei. - In Konsequenz dieser Erklärung lehnte ich es auch ab, einen Ort ausserhalb des Rheinlandes zu nennen, wo ich Wohnung nehmen wolle.Die Unterschrift des von dem die Verhandlung leitenden Herrn Kommissar aufgenommenen Protokolls verweigerte ich mit doppelter Begründung.Ich sagte,dass das Protokoll nicht die ganze Verhandlung wiedergebe,indem es meine Eingangs-erklärung über Schutzhaft und Schutzhaftbefehl vermissen lasse als Begründung für die Ablehnung der Ausweisung.Ich sagte

weiter

91. Kirche von Dickenschied/Hunsrück

92. Pfarrer Paul Schneider 1934

2.

59.

weiter, dass ich durch alle bisherigen offenherzig gemachten und unterschriebenen Protokollerklärungen für die Geh.Staatspolizei nur tiefer in die Bestrafung - nicht "Verantwortung", wie das Protokoll sagt - hereingeraten sei. Ich fasste dabei die lange Schutzhaft als Strafmassnahme auf, was mir auch im Gestapogefängnis von hoher Stelle bestätigt worden war. Nur der zweite Grund mit der erwähnten Veränderung meiner Aussage wurde protokolliert.

Sodann wurde ich mit Auto über die Grenze gebracht. Gemäss der von mir gemachten Erklärung nahm ich mir das Recht, sofort in meine Gemeinden zurückzukehren. Am folgenden Tage predigte ich in meinen beiden Gemeinden wieder das Evangelium von Jesus Christus, dass er sei der Herr und dass wir vom Bekenntnis zu ihm nicht weichen dürfen.

Der von mir nun genommene längere Urlaub, den ich wegen der langen Schutzhaft und wegen meines noch nicht ausgeheilten Beines auch brauchen konnte, ändert nichts an meiner grundsätzlich getroffenen Entscheidung in dem von mir bezeugten und zu bezeugenden Ungehorsam gegen ein unrechtes Gebot der Menschen. Ohne Rechtsgrund greift die Ausweisung erheblich in das Leben von Kirche und Gemeinde hinein. Sie reisst Pfarrer und Gemeinde auseinander, die vor Gott feierlich zueinander gewiesen sind. Auch für diese Zueinanderweisung gilt das Wort der heiligen Schrift "Was Gott zusammengefügt hat, das soll der Mensch nicht scheiden", ebenso wie für den heiligen christlichen Ehestand. Gemeinden und Pfarrer sind hier darum gehalten, dem unrechten Verlangen und Gebot obrigkeitlicher Personen zu widerstehen, zumal ein solcher ohne Rechtsgrund gemachter Eingriff in Freiheit und Selbständigkeit des kirchlichen Lebens den feierlichen Versicherungen der höchsten obrigkeitlichen Person des Deutschen Reiches widerspricht.

Die gemachten Strafandrohungen von Geldstrafen oder Haft und neuer Schutzhaft können mich nicht schrecken. Gott kann mich wohl davon erretten, wenn er will, durch Einsicht obrigkeitlicher Stellen oder auf sonst eine Weise. Mögen die Strafen aber auch angewandt werden, so weiss ich doch, dass Gott Gericht und Gerechtigkeit schaffen wird allen, die Unrecht leiden, und dass er auch richten wird zwischen meiner Obrigkeit und mir an seinem Gerichtstage über den schuldigen Gehorsam nach Gottes Wort, Römer 13,1, welches Wort man mir bei meiner Ausweisung vorgehalten hat und über den gebotenen Ungehorsam nach Gottes Wort, Apostelgesch.5,29 "Man muss Gott mehr gehorchen als den Menschen", auf welches Wort ich mich auch bei Ablehnung meiner Ausweisung berufen habe.

Ich darf nun noch auf einige Punkte hinweisen, die zwar meine getroffene Entscheidung nicht massgeblich begründen, die aber schon vom äusseren Interesse der Kirche und aus Gesichtspunkten staatspolitischer Klugheit beachtenswert erscheinen: Meine Gemeinden sind bereits seit 2o. März, also 1/2 Jahr, ohne geregelte Seelsorge, die christliche Unterweisung der Jugend liegt vollkommen brach. Es besteht ferner die Gefahr, dass bei einer etwaigen Befolgung der Ausweisung meine Pfarrgemeinde als öffentlich rechtliche Pfarrstelle überhaupt nicht mehr ordnungsmässig besetzt würde, nachdem schon viele kleine Pfarrstellen eingespart worden sind.

Meine

3.

60

Meine 6 Kinder sehen in Dickenschied ihre Heimat, wie ich selber auch, der ich auch geborener Hunsrücker bin. Zum Zeichen der Verbundenheit mit der Gemeinde habe ich mir in Dickenschied einen eigenen Garten erworben.

Durch die lange Schutzhaft im Gefängnis unter Gefängnisordnung mit verschärften Bedingungen ist meine Ehre als Deutscher Staatsbürger, als Mensch, als Christ, als evangelischer Pfarrer, als früherer Offizier und Kriegsteilnehmer, der 3 1/2 Jahre in der Front war, genügend geschändet. Eine weitere Verfolgung meiner Person und weitere Bedrängung der Gemeinden, die an ihrem rechtmässigen Pfarrer festzuhalten gewillt sind, würde von allen gut und rechtlich gesinnten Leuten der Gemeinden, würde vor allem von allen ernsthaften Christen der Gemeinde nicht verstanden werden und zu grosser Vertrauenseinbusse in die Gerechtigkeit der derzeitigen Staatsführung Ursache geben. Das Geschrei der ganz wenigen Gegner des bekenntniskirchlichen Lebens in unsern Gemeinden, die sich als offenbare Zerstörer gemeindekirchlichen Lebens überhaupt, zum Teil seit langem, erwiesen haben und das Presbyterium zur Abwehr mit der gebotenen im Bekenntnis verankerten ~~Zm~~ kirchlichen Zucht nötigten, ist dagegen nicht aufzuwiegen.

Endlich will ich auch noch auf ein letztes hinweisen, indem ich hoffe, dass die Stimme der christlichen Gemeinde noch das Ohr der Obrigkeit findet: Meine beiden Gemeinden haben mich durch ihre ordentlich bestellten Presbyterien ausdrücklich schriftlich aufgefordert, zurückzukehren und mein Amt weiter zu versehen. Damit lehne ich die Ausweisung nicht mehr ~~xx~~ nur aus meinem eigenen in Gott gebundenen Gewissen heraus ab, sondern meine Presbyterien und Gemeinden nehmen die schwere Last und Verantwortung des Ungehorsams gegen ein~~x~~ obrigkeitliches Gebot aus Gehorsam gegen den Herrn der Kirche, der doch zugleich auch der Herr der Obrigkeit ist, auch auf sich.

Ich befehle hiermit meine Sache dem Gerichte Gottes, dem Obrigkeit und Kirche für das ihnen beiden von IHM verliehene Amt Rechenschaft schulden, der jener das weltliche Schwert zur Strafe der Bösen und zum Schutze der Frommen, dieser aber das geistliche Schwert seines heiligen und ewigen Wortes gegeben hat, bis dass Gottes Reich ewiger ~~Gexx~~ und vollkommener Gerechtigkeit kommt, da unser Herr und Heiland Jesus Christus selber Priester und König ~~zugleich~~ zugleich sein wird. Bis dahin halten wir es damit:

"Gebet dem Kaiser was des Kaisers und Gott was Gottes ist".

Paul Schneider, Pfarrer.

Dickenschied über Kirchberg

(Hunsrück)

93. Todesurteil des Reichsgerichtshofs gegen Pfarrer Karl Friedrich Stellbrink 1943

8 J 319/42 g
2 H 64/ 43

Jm Namen des Deutschen Volkes

In der Strafsache gegen
den Pastor der evangelisch-lutherischen Kirche in Lübeck Karl Friedrich S t e l l b r i n k aus Lübeck, geboren am 28.Oktober 1894 in Münster, zur Zeit in dieser Sache in gerichtlicher Untersuchungshaft ,

wegen Vorbereitung zum Hochverrat u.a.

hat der Volksgerichtshof , 2. Senat, auf Grund der Hauptverhandlung vom 23. Juni 1943, an welcher teilgenommen haben

als Richter :

Vizepräsident des Volksgerichtshofs Dr. Crohne,
Vorsitzer,
Landgerichtsdirektor Preußner,
SA-Brigadeführer Hauer,
Gaugerichtsvorsitzender Kapeller,
Kreisamtsleiter Diestel ,

als Vertreter des Oberreichsanwalts :

Erster Staatsanwalt Dr. Drullmann ,

für Recht erkannt :

I. Der Angeklagte wird wegen Zersetzung der Wehrkraft in Verbindung mit landesverräterischer Feindbegünstigung und Rundfunkverbrechens zum Tode verurteilt.
Die bürgerlichen Ehrenrechte werden ihm auf Lebenszeit aberkannt.

II. Der Angeklagte trägt die Kosten des Verfahrens .
Der sichergestellte Rundfunkempfänger wird eingezogen .

94. Gemeinsam unter dem Kreuz

»Das gemeinsam ertragene Leid der letzten Jahre hat die beiden christlichen Kirchen einander näher gebracht. Ein Symbol dieser Leidensgemeinschaft, aber auch der Annäherung, ist die gemeinsame Haft des katholischen und des evangelischen Geistlichen.«
Hermann Lange am 23. Juli 1943 in der Haft über die »Ökumene« von katholischen und evangelischen Christen.

95. Die ermordeten Lübecker Geistlichen

Pastor Karl Friedrich Stellbrink
Kaplan Johannes Prassek

Kaplan Eduard Müller
Kaplan Hermann Lange

96. Die preußische Bekennende Kirche gedenkt ihrer Verfolgten 1937

Der Rat
der Evangelischen Kirche
der altpreußischen Union.

Berlin-Lichterfelde, den 12.5.1937.
Drakestraße 32
Fernruf: 76 24 41/42.

Tgb. Nr.:

Betrifft:

Die Synode gedenkt der Brüder und Schwestern, die um des Evangeliums willen Verfolgung leiden, ihren Gemeinden und Familien entzogen und im Gefängnis oder Konzentrationslager der Freiheit beraubt sind.

Sie bezeugt ihnen, daß sie in dieser Drangsal Christi Schmach tragen und schließt sie ein in die Fürbitte der Kirche, die Gottes Liebe kennt, sich seiner Hilfe tröstet und Gottes Wege preist.

Sie grüßt sie in der Anfechtung mit dem Wort des Apostels Petrus:

"Das ist Gnade, so jemand um des Gewissens willen zu Gott das Übel verträgt und leidet das Unrecht. Denn dazu seid ihr berufen, sintemal auch Christus gelitten hat für uns und uns ein Vorbild gelassen, daß ihr sollt nachfolgen seinen Fußtapfen." (1. Petrus 2,19 u.21)

D. Koch
Dr. v. Thadden
Staemmler

IV. 37. 1000 – 1f

97. Ökumenische Konferenz von Chamby 1936
98. Botschaft der Weltkirchenkonferenz 1937

Präses D. Koch | General-superintendent Zoellner | Bischof Bell Chichester | General-superintendent Dibelius

Aus der Botschaft der Weltkirchenkonferenz in Oxford an die deutsche evangelische Kirche im Juli 1937:

Wir sind tief bewegt angesichts der Prüfungen vieler Pfarrer und Laien, die unerschütterlich von Anfang an in der bekennenden Kirche für die Herrschaft Christi und für die Freiheit der Kirche Christi, Sein Evangelium zu verkünden, eingetreten sind. ...

So sind wir, eure Brüder in anderen Kirchen, eins in der Liebe und im Gebet mit unseren leidenden Brüdern in der Deutschen Evangelischen Kirche.

Euer Herr ist unser Herr, euer Glaube ist unser Glaube, eure Taufe ist unsere Taufe.

Kirche und Welt – Studien und Dokumente hrsg. von der Forschungsabt. des Ökum. Rates für Prakt. Christentum Band 12: Kirche und Welt in ökumenischer Sicht. Bericht der Weltkirchenkonferenz von Oxford, Genf 1938, 267f.

99. Paßentzug für die Oxforder Weltkirchenkonferenz 1937

Abschrift zu Rk. 7771 B

Geheime Staatspolizei
Geheimes Staatspolizeiamt
Berlin SW 11, den 7. Mai 1937
Prinz-Albrecht-Straße 8

II B 2 – 1176/37 E –

Schnellbrief

An die Reichskanzlei
z. Hd. v. Herrn Ministerialdirigent Meerwald
in Berlin
Betr.: Ökumenischer Weltkongreß in Oxford im Juli 1937.
Vorgang: Mündliche Unterredung zwischen Herrn Ministerialdirigent Meerwald und Reg.Ass. Dr. Littschwager vom 5. 5. 37

Am 10.7. 37 findet in Oxford ein Ökumenischer Kongreß der evangelischen Kirchen der Welt statt, an welchem voraussichtlich auch kirchliche Gruppen Deutschlands teilnehmen werden. Der Herr Reichs- und Preußische Minister für die kirchlichen Angelegenheiten hat mir nunmehr mit Schreiben vom 23. 4. 37 – G I 215/6637 – mitgeteilt, daß eine deutsche Beteiligung an dieser Weltkonferenz in Oxford grundsätzlich unerwünscht sei und bittet, dafür zu sorgen, daß Pässe für Englandreisen für Geistliche überhaupt nicht mehr erteilt, und daß Reisen von Geistlichen, die mit der Konferenz in Verbindung stehen, auf jede angängig erscheinende Weise unterbunden werden.

Herr Staatssekretär Dr. Muhs teilte in Ergänzung dieses Schreibens in einer fernmündlichen Unterredung mit, daß diese Anordnung im ausdrücklichen Einvernehmen mit der Reichskanzlei und dem Auswärtigen Amt erfolgt sei.

Zu dieser Anordnung des Herrn Reichs- und Preußischen Ministers für die kirchlichen Angelegenheiten darf ich bemerken, daß mir deren Durchführung in dem vorgeschriebenen Umfange außenpolitisch bedenklich erscheint, da jegliche staatspolizeiliche Maßnahme auf kirchenpolitischem Gebiet erfahrungsgemäß dem Ausland einen willkommenen Anlaß zu neuen Hetzartikeln gegen das Deutsche Reich gibt.

Unter Bezugnahme auf die mit meinem Sachbearbeiter gehabte Unterredung unterbreite ich diesen Sachverhalt mit der Bitte, mir die dortige Stellungnahme baldmöglichst zukommen zu lassen.

Das Auswärtige Amt und der Herr Außerordentliche und Bevollmächtigte Botschafter des Deutschen Reiches haben gleiches Schreiben erhalten.

BA: R 43 II/160 a, 3 f.

105/106 Der Kriegsausbruch 1939 stürzte viele Christen in einen kaum lösbaren Zwiespalt. Auch wenn sie den Nationalsozialismus ablehnten, wollten sie doch gute Soldaten sein und für das Vaterland kämpfen. So schrieb der im Dienst der Bekennenden Kirche stehende Pfarrer
104,107 Dietrich Bonhoeffer Anfang Juli 1939 in einem Brief an Reinhold Niebuhr in Amerika: »Die Christen in Deutschland stehen vor der fürchterlichen Alternative, entweder in die Niederlage ihrer Nation einzuwilligen, damit die christliche Zivilisation weiterleben könne, oder in den Sieg und dabei unsere Zivilisation zu zerstören.«

102/103 Als der Krieg begann, riefen auch die evangelischen Kirchenleitungen die Christen zu tapferer Pflichterfüllung auf. Zwar gab es nur noch wenige Theologen, bei denen die Kriegstheolo-
100 gie des Ersten Weltkrieges und die Parole »Gott mit uns« ungebrochen weiterwirkten. Ausdrücklicher Widerspruch kam aber auch aus den Reihen der Bekennenden Kirche nur selten.
108/109 Immerhin gab es einzelne warnende Stimmen. Sie wurden stärker, als immer deutlicher wurde, daß der Nationalsozialismus den Krieg als Vorwand für hemmungslose Rechtsbrü-
104 che und schließlich den Massenmord nützte. Obwohl man in den Reihen der Bekennenden Kirche ahnte, daß nach einem Sieg Hitlers die Großabrechnung mit den Kirchen kommen sollte, wollte sich der einzelne seiner vaterländischen Pflicht nicht entziehen. Alle Christen, fast ohne Ausnahme, waren damals der Überzeugung, daß die Obrigkeit das Recht habe, Männer zum Kriegsdienst heranzuziehen. Und für manchen Pfarrer der Bekennenden Kirche war der Dienst an der Front eine Befreiung vom staatlichen Druck im Kirchenkampf und vom Zugriff der Gestapo.

Der Zwiespalt zwischen der selbstverständlichen Vaterlandstreue und der Ablehnung von Hitlers offenkundigen Aufrüstungs- und Kriegsplänen trat in der Bekennenden Kirche schon anläßlich der Sudetenkrise im Frühherbst 1938 ans Licht. Hitlers Forderung an die Tschechoslowakei, die sudetendeutschen Gebiete abzutreten, brachte Europa an den Rand des Krieges. Die Vorläufige Leitung der Bekennenden Kirche schlug für den 30. September 1938
101 einen Gebetsgottesdienst vor. In der dafür vorgesehenen Liturgie wurde auf jede Verherrlichung des Krieges und der soldatischen Tugenden verzichtet und der Krieg als Gericht Gottes bezeichnet. Das SS-Blatt »Schwarzes Korps« nannte die Gebete »politische Kundgebungen des Verrats an der geschlossenen Einsatzbereitschaft des Volkes in ernsten Stunden seines Schicksals«. Reichskirchenminister Kerrl sah jetzt den richtigen Zeitpunkt für einen vernichtenden Schlag gegen die »Volksschädlinge« der »Bekenntnisfront«. Die deutschchristlichen Kirchenbehörden straften die Verfasser der Gebetsliturgie mit schweren Disziplinarmaßnahmen. Die Auseinandersetzungen um den Inhalt der Liturgie bestätigten noch einmal die tiefe Spaltung der Bekennenden Kirche.

110–113 Von wenigen evangelischen Christen weiß man, daß sie Hitler unter Berufung auf das Evangelium den Fahneneid verweigert haben. Einer von ihnen, Hermann Stöhr, der Sekretär des deutschen Zweiges des Internationalen Versöhnungsbundes, wurde 1940 vom Reichskriegsgericht zum Tode verurteilt und in Berlin-Plötzensee hingerichtet.

Martin Gauger, Jurist bei der Vorläufigen Kirchenleitung der Bekennenden Kirche und später beim Lutherrat tätig, entzog sich der Einberufung durch die Flucht nach Holland. Er wurde nach der Besetzung Hollands aufgegriffen, ins KZ Buchenwald gebracht und starb dort 1941.

114–117 Das Sterben an der Front und in den kriegszerstörten Städten ließ viele Menschen wieder nach der Kirche fragen. In Predigt und Seelsorge übte die Kirche Solidarität mit den Trauernden und Leidenden. Pfarrer und Gemeindekreise schickten eine große Zahl von Briefen, Rundbriefen und Kleinschriften zu den Soldaten in der Ferne, bis auch dies verboten wurde.

Die Kirche hatte das kaum mehr zu tragende Trostamt an den Witwen und Waisen der Kriegsgefallenen und den Angehörigen der in den bombenzerstörten Städten Umgekommenen zu übernehmen. Sie versuchte, sich – so gut es ging – um die gefangenen und vermißten Soldaten zu kümmern. Und sie teilte schließlich mit Millionen Deutschen im Osten das Schicksal der Massenflucht und Massenvertreibung.

Zu Beginn des Krieges ordnete Hitler aus taktischen Gründen an, unnötige Konflikte mit den 118–119
Kirchen zu vermeiden. Alle Kräfte sollten für den totalen Krieg mobilisiert werden. Das bedeutete für die Kirche eine gewisse Atempause. Hitlers Unterführer konnten jedoch auf die Dauer nicht davon abgehalten werden, die eroberten Positionen im Kampf gegen die Kirchen zu halten und gebietsweise zu erweitern. Bis zum Ende der Hitlerdiktatur lebten die Kirchen zwischen unsicherem Burgfrieden und angedrohter Vernichtung.

Was den Kirchen im Fall eines deutschen Sieges drohte, zeigten radikale Nationalsozialisten 120
in den eroberten Gebieten, vor allem im Warthegau. Dort verordnete der NS-Reichsstatthalter Greiser die strikte Trennung von Staat und Kirche und die Umwandlung der Kirchen in private Vereine, die leicht zu beherrschen waren und zu gegebener Zeit liquidiert werden konnten.

100.
Deutsche Koppelschlösser
vom Kaiserreich bis in
das »Dritte Reich«

101. BK-Gebetsliturgie in den Akten der SS, November 1938

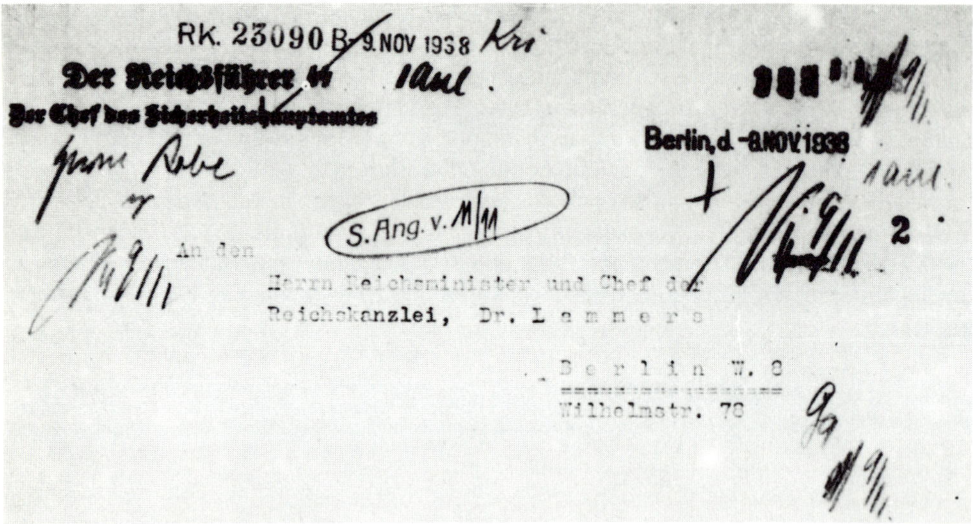

RK. 23090 B 9. NOV 1938

Der Reichsführer SS
Der Chef des Sicherheitshauptamtes

Berlin, d. 8. NOV. 1938

S. Ang. v. 11/11

An den
Herrn Reichsminister und Chef der
Reichskanzlei, Dr. Lammers

Berlin W. 8
Wilhelmstr. 78

Aus dem Geheimbericht des Reichsführers SS / Chef des Sicherheitshauptamtes vom 8. November 1938 an die Reichskanzlei:

Auch die Bekenntnisfront schloß sich wie immer den politischen Methoden der katholischen Kirche an. In Bittgottesdiensten zur Rettung des Friedens wurde in versteckter Form die nationalsozialistische Politik angegriffen. Ein evangelisches Rüstzeitheim mit 70 Betten weigerte sich sogar, sudetendeutsche Flüchtlinge aufzunehmen. Und noch am 27.9. 1938 wurde von der vorläufigen Kirchenleitung eine Gebetsordnung herausgegeben, die für Freitag, den 30.9. 1938 bestimmt war und nichts weiter als versteckte Angriffe gegen die nationalsozialistische Staatsführung enthielt und in erster Linie dazu geeignet war, in der Bevölkerung Angst und Beunruhigung hervorzurufen. Nach dem Lied »Aus tiefer Not« und dem 32. Psalm heißt es in einem Gebet:

> »Wir bekennen vor Dir die Sendung [ein Druckfehler! es hieß »Sünde«] unseres Volkes. Dein Name ist in ihm verlästert, Dein Wort bekämpft, Deine Wahrheit unterdrückt worden. Öffentlich und im Geheimen ist viel Unrecht geschehen. Eltern und Herren wurden verachtet, das Leben verletzt und zerstört, die Ehe gebrochen, das Eigentum geraubt und die Ehre des Nächsten angetastet. Herr, unser Gott, wir klagen vor Dir diese unsere Sünden und unseres Volkes Sünden. Vergib uns und verschone uns mit Deinen Strafen. Amen...
> In diesen Zeitläuften, da der Kriegslärm die ganze Welt erfüllt, laßt uns auf Gottes Wort hören und zu Herzen nehmen, daß Gott ein Herr über Krieg und Frieden ist... So laßt uns denn Gott dafür bitten, daß er uns und unser Land gnädig vor Krieg bewahre (vom Krieg erlöse) und uns und unseren Kindern Frieden schenke... Wenn aber Gott in seinem unerforschlichen Ratschluß uns mit Krieg straft, so wollen wir uns seiner Verheißung getrösten... Wir gedenken vor Gott aller derer, die zu den Waffen gerufen sind. Gott wolle sie stärken, wenn sie Heimat und Herd, Weib und Kind verlassen müssen, wenn sie unter mancherlei Entbehrungen vor dem Feinde liegen, wenn sie verwundet werden oder erkranken, wenn sie in Gefangenschaft geraten oder wenn der Tod sie ereilt... Wir wissen, daß ein Krieg auch für die ganze Heimat viel Sorgen und Gefahren mit sich bringt. Wir wollen uns dafür trösten lassen mit göttlichem Trost... Wir gedenken der Mütter, die um ihre Söhne bangen, der Frauen, die auf ihren Gatten warten, der Kinder, denen der Vater fehlt... Unser Herz ist voll Sorge, wenn wir der Versuchungen gedenken, welche jeder Krieg mit sich bringt... Wir gedenken der einsamen Männer und Frauen, der unbehüteten Knaben und Mädchen. Wir gedenken aller, die in Versuchung stehen, grausame Rache zu üben und vom Haß überwältigt zu werden.«

In einer psychologisch geschickten Regieanweisung waren zwischen den einzelnen Anrufungen jeweils 2 Minuten Stille angesetzt worden, um den niederdrückenden Einfluß dieser Anrufungen besser wirksam werden zu lassen.

BA: R 43 II / 169a, 7f.

102. Aufruf der Leitung der DEK zum Kriegsanfang

Ausgabe A (Reich) 99

Gesetzblatt der Deutschen Evangelischen Kirche

1939 | Ausgegeben zu Berlin, den 6. September 1939 | Nr. 19

Deutsche Evangelische Kirche

Aufruf der Deutschen Evangelischen Kirche

Seit dem gestrigen Tage steht unser deutsches Volk im Kampf für das Land seiner Väter, damit deutsches Blut zu deutschem Blute heimkehren darf. Die deutsche evangelische Kirche stand immer in treuer Verbundenheit zum Schicksal des deutschen Volkes. Zu den Waffen aus Stahl hat sie unüberwindliche Kräfte aus dem Worte Gottes gereicht: die Zuversicht des Glaubens, daß unser Volk und jeder einzelne in Gottes Hand steht, und die Kraft des Gebetes, die uns in guten und bösen Tagen stark macht. So vereinigen wir uns auch in dieser Stunde mit unserem Volk in der Fürbitte für Führer und Reich, für die gesamte Wehrmacht und alle, die in der Heimat ihren Dienst für das Vaterland tun. Gott helfe uns, daß wir treu erfunden werden, und schenke uns einen Frieden der Gerechtigkeit!

Berlin, den 2. September 1939

Der Leiter
der Deutschen Evangelischen Kirchenkanzlei
Dr. Werner

Der Geistliche Vertrauensrat
der Deutschen Evangelischen Kirche
D. Marahrens, Landesbischof
Schultz, Landesbischof
D. Hymmen, komm. Geistlicher Vizepräsident

103. Aufruf der deutschen evangelischen Pfarrvereine zum Kriegseintritt

RK. 24618 10 SEP 1939

Reichsbund der Deutsch. evang. Pfarrervereine E.V.

Nürnberg-O, den .... 193...
Wöhrder Schulgasse 2
Telefon 51333

An die Deutschen Evangelischen Pfarrer!

Grossdeutschland ruft zum Dienst. Es ruft jedermann, Alt und Jung, Mann und Weib - es ruft auch uns. Die einen zum Dienst draussen im Feld , die andern daheim als Diener dessen, der gesagt hat: "Kommet her zu mir alle, die ihr mühselig und beladen seid; ich will euch erquicken." Lasst uns, lieben Brüder, wo wir auch stehen, diesen Dienst tun in heiliger Verantwortung als treue Haushalter über den Reichtum des göttlichen Lichts, das mit seinem getrosten Schein die müden Seelen erquickt!

Es ist Kampf. Im Kampf verstummt jeder Missklang im eigenen Lager. Jetzt stehen wir alle in einer Reihe und tragen alle dieselbe Rüstung: "Ist Gott für uns, wer mag wider uns sein?"

Gott segne uns in dieser Verbundenheit des Glaubens zu Dienst und Kampf für unser deutsches Volk und Vaterland!

Nürnberg, 8.September 1939

K l i n g l e r ,

Reichsbundesführer der
deutschen evangelischen Pfarrervereine.

104. Absichten Hitlers mit den Kirchen nach dem »Endsieg«

Berlin, den 13.12.1941, mittags

(Gäste: Reichsminister v.Ribbentrop,
Rosenberg, Dr. Goebbels,
Reichskommissar Terboven,
Reichsleiter Bouhler)

H/Fu.

Der Chef sprach sich dem Sinne nach u.a. in folgenden Gedankengängen aus:

Der Krieg wird sein Ende nehmen und ich werde meine letzte Lebensaufgabe darin sehen, das Kirchenproblem noch zu klären. Erst dann wird die deutsche Nation ganz gesichert sein. Ich kümmere mich nicht um Glaubenssätze, aber ich dulde nicht, dass ein Pfaffe sich um irdische Sachen kümmert. Die organisierte Lüge muss derart gebrochen werden, dass der Staat absoluter Herr ist.

In meiner Jugend stand ich auf dem Standpunkt: Dynamit! Heute sehe ich ein, man kann das nicht über das Knie brechen. Es muss abfaulen wie ein brandiges Glied. So weit müsste man es bringen, dass auf der Kanzel nur lauter Deppen stehen und vor ihnen nur alte Weiblein sitzen. Die gesunde Jugend ist bei uns.

105/106. Der Zwiespalt der Bekennenden Kirche

Dietrich Bonhoeffer Anfang Juli 1939 in einem Brief an Reinhold Niebuhr in Amerika:

»Die Christen in Deutschland stehen vor der fürchterlichen Alternative, entweder in die Niederlage ihrer Nation einzuwilligen, damit die christliche Zivilisation weiterleben könne, oder in den Sieg und dabei unsere Zivilisation zu zerstören.«

D. Bonhoeffer, Ges. Schriften Bd. 1, München 1957, 477

Superintendent Hugo Hahn, Mitglied des Landesbruderrats der Bekennenden Kirche in Sachsen, nach 1945 Landesbischof von Sachsen im Rückblick:

»Das satanische, antichristliche Wesen des Nationalsozialismus verdarb uns die Freude an den zweifellos imponierenden Leistungen unseres Heeres und der Kriegswirtschaft. Uns graute vor dem Sieg Hitlers wie vor dem Sieg der Feinde.«

H. Hahn, Kämpfer wider Willen, Metzingen 1969, 198

107. Nürnberg in Trümmern

108/109. Stimmen der Bekennenden Kirche zum Krieg

Günter Jacob:
Die Verkündigung der Kirche im Krieg

Wir können uns nicht, wie es die staatskirchlichen Behörden tun, als Funktionäre zur Pflege und Stärkung der seelischen Widerstandsenergien den militärischen Kommandostellen in empfehlende Erinnerung bringen, sondern wir haben das Gericht und die Gnade Gottes über den Völkern und über den Einzelnen zu bezeugen. Wohl uns, wenn wir sehen, wie schmal der Weg ist über jenen grauenvollen Abgrund, in dem wir aus einem Prediger des Evangeliums Christi ein Priester des Nationalgottes geworden sind! Wohl uns, wenn wir wissen, welch ein schamloser Mißbrauch des Namens Gottes und der Autorität des geistlichen Amtes es ist, wenn wir politische Urteile und politische Deutungen der Ereignisse als Kanzelabkündigung oder als Predigtsätze zu dogmatischen Wahrheiten erheben! Wohl uns, wenn wir sehen, daß es wahrlich auch ein Greuel der Verwüstung ist, wenn durch den politischen Enthusiasmus oder auch durch politische Opposition im Heiligtum Gottes die Stimme des Herrn der Kirche von den lauten Stimmen der Zeitmächte zum Schweigen gebracht wird!

Zum 5. Gebot

Über die Tötung des Verbrechers und des Feindes im Kriege hinaus ist dem Staat das Schwert nicht zur Handhabung gegeben. Was er dennoch tut, tut er zu seinem eigenen Schaden in Willkür. Wird das Leben aus anderen als den genannten Gründen genommen, so wird das Vertrauen der Menschen zueinander untergraben und damit die Gemeinschaft des Volkes zerstört. Begriffe wie »Ausmerzen«, »Liquidieren« und »unwertes Leben« kennt die göttliche Ordnung nicht. Vernichtung von Menschen, lediglich weil sie Angehörige eines Verbrechers, alt oder geisteskrank sind oder einer anderen Rasse angehören, ist keine Führung des Schwertes, das der Obrigkeit von Gott gegeben ist.

Die 12. preußische Bekenntnissynode in Breslau 1943 zum fünften Gebot (Auszug) *KJB 385*

Auszug aus einem Vortrag, gehalten im Oktober 1939 vor Pfarrern der Niederlausitz. Aus: Günter Jacob, Die Versuchung der Kirche, 1946, 110ff.

110. Hermann Stöhr begründet seine Wehrdienstverweigerung

111. Das Todesurteil gegen Hermann Stöhr

Kiel-Wik, den 2. November 1939

Gericht 2. A. d. O.
Eing. 3. NOV. 1939
B.-Nr. .... Anl.

60

Gericht 2. A. d. O.
Eing. 3. NOV. 1939
B.-Nr. .... Anl.

An den 2. Admiral der Ostseestation

Herr Admiral!

Gestern wurde ich zu einer Gefängnisstrafe von einem Jahr verurteilt und degradiert, weil ich aus einer evangelischen Glaubenseinstellung heraus meinem Vaterlande nicht mit der Waffe zu dienen vermag.

Soweit dies Urteil dem aufgehobenen Urteil vom 10. Oktober 1939 gleicht, gelten dagegen meine fünf Einwendungen vom 11. Oktober 1939. Darüber hinaus habe ich gegen das Urteil vom 1. November 1939 Folgendes einzuwenden:

1. Das Urteil ist nicht vollständig. Zwar hat das Gericht m. W. mit dem Urteil vom 1. November 1939 meine Straftat in ihrer Gesamtheit beurteilen wollen, d. h. unter Ablehnung eines zweiten gleichen Gerichtsverfahrens, wenn nach Ableistung der Strafe die gleichen Gewissensbedenken fortbestehen, was anzunehmen ist. So denke ich, daß ich nach evtl. Ableistung dieser Gefängnisstrafe in meinen Zivilberuf zurückkehren kann. Die Urteilsbegründung ließ jedoch diesen Punkt ausdrücklich unklar.

2. Wie ich den Soldatenstand eines Oberfeldwebels für mich ablegen mußte, so kann ich mich auch nicht als einfacher Soldat der Kriegsmarine ansehen.

3. Wenn mir eine Strafe wegen Fahnenflucht zuerkannt bleibt, so muß ich entschieden ablehnen, das Ehrenrührige dieser Bestrafung für mich anzuerkennen. Die Urteilsbegründung vom 1. November 1939 hob jedoch ausdrücklich hervor, daß die verfügte Gefängnisstrafe und Degradierung meine Ehrenhaftigkeit nicht ungetastet lasse.

An Punkt 2 und 3 wird m. E. deutlich, daß sich eine Militärdienstverweigerung aus Gewissensgründen nicht als Fahnenflucht bestrafen läßt. Das deutsche Militär-Recht, wie es mir entgegengehalten wurde, hat hier offenbar eine Lücke, derzufolge ein falsches Urteil hätte – wenn ich das hier einflechten darf – nach dem Vorbild nordischer Staatsgesetze einen Arbeits-Dienst zu verfügen, der den üblichen Militär-Dienst an Schwere und Dauer übertrifft.

4. Die Urteilsbegründung vom 1. November 1939 entwarf ein derart falsches Bild meiner Gewissenshaltung, daß ich mich dagegen verwahren muß. Meiner Einstellung liegt kein verantwortungsloser Individualismus zugrunde, der da denkt: Ich kann tun und lassen, was mir beliebt. Es sind auch keine konfusen Ideen. Wie die Leitung der Gerichtsverhandlung vom 10. Oktober 1939 grundsätzlich nicht auf meine Motive eingehen mochte, es ließ die Gerichtsverhandlung vom 1. November 1939, für die nur insgesamt eine halbe Stunde vorgesehen war, zur Klärung dieses Hauptpunktes keine Zeit.

Eine Reihe Erklärungen hatte ich bereits hierüber abgegeben; sie müssen meinen Akten beigefügt sein. Sie scheinen jedoch nicht ausgereicht zu haben, um meine Glaubenshaltung verständlich zu machen. Sonst hätte man mir nicht nahelegen können, meinem Vaterlande vor Gott den Vorzug zu geben.

Nach allgemeingeltender Auffassung positiven Christentums steht Gott unendlich viel höher als alle Vaterländer. Sein Wille gilt unbedingt. Wo man seinen Willen zu übergehen wagt, gereicht es einem jeden Lande zum größten Verderben. Sein Wille offenbart sich uns in Christus und in der Heiligen Schrift.

Für das Verhältnis von Volk zu Volk lassen sich drei Wege in der Bibel erkennen

a) der gesetzlich-jüdische, der da sagt: Auge um Auge, Zahn um Zahn,

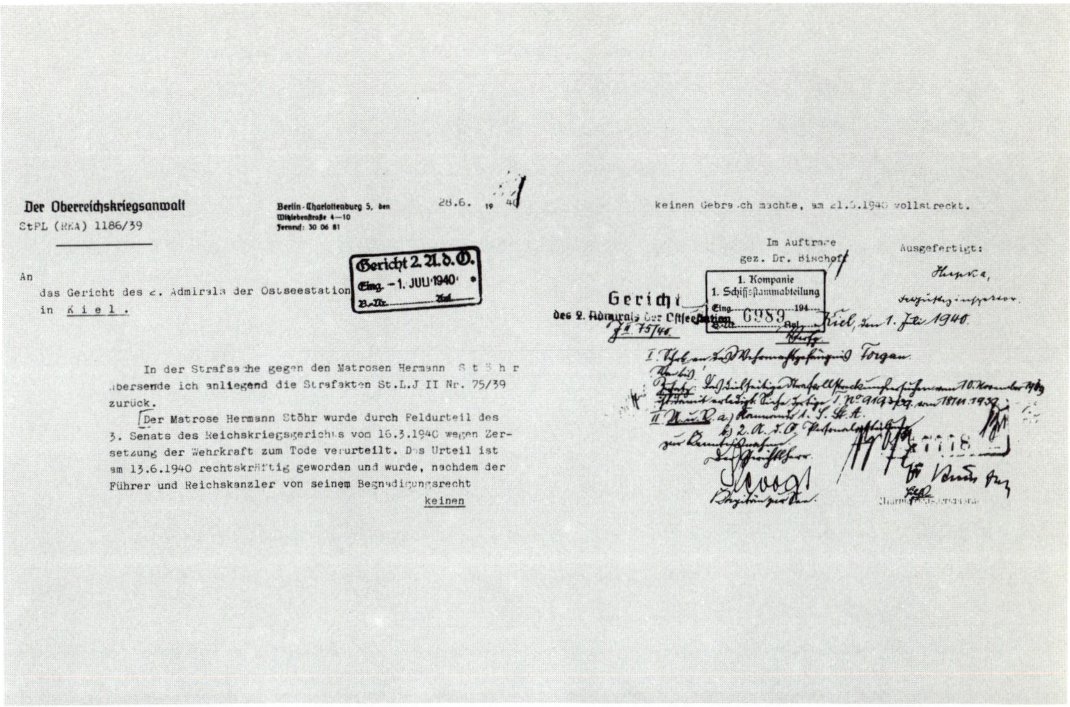

Der Oberreichskriegsanwalt
StPL (RKA) 1186/39

Berlin-Charlottenburg 5, den 28.6. 1940
Witzlebenstraße 4—10
Fernruf: 30 06 81

Gericht 2. A. d. O.
Eing. - 1. JULI 1940
B.-Nr. Anl.

An
das Gericht des 2. Admirals der Ostseestation
in K i e l .

In der Strafsache gegen den Matrosen Hermann S t ö h r übersende ich anliegend die Strafakten St.L.J II Nr. 75/39 zurück.

[Der Matrose Hermann Stöhr wurde durch Feldurteil des 3. Senats des Reichskriegsgerichts vom 16.3.1940 wegen Zersetzung der Wehrkraft zum Tode verurteilt. Das Urteil ist am 13.6.1940 rechtskräftig geworden und wurde, nachdem der Führer und Reichskanzler von seinem Begnadigungsrecht keinen Gebrauch machte, am 21.6.1940 vollstreckt.

Im Auftrage
gez. Dr. Bischoff

Ausgefertigt:
Hupka,
Justizinspektor.

1. Kompanie
1. Schiffsstammabteilung
Eing. 194
6989

Gericht
des 2. Admirals der Ostseestation
J II 75/40.
Kiel, den 1. Juli 1940.

I. ... Torgan

112. Hermann Stöhr, Sekretär des Internationalen Versöhnungsbundes, deutscher Zweig

113. Grabstein Stöhrs auf dem Johannesfriedhof in Berlin (neben der Hinrichtungsstätte Plötzensee)

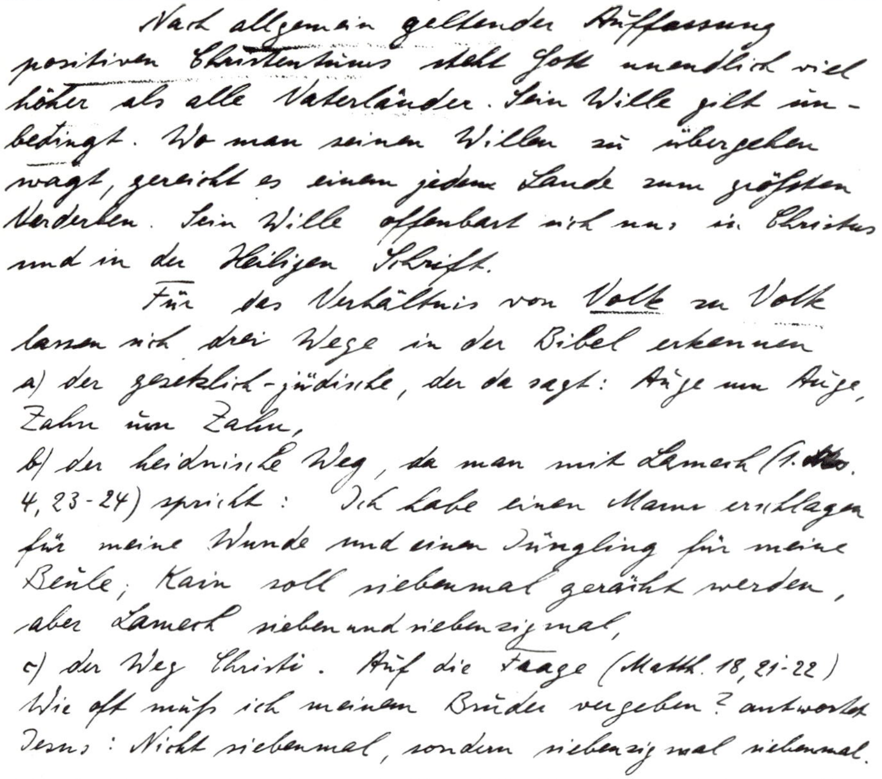
Nach allgemein geltender Auffassung positiven Christentums steht Gott unendlich viel höher als alle Vaterländer. Sein Wille gilt unbedingt. Wo man seinen Willen zu übergehen wagt, gereicht es einem jeden Lande zum größten Verderben. Sein Wille offenbart sich uns in Christus und in der Heiligen Schrift.

Für das Verhältnis von Volk zu Volk lassen sich drei Wege in der Bibel erkennen
a) der gesetzlich-jüdische, der da sagt: Auge um Auge, Zahn um Zahn,
b) der heidnische Weg, da man mit Lamech (1. Mos. 4, 23-24) spricht: Ich habe einen Mann erschlagen für meine Wunde und einen Jüngling für meine Beule; Kain soll siebenmal gerächt werden, aber Lamech siebenundsiebenzigmal,
c) der Weg Christi. Auf die Frage (Matth. 18, 21-22) Wie oft muß ich meinem Bruder vergeben? antwortet Jesus: Nicht siebenmal, sondern siebenzigmal siebenmal.

b) der heidnische Weg, da man mit Lamech (1. Mos. 4,23–24) spricht: Ich habe einen Mann erschlagen für meine Wunde und einen Jüngling für meine Beule; Kain soll siebenmal gerächt werden, aber Lamech siebenundsiebenzigmal,
c) der Weg Christi. Auf die Frage (Matth. 18,21–22) Wie oft muß ich meinem Bruder vergeben? antwortet Jesus: Nicht siebenmal, sondern siebenzigmal siebenmal.

Dieser Weg positiven Christentums, nach dem man Böses mit Gutem zu vergelten hat, verpflichtet mich in meiner Volksverbundenheit wie im Verkehr von Volk zu Volk. Aus diesem Grunde suche ich meinem Vaterlande in einer besseren Art zu dienen als mit der Waffe.

Was dieser Darstellung meiner Grundhaltung noch an Klarheit fehlt, will und muß ich nachholen bis die Begründung meiner Verurteilung darauf verzichtet, mir und meiner Straftat konfuse Ideen zu unterstellen.

Denn erst nach Klärung dieser Beweggründe kann das, wofür ich verurteilt worden bin, gerichtlich beurteilt werden. Darf das, was ich getan habe, wirklich als strafwürdig oder gar als ehrlos angesehen werden.

Meine Auffassung und die des positiven Christentums ist die: Was im Gehorsam gegen Gott und das Gewissen getan wird, schadet niemals einem Volk und Staat. Es kann auch niemals als strafwürdig und ehrlos betrachtet werden. Auch hier gilt das, was Luther 1522 seinem Kurfürsten schrieb: Wer am meisten glaubt, wird hier am meisten schützen.

So lasse ich mir auch meine Verbundenheit mit meinem Volk durch keinen Waffenträger in Frage stellen.

Ich bitte daher um eine eingehende Überprüfung des gegen mich gefällten Urteils vom 1. November 1939 und um seine Nichtbestätigung.

Heil Hitler!

Hermann Stöhr
Untersuchungs-Gefangener

114. Feldgottesdienst Pfingsten 1941

115. Gottesdienst in den Trümmern der Kaiser-Wilhelm-Gedächtniskirche

116. Soldatenbrief eines Gemeindepfarrers, Ostern 1940

Kameraden !

Kennt Ihr noch den "Ottenweiler"Friedhof mit dem Grab Eures Landsmanns,des "Soldaten im Westen"?Wie eine Mutter neigt sich die Trauerweide herab und will unsere Gefallenen des Weltkriegs in ihrem Schlafe behüten.Erhobenen Haupts grüssen wir in der Osterwoche die toten Helden. Gott sei Dank,der uns den Sieg gegeben hat durch unseren Herrn Jesus Christus!

Christ ist erstanden von der Marter alle !
des solln wir alle froh sein,
Christ will unser Trost sein.

Bis es neu erscheint,könnt ja Ihr der Ahnen würdig,die Welt durch neue Schwabenstreiche aufhorchen lassen.Nach einem Wort unseres Bauernführers sei Ossweil der Kern der Menschheit.Da habt Ihr ja von Natur das Zeug dazu.Obige Schilderung aus dem Polenkrieg zeigt ja auch,dass Ihr aus gutem Holz geschnitzt seid.Dann können wir später einmal Eure Taten zusammenfassen in einem Buch mit dem Titel: " Ossweiler Schwabenstreiche".

Steh gottgetreulich,unverzagt
in Deiner blanken Wehre,
wenn sich der Feind auch an uns wagt,
es geht um Gut und Ehre !

Zur Vervielfältigung freigegeben

Wehrkreiskommando V
Ic/W. Pr.
Fr. Mpl
1/4.40

[illegible] ! Gott befohlen !

Euer E.Mayer.

117. Abschiedsbrief eines Pfarrers an seine Gemeinde von der Front 1941

Der letzte Gruß an meine Gemeinde

Meiner Gemeinde!

Wenn diese Zeilen zu Euch kommen, dann wißt Ihr, daß Gott mich zu sich gerufen hat aus Eurer Mitte heraus, denn ich habe mich bei allem Getrenntsein nie anders gewußt als einer der Euren. Ein kurzer froher Gruß mag mein Letztes sein, was ich Euch geben kann.

Ich bin meine Straße fröhlich gegangen mitten durch alle Schrecknisse des Krieges hindurch, und ich bin reich geworden in all der Armut des stillen Heimwehs. Mein Letztes an Euch kann nichts anderes sein wie ein fröhliches Lobsingen, wie ein helles, jubilierendes Osterlied: „ich habe Seine Herrlichkeit gesehen". Christus ist mir gewesen wie ein Fels, wie ein Bruder, und gerade in den schwersten Stunden war er mir so nahe, daß mir keine Welt und kein Tod eine Erschütterung sein konnte. Wenn ich scheiden muß von Euch und von den Meinen, wenn ich nimmer heimkehren darf, dann weiß ich das Eine so ganz gewiß: ich darf in die Heimat, ich darf zu meinem Heiland!

Über ein Weilchen, dann darf ich wieder bei Euch sein, in jener Gemeinde, die über allem Erdenweh steht. Lasset Euch nicht beirren durch die Welt und nicht durch das, was von der Welt her noch auf Euch einstürmen wird. „Seid nüchtern und wachet und kämpft den guten Kampf des Glaubens." Denn: „Was hülfe es dem Menschen, so er die ganze Welt gewönne und nähme doch Schaden an seiner Seele!"

Mein Leben klingt nur in einem Ton aus und der heißt:

„Lobe den Herrn, o meine Seele, und vergiß nicht,
was er Dir Gutes getan hat!"

Meine Augen sind weit empor gerichtet und über allem Schweren erfüllt mich das Eine so fröhlich —

„Gloria sei Dir gesungen
mit Menschen- und mit Engelzungen,
mit Harfen und mit Zimbeln schön!"

Gott befohlen! **Euer Pfarrer Werner Hennig**

Nun laßt das Herz uns beugen
und jubelnd froh bezeugen,
daß du erstanden bist,
daß dich des Todes Schrecken
nicht lange konnten decken,
du heiliger Jesus Christ.

Nun laßt den Blick uns heben
empor zum ewigen Leben,
das deine Hand uns weist.
Nach tapferem Kampf hienieden
führst du uns in den Frieden
Gott Vater, Sohn und Geist.

118. Führerweisung zum »Burgfrieden« zwischen Staat und Kirche

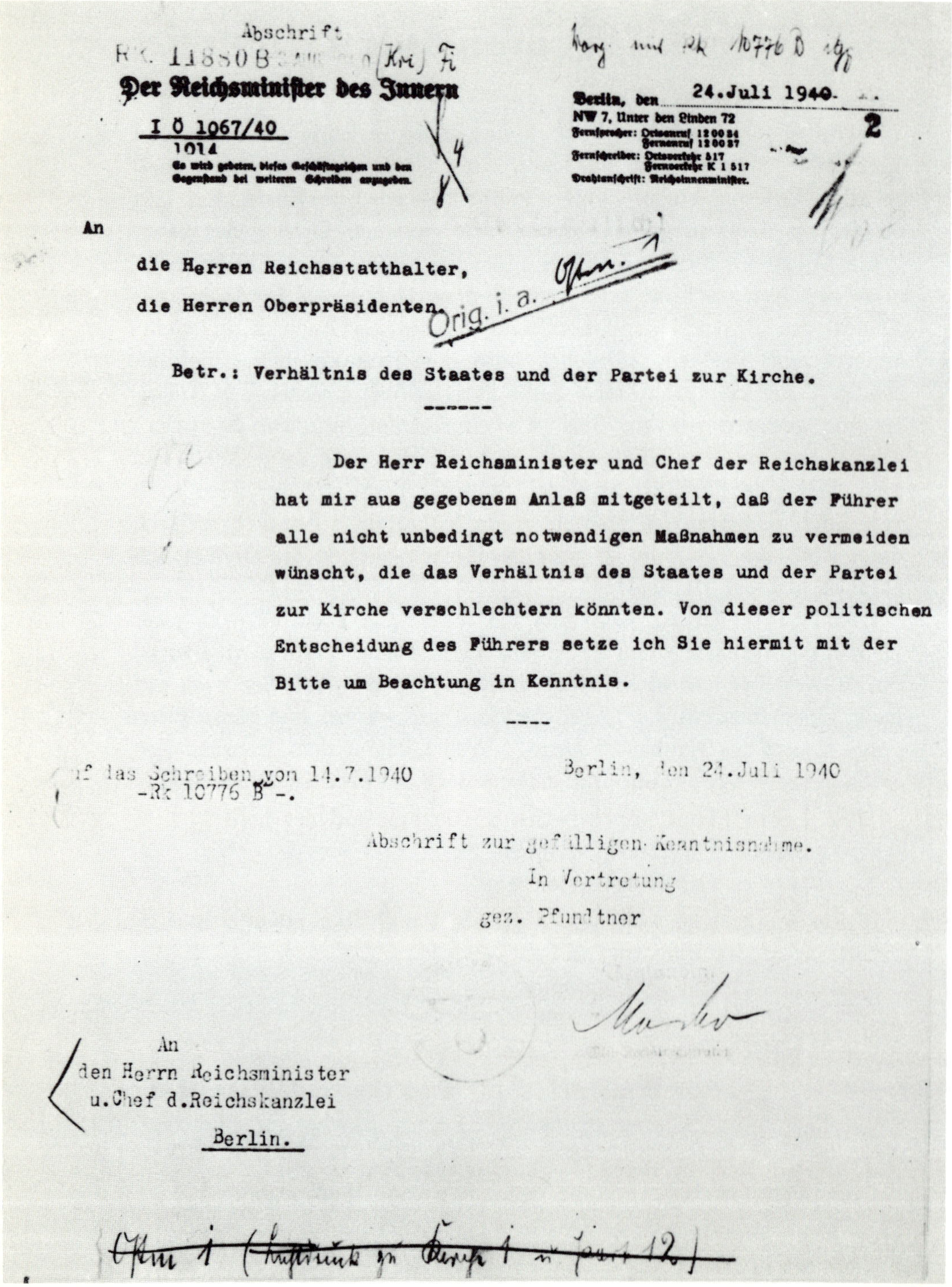

Abschrift

Rk. 11880 B

Der Reichsminister des Innern

I Ö 1067/40

1014

Es wird gebeten, dieses Geschäftszeichen und den Gegenstand bei weiteren Schreiben anzugeben.

Berlin, den 24. Juli 1940

NW 7, Unter den Linden 72

Fernsprecher: Ortsanruf 12 00 34, Fernanruf 12 00 37

Fernschreiber: Ortsverkehr 517, Fernverkehr K 1 517

Drahtanschrift: Reichsinnenminister.

An

die Herren Reichsstatthalter,

die Herren Oberpräsidenten.

Orig. i. a.

Betr.: Verhältnis des Staates und der Partei zur Kirche.

Der Herr Reichsminister und Chef der Reichskanzlei hat mir aus gegebenem Anlaß mitgeteilt, daß der Führer alle nicht unbedingt notwendigen Maßnahmen zu vermeiden wünscht, die das Verhältnis des Staates und der Partei zur Kirche verschlechtern könnten. Von dieser politischen Entscheidung des Führers setze ich Sie hiermit mit der Bitte um Beachtung in Kenntnis.

Auf das Schreiben vom 14.7.1940 -Rk 10776 B-.

Berlin, den 24. Juli 1940

Abschrift zur gefälligen Kenntnisnahme.

In Vertretung

gez. Pfundtner

An

den Herrn Reichsminister u. Chef d. Reichskanzlei

Berlin.

119. Die Taktik der Partei gegenüber den Kirchen im Krieg

Entwurf eines Schreibens
von Reichsorganisationsleiter Robert Ley
an Gauleiter und Reichsstatthalter
Wilhelm Murr (Auszug)

An den
Gauleiter und Reichsstatthalter
des Gaues Württemberg-Hohenzollern
Parteigenossen Wilhelm Murr,
Stuttgart
Gauleitung

4. April 1941

Der Führer, vor allem in seinem Auftrage Reichsleiter Bormann legen allergrößten Wert auf eine klare, einheitliche weltanschaulich-politische Haltung aller Gaue.
Ich halte es deshalb für meine Aufgabe, auf diesem Gebiet eine bestimmte Einheitlichkeit aller Gaue zu schaffen.
Diese Einheitlichkeit muß ihre besondere Darstellung in einer klaren, inneren weltanschaulichen Haltung allen konfessionellen und kirchlichen Problemen gegenüber finden.
Bei aller Würdigung der kirchlich-politischen verschiedenen Gegebenheiten in den einzelnen Gauen muß eine in allen Gauen gemeinsame positive nationalsozialistische weltanschauliche Grundhaltung diesen Problemen gegenüber gewährleistet sein.
Der Wunsch des Führers, während des Krieges alle konfessionellen kirchlichen Fragen zurückzustellen und sie nicht zu einem Streitobjekt zu machen, darf aber nicht aufgefaßt werden, als ob der Partei selbst irgendwelche Fesseln auferlegt wären, klare Entscheidungen herbeizuführen.
Bei Ihrer bekannten Vorsicht, allen politisch belastenden Problemen gegenüber, ist doch das Gefühl wach geworden, als ob in ihrem Gau bestimmte Rücksichtnahmen innerhalb der Partei und auch in der Erziehung der Partei geübt werden.

[Es folgen »Anregungen«
für die »schärfere weltanschaulich-politische Haltung«
im Gau Württemberg.]

Ich werde Gelegenheit nehmen, mich mit Ihnen einmal über diese weltanschaulich-politische[!] Probleme zu unterhalten.

Heil Hitler!
(Dr. Ley)

F. Zipfel, Kirchenkampf in Deutschland, Berlin 1965, 508f.

120. Modell zum Verhältnis von Staat und Kirche für die Zeit nach dem »Endsieg«

13 Punkte zur Trennung von Staat und Kirche im Warthegau 1940

Am 14. März 1940 erließ der NS-Reichsstatthalter des Warthegaus, Greiser, folgende Verordnung:

1. Es gibt keine Kirchen mehr im staatlichen Sinne, sondern es gibt nur noch religiöse Kirchengesellschaften im Sinne von Vereinen.

2. Die Leitung liegt nicht in Händen von Behörden, sondern von Vereinsvorständen.

3. Aus diesem Grund gibt es auf diesem Gebiete keine Gesetze, Verfügungen und Erlasse mehr.

4. Es bestehen keine Beziehungen mehr zu Gruppen außerhalb des Gaues, auch keine rechtliche, finanzielle oder dienstliche Bindung an die Reichskirche.

5. Mitglieder können nur Volljährige durch eine schriftliche Beitrittserklärung werden. Sie werden also nicht hineingeboren, sondern müssen erst bei Volljährigkeit ihren Beitritt erklären. Es gibt keine Landes-, Volks- oder Territorialkirchen. Wer vom Altreich in den Warthegau zieht, muß sich auch erst schriftlich neu eintragen lassen.

6. Alle konfessionellen Untergruppen, Nebenorganisationen (Jugendgruppen) sind aufgehoben und verboten.

7. Deutsche und Polen dürfen nicht mehr zusammen in einer Kirche sein (Nationalitätenprinzip). Dies tritt für den Nationalsozialismus zum ersten Male in Kraft.

8. In den Schulen darf kein Konfirmandenunterricht abgehalten werden.

9. Es dürfen außer dem Vereinsbeitrag keine finanziellen Zuschüsse geleistet werden.

10. Die Vereine dürfen kein Eigentum wie Gebäude, Häuser, Felder, Friedhöfe außer den Kulträumen besitzen.

11. Alle Stifte und Klöster werden aufgelöst, da diese der deutschen Sittlichkeit und der Bevölkerungspolitik nicht entsprechen.

12. Die Vereine dürfen sich nicht in der Wohlfahrtspflege betätigen, dies steht einzig und allein der NSV zu.

13. In den Vereinen dürfen sich die Geistlichen nur aus dem Warthegau betätigen. Dieselben sind nicht hauptamtlich Geistliche, sondern müssen einen Beruf haben.

KJB 434 f.

Mit dem Judenpogrom im November 1938, vom Volksmund »Reichskristallnacht« genannt, 121
trat die NS-Judenverfolgung in eine neue schreckliche Phase ein. Nach der Ermordung eines
deutschen Diplomaten in Paris durch einen Juden ließ die NS-Führung unter der Behauptung
eines »spontanen Volkszornes« die Synagogen in Deutschland zerstören, jüdisches Eigen-
tum beschlagnahmen und viele deutsche Juden mißhandeln und in KZ-Haft nehmen.

Als die Synagogen brannten, hätten alle Christen sehen können, wohin die Rassenideologie
führen mußte. Obwohl viele Menschen in Deutschland das an den Juden begangene Unrecht
deutlich empfanden, hatten nur wenige den Mut, öffentlich zu protestieren. Die Bekennende
Kirche schwieg. Sie war durch die Auseinandersetzung um die Gebetsliturgie gelähmt. Von 101
einigen Pfarrern ist bekannt geworden, daß sie am darauffolgenden Buß- und Bettag in der
Predigt dieses Verbrechen öffentlich angeklagt haben. Einer von ihnen war Pfarrer Julius von 122–124
Jan in Oberlenningen (Württ.). An ihm rächten sich SA-Leute, die ihn auf offener Straße
zusammenschlugen und an seinem Pfarrhaus Hetzplakate »Judenknecht« anklebten. Er
wurde von einem Sondergericht mit einem Jahr und vier Monaten Gefängnis bestraft und
außer Landes verwiesen. Seine Kirchenleitung mißbilligte damals die Bußpredigt als politi-
sche Polemik und Entgleisung. Daß Pfarrer von Jan allerdings nicht auch noch in das Kon-
zentrationslager kam, verdankt er dem Einsatz seines Landesbischofs Wurm.

Bereits seit 1935 gab es Hilfsstellen der Bekennenden Kirche für verfolgte Juden. Bekannt 125–128
wurde vor allem die Berliner Zentrale, die von Pfarrer Heinrich Grüber geleitet wurde, das
»Büro Grüber«, An der Stechbahn 3–4. In den meisten Landeskirchen gab es Außen-
büros.

Das »Büro Grüber« beschäftigte allein in Berlin zwischen 30 und 40 Mitarbeiter in folgenden
Arbeitszweigen: Auswandererberatung, Stellenvermittlung nach dem Ausland, Geldunter-
stützung und Textilspenden, Rechtsberatung, Familienschule mit Abhalten von Gottesdien-
sten und Erteilung des Religionsunterrichts.

Pfarrer Heinrich Grüber wurde im Dezember 1940 ins KZ Dachau gebracht. Sein Stellvertre- 126
ter, Pfarrer Werner Sylten, dessen Großvater Jude war, kam wenig später ebenfalls in das 134–136
Konzentrationslager Dachau und wurde dort umgebracht.

Seit dem 1. September 1941 mußten die Juden einen Judenstern tragen. Damit waren sie 129/130
öffentlich gebrandmarkt. Was taten nun die evangelischen Christen in Deutschland?

Am 17. Dezember 1941 stellten die deutschchristlichen Kirchenführer fest: Rassejüdische
Christen haben in einer deutschen evangelischen Kirche keinen Raum und kein Recht. Und 133
die Deutsche Evangelische Kirchenkanzlei, das offizielle Leitungsorgan der Kirche, wies am
22. Dezember 1941 die einzelnen Landeskirchen an, »geeignete Vorkehrungen zu treffen,
daß die getauften Nichtarier dem kirchlichen Leben der deutschen Gemeinde fern-
bleiben«.

Von diesem infamen Schreiben distanzierten sich in scharfen Protesten die Vorläufige Lei-
tung der Bekennenden Kirche und Landesbischof Wurm aus Württemberg. Zu öffentlichen
Aktionen jedoch kam es in Deutschland nicht. Sie wären sofort niedergeschlagen worden
und waren zu gefährlich. Trotzdem gab es vereinzelt auch mutige Zeichen der Solidarisie-
rung. Die Leiterin der Breslauer »Hilfsstelle für evangelische Nichtarier«, Vikarin Katharina 131/132
Staritz, rief noch vor Inkrafttreten der Polizeiverordnung ihre Pfarrerkollegen von Breslau in
einem Rundschreiben auf, sich der gezeichneten Gemeindeglieder besonders anzunehmen
und sie im Gottesdienst nicht auf die »Armsünderbank« zu verweisen. Daraufhin wurde sie
im Zusammenspiel von kirchlichen und staatlichen Stellen widerrechtlich aus dem Kirchen-
dienst entlassen und ein Jahr im KZ Ravensbrück festgehalten.

Nicht nur die Juden, sondern auch Behinderte sollten nach den Plänen der Nationalsoziali- 137
sten im 2. Weltkrieg »beseitigt« werden. Am Anfang des Krieges befahl Hitler, geistig und

körperlich Behinderte als »lebensunwert« umzubringen. Diese Maßnahmen lagen auf der Linie des nationalsozialistischen Weltanschauungsgrundsatzes einer Auslese der Tüchtigsten (»Sozialdarwinismus«).

Hitler wagte damals nicht, diese Aktion zu legalisieren und mit einem entsprechenden Gesetz an die Öffentlichkeit zu treten. Die Heil- und Pflegeanstalten wurden unter dem Vorwand kriegsbedingter Maßnahmen gezwungen, ihre Patienten auf Fragebogen zu melden. Sie mußten schließlich einen Teil ihrer Patienten – angeblich nur zur Unterbringung an einem
139 anderen Ort – herausgeben. Als sich die immer gleichlautenden Nachrichten vom »plötzlichen« Tod der Abtransportierten häuften, ahnten die Angehörigen und die Betreuer, wohin die berüchtigten grauen Omnibusse ihre Patienten gebracht hatten. Jetzt regte sich der
140–142 Widerstand. Bekanntgeworden sind vor allem die mutigen Predigten des katholischen Bischofs von Münster, Clemens Graf Galen, Protestschreiben des württembergischen Landesbischofs Wurm an die Reichsregierung sowie einzelne Eingaben von Anstaltsleitern wie Pfarrer Paul Braune, Lobetal, und Pfarrer Ludwig Schlaich, Stetten.

Amtsrichter Dr. Lothar Kreyssig in Brandenburg/Havel, ein aktives Mitglied der Bekennenden Kirche, erfuhr als Vormundschaftsrichter im Frühsommer 1940 von einer größeren Zahl von Geisteskranken, die der Euthanasieaktion zum Opfer gefallen waren. Er berichtete darüber in einem Brief an seinen zuständigen Minister und kündigte eine Strafanzeige gegen den Reichsleiter an, der für die widerrechtliche Aktion verantwortlich war. 1942 wurde Dr. Kreyssig vorzeitig aus dem Dienst entlassen.

143 Pastor Friedrich von Bodelschwingh und seine Mitarbeiter in Bethel bei Bielefeld konnten in einem gefährlichen und zähen Ringen mit dem Staat ihre Patienten vor dem Abtransport in den Tod bewahren.

138 Bis die Unruhe unter der Bevölkerung und die Proteste der Kirche schließlich im Sommer 1941 eine Einstellung der Morde erzwangen, waren der sogenannten Euthanasie mehr als 70000 Menschen zum Opfer gefallen.

121. Synagoge von Baden-Baden während der »Kristallnacht«

In der Synagoge in Baden-Baden zwang die SS die versammelten Juden, ihre Hüte abzunehmen, Nazilieder zu singen, Turnübungen zu machen und im Chor zu sprechen: »Wir sind ein dreckiges, filziges Volk.«

122. Predigt von Pfarrer von Jan am 16. November 1938 (Bußtag)

»O Land, Land, Land, höre des Herrn Wort«

Der Prophet ruft: O Land, Land! höre des Herrn Wort! Wenn wir bloß dieses eine Sätzlein hören, so verstehen wir zunächst noch nicht, was für schwere Kämpfe und Nöte den Jeremia zu diesem Ruf veranlaßt haben. Er steht in einem Volk, unter dem sich der Herr in langer Geschichte geoffenbart hat als ein Vater und Erlöser, als ein Führer und Helfer voll Kraft und Gnade und Herrlichkeit. Dieses Volk Israel aber und voran seine Könige und seine Fürsten haben das Gesetz Gottes mit Füßen getreten. Jeremia hat gegen all dieses Unrecht einen zähen Kampf geführt im Namen Gottes und der Gerechtigkeit. Seit fast 30 Jahren predigt er dem Volk des Herrn Wort. Er widerspricht den Lügenpredigten derer, die in nationaler Schwärmerei Heil und Sieg verkündigen. Aber er wird nicht gehört. Immer einsamer wird der treue Gottesmann. Da kommt die große Stunde, wo Gott seinen Propheten ruft: Gehe hinab in das Haus des Königs selbst und rede dies Wort: ›Höre des Herrn Wort, du König Juda's, der du auf dem Stuhl Davids sitzest, du und deine Knechte und dein Volk, die zu diesen Toren eingehen. So spricht der Herr: Haltet Recht und Gerechtigkeit und errettet den Beraubten von des Frevlers Hand, und schindet nicht die Fremdlinge, Waisen und Witwen, und tut niemand Gewalt, und vergießt nicht unschuldig Blut an dieser Stätte. Werdet ihr solches tun, so

123. An das Pfarrhaus in Oberlenningen (Wttbg.) klebten SA-Leuten einige Tage nach der Predigt Hetzplakate »Judenknecht«

sollen durch die Tore dieses Hauses einziehen Könige, die auf Davids Stuhl sitzen, zu Wagen und zu Roß, samt ihren Knechten und ihrem Volk. Werdet ihr aber solchem nicht gehorchen, so habe ich bei mir selbst geschworen, spricht der Herr, dies Haus soll zerstört werden. Denn so spricht der Herr von dem Hause des Königs in Juda: Ein Gilead bist du mir, ein Haupt im Libanon. Was gilt's? Ich will dich zur Wüste und die Städte ohne Einwohner machen. Denn ich habe Verderber über dich bestellt, einen jeglichen mit seinen Waffen; die sollen deine auserwählten Zedern umhauen und ins Feuer werfen. So werden viele Heiden vor dieser Stadt vorübergehen und untereinander sagen: Warum hat der Herr mit dieser großen Stadt also gehandelt? Und man wird antworten: Darum, daß sie den Bund des Herrn, ihres Gottes, verlassen und andere Götter angebetet und ihnen gedient haben. (Jer. 22,2–9). Der König verhärtete sich gegen das Gotteswort und wurde plötzlich vom Feind in Gefangenschaft abgeführt; sein Nachfolger verfolgte den Propheten und starb nach kurzer Herrschaft; und der 3. König war nur 3 Monate am Ruder, da fiel er in die Hände der Babylonier! All das erzählt uns unser Kapitel. In kurzer Zeit war die Herrlichkeit von 3 unbußfertigen Königen Jerusalems dahin. In tiefem Schmerz darüber schreit Jeremia in sein Volk hinein: O Land, Land, Land, höre des Herrn Wort!

Warum wirst du dem treuen Gott untreu? Warum achtest du seine Gebote nicht mehr? Siehst du nicht, wie's deinen Königen deshalb ergangen ist? O Land, liebes Heimatland, höre des Herrn Wort! In diesen Tagen geht durch unser Volk ein Fragen: Wo ist in Deutschland der Prophet, der in des Königs Haus geschickt wird, um des Herrn Wort zu sagen? Wo ist der Mann, der im Namen Gottes und der Gerechtigkeit ruft, wie Jeremia gerufen hat: Haltet Recht und Gerechtigkeit, errettet den Beraubten von des Frevlers Hand! Schindet nicht die Fremdlinge, Waisen und Witwen, und tut niemand Gewalt, und vergießt nicht unschuldig Blut?

Gott hat uns solche Männer gesandt! Sie sind heute entweder im Konzentrationslager oder mundtot gemacht. Die aber, die in der Fürsten Häuser kommen und dort noch heilige Handlungen vollziehen können, sind Lügenprediger wie die nationalen Schwärmer zu Jeremias Zeiten und können nur Heil und Sieg rufen, aber nicht des Herrn Wort verkündigen. Die Männer der Vorl. Kirchenleitung, von denen die Zeitungen in der letzten Woche berichteten, haben in einer Gottesdienstordnung das Gebot des Herrn klar ausgesprochen und sich wegen der erschreckenden Mißachtung der göttlichen Gebote durch unser Volk vor Gott gebeugt für Kirche und Volk. Jedermann weiß, wie sie dafür als Volksschädlinge angeprangert und außer Gehalt gesetzt worden sind – und schmerzlicherweise haben es unsre Bischöfe nicht als ihre Pflicht erkannt, sich auf die Seite derer zu stellen, die des Herrn Wort gesagt haben.

Wenn nun die einen schweigen *müssen* und die andern nicht reden *wollen,* dann haben wir heute wahrlich allen Grund, einen Bußtag zu halten, *einen Tag der Trauer* über unsre und des Volkes Sünden.

Ein Verbrechen ist geschehen in Paris. Der Mörder wird seine gerechte Strafe empfangen, weil er das göttliche Gesetz übertreten hat.

Wir trauern mit unserm Volk um das Opfer dieser verbrecherischen Tat. Aber wer hätte gedacht, daß dieses eine Verbrechen in Paris bei uns in Deutschland so viele Verbrechen zur Folge haben könnte? Hier haben wir die Quittung bekommen auf den großen Abfall von Gott und Christus, auf das organisierte Antichristentum. Die Leidenschaften sind entfesselt, die Gebote Gottes mißachtet, Gotteshäuser, die andern heilig waren, sind ungestraft niedergebrannt worden, das Eigentum der Fremden geraubt oder zerstört, Männer, die unsrem deutschen Volk treu gedient haben und ihre Pflicht gewissenhaft erfüllt haben, wurden ins KZ geworfen, bloß weil sie einer andern Rasse angehörten! Mag das Unrecht auch von oben nicht zugegeben werden – das gesunde Volksempfinden fühlt es deutlich, auch wo man nicht darüber zu sprechen wagt.

Und wir als Christen sehen, wie dieses Unrecht unser Volk vor Gott belastet und seine Strafen über Deutschland herbeiziehen muß. Denn es steht geschrieben: Irret euch nicht! Gott läßt seiner nicht spotten. Was der Mensch sät, das wird er auch ernten! Ja, es ist eine entsetzliche Saat des Hasses, die jetzt wieder ausgesät worden ist. Welche entsetzliche Ernte wird daraus erwachsen, wenn Gott unsrem Volk und uns nicht Gnade schenkt zu aufrichtiger Buße.

Wenn wir so reden von Gottes Gerichten, so wissen wir wohl, daß manche im stillen denken: Wie kann man auch heute von Gottes Gerichten und Strafen über Deutschland reden, wo es so sichtbar aufwärts geht und in diesem Jahr 10 Millionen Deutsche mit dem Reich vereinigt worden sind. Da sieht man doch Gottes Segen über unsrem Volk! Ja, es waltet eine erstaunliche Geduld und Gnade Gottes über uns. Aber gerade deshalb gilt es: O Land, Land, Land, höre des Herrn Wort! Höre jetzt endlich! Weißt du nicht, daß dich Gottes Güte zur Buße leitet? In unsrem Kapitel wird der Prophet beauftragt, von Gott zu sagen: So wahr ich lebe, spricht der Herr, wenn Chonja, der König Judas, ein Siegelring wäre an meiner rechten Hand, so wollte ich ihn doch abreißen und in die Hände geben derer, die nach seinem Le-

124. Pfarrfamilie v. Jan 1939

ben stehen! Es kann ein Mensch und ein Volk von Gott zu höchsten Ehren erhoben sein – wenn er sein Herz verschließt vor des Herrn Wort, so wird er plötzlich in die Tiefe gestürzt. Äußeres Glück, äußere Erfolge führen uns Menschen nur zu leicht in einen Hochmut hinein, der den ganzen göttlichen Segen verderbt und deshalb in tiefem Fall endet. Darum ist uns der Bußtag ein Tag der Trauer über unsre und unsres Volkes Sünden, die wir vor Gott bekennen, und *ein Tag des Gebets:* Herr, schenk uns und unsrem Volk ein neues Hören auf dein Wort, ein neues Achten auf deine Gebote! Und fange bei uns an. Wir gehen so gern eigene Wege. Wir tun so vielerlei und nehmen uns so wenig Zeit zu der Stille, in der wir des Herrn Wort vernehmen dürften, sei's im Gottesdienst, sei's im Kämmerlein. Darum geht so mancher Tag dahin, ohne daß wir Gott unsern Herrn sein ließen, weil wir am Morgen nicht beim Befehlsempfang bei Ihm waren. Ein Christ, der nicht jeden Morgen diese Stille zum Hören sucht, gefährdet sich selbst und schadet der Sache seines Herrn. Denn ohne des Herrn Wort sind wir allen dämonischen Gewalten preisgegeben und allen verführerischen Stimmen der Unterwelt. Wenn ich im Jugendkreis ab und zu frage, wo stehen wir in der täglichen Bibellese, so kann von einem Dutzend einer oder zwei Antwort geben. Die übrigen gingen ohne Gottes Wort in den Tag hinein. Wie mag's bei uns Erwachsenen sein? Hier liegt gewiß eine große Schuld von uns Christen. Wären wir treuer im Hören des Tagesbefehls unsres Herrn, dann würde auch das unkirchliche Volk öfters ein Zeugnis des Herrn hören und würde vor manchem bösen Schritt bewahrt. Darum o Land, Land, Land, höre des Herrn Wort!

Doch wollen wir zum Schluß nicht vergessen, daß für uns Christen des Herrn Wort noch deutlicher und köstlicher ist als für einen Jeremia. Denn es ist erfüllt in Christus unsrem Herrn, der gesagt hat: Tut Buße, das Himmelreich ist nahe herbeigekommen. Durch ihn wird uns der Bußtag auch *ein Tag des Dankes.* Die Welt spottet so gern über die Buße, weil sie keine Ahnung hat, daß die wahre Buße das Tor zum glücklichsten Leben wird, und zwar nicht erst im Jenseits, sondern schon hier auf Erden. Ich darf erinnern an die Geschichte vom verlorenen Sohn, an seine bußfertige Heimkehr und das reiche Leben, das durch die Freundlichkeit des Vaters daheim nun für ihn anfing. Wer selbst schon durch dieses Tor der Buße heimgekehrt ist zu seinem Herrn, der weiß, wie nahe damit das Himmelreich tatsächlich herbeigekommen ist. Und wenn wir heute mit unsrem Volk in der Buße vor Gott gestanden sind, so ist dies Bekennen der Schuld, von der man nicht sprechen zu dürfen glaubte, wenigstens für mich heute gewesen wie das Abwerfen einer großen Last. Gott Lob! Es ist herausgesprochen vor Gott und in Gottes Namen. Nun mag die Welt mit uns tun, was sie will. Wir stehen in unsres Herren Hand. Gott ist getreu. Du aber o Land, Land, Land, höre des Herrn Wort! Amen.

LKA Stuttgart, D 1/99

125. Haus an der Stechbahn 3–4, Berlin: Sitz der Hilfsstelle für Rasseverfolgte (»Büro Grüber«)

126. Pfarrer Heinrich Grüber

127. Brief des »Büro Grüber« mit Hinweis auf seine Tätigkeit

BÜRO PFARRER GRÜBER

Fernsprecher: 51 46 22
Bankkonto: Jacquier & Securius, Berlin C 2
Postscheckkonto: 157906

BERLIN C 2, den 2. Februar 1940
An der Stechbahn 3–4
Sprechstunden: Montag bis Freitag 10–13 Uhr

Bei Beantwortung angeben:
Diktatzeichen: Gr./Jac.
Geschäftszeichen: B 1, Nr.

Evang. Oberkirchenrat
Eing.: 15. FEB. 1940

An den
Evang. Oberkirchenrat
z.Hd. Herrn Oberkonsistorialrat Scheller

Berlin-Charl. 2
Jebensstr. 3

Sehr geehrter Oberkonsistorialrat!

Bezugnehmend auf die Besprechung erlaube ich mir, als Text für eine Rundverfügung an die Konsistorien folgendes vorzuschlagen:

> "Da wir des öfteren Anfragen bekommen haben wegen evangelischer Gemeindeglieder, die nach den Nürnberger Gesetzen als Juden anzusprechen sind, teilen wir mit, dass das Büro des Pfarrer Grüber, Berlin C 2 An der Stechbahn 3/4 im Rahmen der Reichsvereinigung von dem Geheimen Staatspolizeiamt zur Betreuung dieser Menschen berechtigt worden ist. Alle Fragen der Wanderung, Wohlfahrt und Beschulung der Juden, die der evangelischen Kirche angehören, werden von diesem Büro durchgeführt. Das Büro hat in allen Provinzen Vertrauensstellen. Für die dortige Provinz ist es ,,,,,,,,".

Wir fügen eine Liste unserer Vertrauensstellen bei und bitten, die Interessenten und Pfarrer gegebenenfalls hiervon in Kenntnis zu setzen.

Heil Hitler!

Grüber

Wiedervorgelegt 28.3

Im Präsidialbüro durchgesehen

128. Vertrauensstellen des »Büro Grüber« im Reichsgebiet

Vertrauensstellen des Büros Pfarrer Grüber.

Kirchliche Hilfsstellen für evangelische Nichtarier
Stand vom 17. Mai 1939.

Berlin (Brandenburg)	Büro Pfarrer Grüber, C.2, An der Stechbahn 3/4 Vertreter: Heinitz, Pfr. Sylten.
Braunschweig	Pfarrer Herdickerhoff, Landesverband für Innere Mission, Peter Josef-Krahestr. 11
Bremen	Pfarrer Bodo Heyne, General Ludendorffstr. 38
Breslau (Schlesien)	Frau Vikarin Staritz, Wagnerstr. 7
Chemnitz (Sachsen)	D. Mensing, Agricolastr. 5
Dresdan (Sachsen)	Dr. v. Loeben, Rugestr. 1
Frankfurt a/M. (Hessen)	Pfr. Schumacher, Hans Handwerkstr. 16
Hamburg	Frau Dr. Feldner, Kl. Theaterstr. 11 Pfarrer Kohlschmidt, A.d. Christuskirche
Heidelberg (Baden)	Pfarrer Maas, Hirschstr. 17
Kassel (Hessen-Kassel)	Lic. Karig, Humboldtstr. 28 1/2 Frau Gertrud Reese, Kaiserstr. 70
Kiel	Pfarrer Chalybaeus
Köln	Pfarrer Encke, Am Botanischen Garten 72 Mitarbeiter: Missionar Weisenstein, Moltkestr. 80
Königsberg (Ostpreußen)	Pfarrer Boersch, Luisenallee 24
Leipzig (Sachsen)	Pfarrer Böhme, Dittrichring 12
Mülheim (Rheinland)	Pfarrer Biermann, M.-Styrum, Albertstr. 1
München (Bayern)	Pfarrer Zwanzger, Verein f. Innere Mission, Mathildenstr. 6
Münster (Westfalen)	Pfarrer Möller, Erphostr. 60
Nürnberg (Franken)	Pfarrer Hans Jordan, Landesverein für Innere Mission, Untere Pirkheimerstr. 6
Schwerin (Mecklbg.)	Probst i.R. Wiegand, Voßstr. 34
Stettin (Pommern)	Pfarrer Walter Franke, Brinkmannweg 54
Stuttgart (Württemberg)	Pfarrer S. Fischer, Obere Bachstr. 39 Mitarbeiter: Dr. Goldmann.

129. Jüdischer Junge mit Judenstern

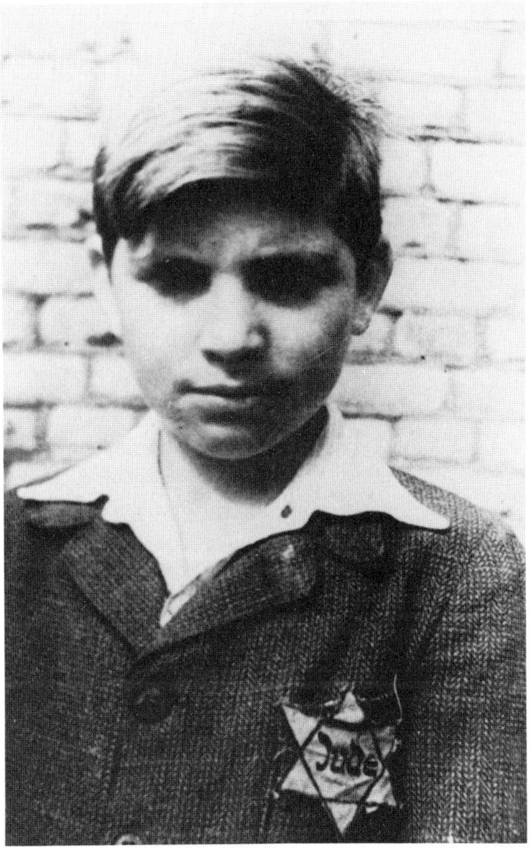

130. Polizeiverordnung zum Tragen des Judensterns 1941

Polizeiverordnung über die Kennzeichnung der Juden.
Vom 1. September 1941 (Auszug)
RGBl I, 1941, 547

§ 1

(1) Juden (§ 5 der Ersten Verordnung zum Reichsbürgergesetz vom 14. November 1935 – Reichsgesetzbl. S. 1333), die das sechste Lebensjahr vollendet haben, ist es verboten, sich in der Öffentlichkeit ohne einen Judenstern zu zeigen.

(2) Der Judenstern besteht aus einem handtellergroßen, schwarz ausgezogenen Sechsstern aus gelbem Stoff mit der schwarzen Aufschrift »Jude«. Er ist sichtbar auf der linken Brustseite des Kleidungsstücks fest aufgenäht zu tragen.

§ 2

Juden ist es verboten,
a) den Bereich ihrer Wohngemeinde zu verlassen, ohne eine schriftliche Erlaubnis der Ortspolizeibehörde bei sich zu führen;
b) Orden, Ehrenzeichen und sonstige Abzeichen zu tragen.

Berlin, den 1. September 1941.

Der Reichsminister des Innern
Im Auftrag
Heydrich

Berlin, den 1. September 1941.

Der Reichsminister des Innern
Im Auftrag
Heydrich

131. Schreiben der DEK-Kirchenkanzlei zur »Ausscheidung« der getauften Juden aus den deutschen Gemeinden

Abschrift

Deutsche Evangelische Kirche
Kirchenkanzlei
K.K.III 1746/41

Berlin-Charlottenburg, den 22.12.1941
Marchstr.2

An
die Obersten Behörden der deutschen evangelischen Landeskirchen

------

Der Durchbruch des rassischen Bewusstseins in unserem Volk, verstärkt durch die Erfahrungen des Krieges, und entsprechende Massnahmen der politischen Führung haben eine Ausscheidung der Juden aus der Gemeinschaft mit uns Deutschen bewirkt. Dies ist eine unbestreitbare Tatsache, an welcher die deutschen evangelischen Kirchen, die in ihrem Dienst an dem einen ewigen Evangelium an das deutsche Volk gewiesen sind und im Rechtsbereich dieses Volkes als Körperschaften des öffentlichen Rechts leben, nicht achtlos vorübergehen können.

Wir bitten daher im Einvernehmen mit dem Geistlichen Vertrauensrat der Deutschen Evangelischen Kirche die obersten Behörden, geeignete Vorkehrungen zu treffen, dass die getauften Nichtarier dem kirchlichen Leben der deutschen Gemeinde fernbleiben. Die getauften Nichtarier werden selbst Mittel und Wege suchen müssen, sich Einrichtungen zu schaffen, die ihrer gesonderten gottesdienstlichen und seelsorgerlichen Betreuung dienen können. Wir werden bemüht sein, bei den zuständigen staatlichen Stellen die Zulassung derartiger Einrichtungen zu erwirken.

In Vertretung
gez. Dr. F ü r l e

132. Vikarin Katharina Staritz, Breslau

Vikarin Katharina Staritz, Leiterin der Breslauer »Hilfsstelle für evang. Nichtarier«, bezahlte ihr mutiges Eintreten für ihre »Sternträger« mit der Entlassung aus dem Kirchendienst und einem Jahr KZ Ravensbrück.

133. Aufruf zur Solidarität mit den evangelischen »Sternträgern« 1941

110287

Abschrift
Stadtdekan
G.Nr. 1336

Rundschreiben Nr. 36
Breslau, den 12. September 41

Nachstehende Bitte der Frau Stadtvikarin möchte ich mit einer herzlichen Empfehlung an die Breslauer Amtsbrüder weiterleiten.

In Vertretung:
Meissner.

\- - - - - -

Im Reichsgesetzblatt vom 5.9.41 ist eine Polizeiverordnung veröffentlicht über die Kennzeichnung der Juden, die am 19.9.41 in Kraft tritt.

Sie bestimmt folgendes:
Juden im Sinn der Nürnberger Gesetze, soweit sie nicht in privilegierter Mischehe leben, müssen beim Erscheinen in der Öffentlichkeit durch ein Abzeichen in Form eines handtellergrossen Davidsterns mit der schwarzen Aufschrift "Jude" gekennzeichnet sein, sie dürfen Orden und andere Abzeichnen nicht mehr tragen und ihre Wohnsitzgemeinde nicht ohne schriftliche polizeiliche Genehmigung verlassen. Zu den von dieser Verordnung betroffenen Menschen gehören auch einige unserer Gemeindeglieder und zwar, wie mir von einzelnen Fällen her bekannt ist, auch solche, die schon seit mehreren Jahrzehnten treue Glieder der evangelischen Gemeinden sind, und solche, die als Säuglinge getauft wurden, evangelisch erzogen und konfirmiert sind, also nie etwas mit jüdischer Religion zu tun hatten. Viele von ihnen sind treue Gottesdienstbesucher.

Diese Menschen müssen nun vom 19.9.41 ab, auch wenn sie am evangelischen Gottesdienst oder irgendwelchen Gemeindeveranstaltungen teilnehmen wollen, dort mit dem Judenabzeichen erscheinen; ebenso die zum Kindergottesdienst kommenden nichtarischen Kinder, da der Judenstern vom 6. Lebensjahre an getragen werden muss. Es ist Christenpflicht der Gemeinden, sie nicht etwa wegen der Kennzeichnung vom Gottesdienst auszuschliessen. Sie haben das gleiche Heimatrecht in der Kirche wie die anderen Gemeindeglieder und bedürfen des Trostes aus Gottes Wort besonders.

Für die Gemeinden besteht die Gefahr, dass sie sich durch nicht wirklich christliche Elemente irreführen lassen, dass sie die christliche Ehre der Kirche durch unchristliches Verhalten gefährden. Es muss ihnen hier seelsorgerlich, etwa durch Hinweis auf Luk. 10,25-37, Matth.25,40 und Sach. 7,9-10 geholfen werden.

Praktisch bitte ich zu erwägen, ob nicht die Kirchenbeamten, Gottesdienstordner usw. in geeigneter seelsorgerlicher Form anzuweisen wären, sich dieser gezeichneten Gemeindeglieder besonders anzunehmen, ihnen wenn nötig Plätze anzuweisen usw. Evtl. wären auch besondere Plätze in jedem Gotteshaus vorzusehen, jedoch nicht als Armesünderbank für die nichtarischen Christen, sondern um sie davor zu bewahren, von unchristlichen Elementen fortgewiesen zu werden. Damit das aber nicht als unevangelische Absonderung aufgefasst werden kann, ist es notwendig, dass treue Gemeindeglieder, die wissen, was Kirche ist, und die in der Kirche mitarbeiten (z.B. aus Gemeindekirchenrat, Frauenhilfe, Pfarrhaus) auch auf diesen Bänken neben und unter den nichtarischen Christen Platz nehmen. Es ist auch zu überlegen, ob nicht wenigstens in der ersten Zeit diese gekennzeichneten Christen auf ihren Wunsch von Gemeindegliedern zum Gottesdienst abzuholen wären, da einige mir gegenüber schon geäussert haben, sie wüssten nicht, ob sie nun noch wagen dürften, in die Kirche zu gehen.

Lic. Staritz
Stadtvikarin

(bitte wenden)

134. Pfarrer Werner Sylten vom »Büro Grüber« mit seinen beiden Söhnen

»Mein lieber Reinhard, vergiß nie, auch im Leid dankbar zu sein. Es gibt immer vieles, wofür Gott zu danken ist. Schau nur genau hin! Wer dankbar ist, wird nicht bitter. Ihr beide seid stets von soviel Liebe umgeben gewesen. Daß das in Euch immer neue Liebe weckte, Ihr Liebe ausstrahltet. Die Welt braucht viel, viel Liebe!«

Werner Sylten an seinen Sohn am 20.2. 1942 aus dem KZ Dachau

135/136. Briefe Syltens aus dem KZ Dachau

Konzentrationslager Dachau 3 K

Folgende Anordnungen sind beim Schriftverkehr mit Gefangenen zu beachten:

1.) Jeder Schutzhaftgefangene darf im Monat zwei Briefe od. zwei Karten von seinen Angehörigen empfangen und an sie absenden. Die Briefe an die Gefangenen müssen gut lesbar mit Tinte geschrieben sein und dürfen nur 15 Zeilen auf einer Seite enthalten. Gestattet ist nur ein Briefbogen normaler Größe. Briefumschläge müssen ungefüttert sein. In einem Briefe dürfen nur 5 Briefmarken à 12 Pfg. beigelegt werden. Alles andere ist verboten und unterliegt der Beschlagnahme. Postkarten haben 10 Zeilen. Lichtbilder dürfen als Postkarten nicht verwendet werden.

2.) Geldsendungen sind gestattet.

3.) Es ist darauf zu achten, daß bei Geld- oder Postsendungen die genaue Adresse, bestehend aus Name, Geburtsdatum und Gefangenen-Nummer, auf die Sendungen zu schreiben ist. Ebenso müssen alle Schreiben den genauen und vollständigen Absender tragen. Wenn die Adresse fehlerhaft ist, geht die Post an den Absender zurück oder wird vernichtet.

4.) Zeitungen sind gestattet, dürfen aber nur durch die Poststelle des K. L. Dachau bestellt werden.

5.) Pakete dürfen nicht geschickt werden, da die Gefangenen im Lager alles kaufen können.

6.) Entlassungsgesuche aus der Schutzhaft an die Lagerleitung sind zwecklos.

7.) Sprecherlaubnis und Besuche von Gefangenen im Konzentrations-Lager sind grundsätzlich nicht gestattet.

Der Lagerkommandant.

Absender:

Meine Anschrift:

Name: Werner Sylten

geboren am: 9. 8. 1893

Gef.-Nr. 26077 Dachau 3 K Block 26/3

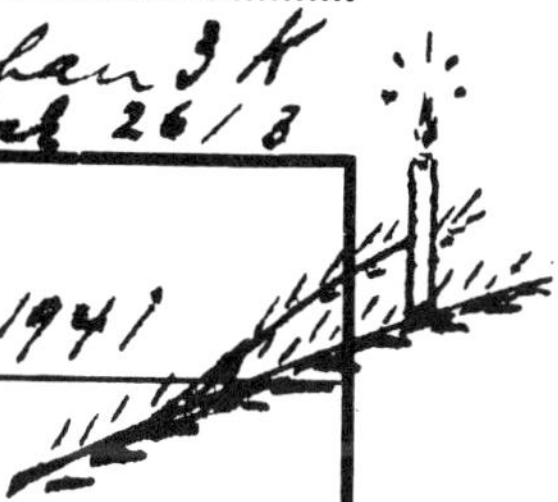

Dachau 3 K, den: 29. XI. 1941

Ihr Lieben, Euren l. Brief erhielt ich am
20., Pull. u. Schlafanz. am 27. nach langem
Warten, vgl. 4. Seite! Am nächst. Tag
bekam ich auch Kalkreuters Beilage
auf Brunk's Fürsprache hin ausnahmsw. Wie fein hat das
geschmeckt! Froh bin ich u. dankb. für alles, bes. für lieb.
Br., u. gib den Dank weiter an alle, die sich so gütig be-
teiligten. Ich werde richtig verwöhnt! – Über Euren Schulerfolg
gr. Freude, liebe Kerlchen Ihr, – macht's weiter so; das lieg

137. Geheimbefehl Hitlers zur »Euthanasie« 1939

ADOLF HITLER

Reichsleiter B o u h l e r und

Dr. med. B r a n d t

sind unter Verantwortung beauftragt, die Befug - nisse namentlich zu bestimmender Ärzte so zu er - weitern, dass nach menschlichem Ermessen unheilbar Kranken bei kritischster Beurteilung ihres Krank - heitszustandes der Gnadentod gewährt werden kann.

Von Bouhler mir übergeben am 27.8.40 Dr. Gürtner

138. Die Opfer der »Euthanasie«-Aktion

Tötungsstatistik der »Euthanasieanstalten« 1940/41

Anstalt	1940	1941	Summe
A = Grafeneck	9 839	–	9 839
B = Brandenburg	9 772	–	9 772
Be = Bernburg	–	8 601	8 601
C = Hartheim	9 670	8 599	18 269
D = Sonnenstein	5 943	7 777	13 720
E = Hadamar	–	10 072	10 072
A– E:	35 224	35 049	70 273

Nach einer im Schloß Hartheim/Linz im Juni 1945 aufgefundenen Broschüre.
K. Nowak, Euthanasie und Sterilisierung im Dritten Reich, Göttingen 1980, 192

139. Todesanzeigen von Ermordeten im Rahmen der »Euthanasie«

---

geb. 30. 11. 09 † gest. 5. 10. 40

Wir erhielten, nach bereits erfolgter Einäscherung, aus Grafeneck i. Wttbg. die traurige Nachricht von dem plötzlichen Tod unseres einzigen geliebten Sohnes und Bruders

Bernhard Siemant

Leipzig W 31, Elisabethallee 34

In tiefstem Herzeleid
Familie Joh. Siemant
sowie alle Angehörigen

Die Beisetzung der Urne erfolgt nach der Ueberführung in aller Stille auf dem Johannisfriedhof in Leipzig.

Plötzlich und unerwartet verschied in Hartheim unser innigst geliebter Bruder, der **Kunstmaler u. Graphiker**

Johannes Kühn

Die Einäscherung hat sofort in Linz a. d. Donau stattgefunden.

Leipzig W 31,
Jahnstr. 9, I. r.

In stiller Trauer
Johanna Kühn
Gertrud Kühn
Erwin Kühn

Trauerfeier und Urnenbeisetzung Montag, den 14. Oktober, 11 Uhr, Johannisfriedhof.

Wir erhielten die schmerzliche und unfaßbare Nachricht von dem plötzlichen Ableben unserer lieben Tochter, Schwester, Schwägerin und Tante, Frau

Louise Kietz geb. Popper

* 29. 8. 89 † 7. 10. 40

Die Einäscherung hat bereits in Grafeneck (Kr. Münsingen i. Württbg.) stattgefunden.

Leipzig O 5
Johannisallee 9
Bielitz Oberschlesien
Hamburg, Berlin

In tiefer Trauer
Hanns Popper u. Frau
im Namen der Mutter und Geschwister

Die Beisetzung der Urne erfolgt demnächst in aller Stille auf dem Johannisfriedhof.

Nach banger Ungewißheit erhielt ich von Grafeneck i. Württbg. die unfaßbare Nachricht, daß mein geliebter Mann, unser lieber Schwiegersohn und Schwager, der **Kunstglaser**

Hermann Schwab

Kriegsteilnehmer 1914—18

am 6. Oktober 1940 seine lieben Augen für immer geschlossen hat.

Leipzig O 5, Oswaldstraße 24, III

In stiller Trauer
Lisbeth Schwab geb. Schulze
und Angehörige

Die Einäscherung hat bereits stattgefunden. Von Beileidsbesuchen bitte ich dankend abzusehen.

Nach Wochen banger Ungewißheit erhielten wir die unfaßbare Nachricht von dem plötzlichen Tode meines lieben Sohnes, Bruders und Neffen

Erich Knorr

nach bereits erfolgter Einäscherung in Linz a. d. Donau.

Leipzig N 22,
Schkeuditzer Straße 11

In stiller Trauer
Ernst Knorr
nebst Tochter und Schwester

Die Beisetzung der Urne erfolgt auf dem Gohliser Friedhof. Von Beileidsbezeigungen bitten wir abzusehen.

Heute erhielten wir die Nachricht, daß unser guter Sohn

Fritz Buschmann

am 12. Sept. 1940 in Linz a. Donau gestorben und eingeäschert worden ist.

In stiller Trauer
Fam. Otto Buschmann.

Leipzig O 5,
Unt. Münsterstr. 8.

Von seinem schweren Leiden erlöst.

Schwer und unfaßbar traf uns die Nachricht von dem Heimgange meines lieben Mannes, meines guten Vatis, unseres lieben Sohnes, Schwiegersohnes und Schwagers

Martin Vogt

im Alter von 48 Jahren.

Leipzig S 3, Adolf-Hitler-Straße 77, II. r.

In stiller Trauer
Marie Vogt geb. Keck
Charlotte Vogt
im Namen aller Angehörigen

Die Einäscherung hat bereits in Hartheim bei Linz a. d. Donau stattgefunden.

Nach Tagen der Ungewißheit erhielten wir die unfaßbare Nachricht von dem plötzlichen Tode meiner lieben Frau, der Mutter unserer kleinen Christa, unserer lieben unvergeßlichen Tochter, Schwiegertochter, Schwester, Schwägerin und Tante, Frau

Ella Görlitz geb. Rosenbaum

geb. 6. 8. 01 gest. 24. 9. 40

nach bereits erfolgter Einäscherung in Grafeneck.

Leipzig C 1, Peterssteinweg 21
Leipzig O 5, Reclamstr. 24

In stiller Trauer
Erich Görlitz und Töchterchen
Clara verw. Rosenbaum geb. Spranger
und Angehörige

Die Beisetzung der Urne erfolgt nach Ueberführung auf dem Südfriedhof.

Wir erhielten die traurige Nachricht von dem plötzlichen Tode meiner lieben Frau, unserer treusorgenden Mutter

Louise Voland geb. Bauer

Am 2. Oktober ist sie in Hartheim b. Linz a. d. Donau verschieden und bereits eingeäschert.

Leipzig W 32, Klingenstr. 48

In tiefer Trauer
Otto Voland
im Namen aller Hinterbliebenen

Die Beisetzung der Urne erfolgt später in aller Stille.

---

* 11. 6. 1874 † 5. 10. 1940

Ernst Reinhold Wadel Kaufmann

wurde von langem schwerem Leiden erlöst.

In stiller Trauer
Therese Wadel geb. Eilinghoff
zugleich im Namen aller Angehörigen

Die Einäscherung hat bereits in Linz a. d. Donau stattgefunden.

Das feierliche Requiem findet am 15. Okt. 1940, früh um 8 Uhr, in der Trinitatiskirche, C 1, Rudolfstraße 2, statt.

Mein Letztes wurde mir genommen, mein liebes

Gretel

* 3. 7. 1910 † 9. 10. 1940

Die Einäscherung hat bereits in der Landesanstalt Grafeneck stattgefunden. Nach erfolgter Ueberführung wird die Beisetzung der Urne noch bekanntgegeben.

Leipzig N 22, Heinrothstraße 3

In tiefstem Schmerz
Charlotte Schilling

---

† **Otto Nees-Koch**

Inhaber des Ehrenkreuzes für Frontkämpfer 1914—18 u. and. Auszeichnungen

geb. 26. 11. 84 gest. 15. 9. 40

Nach wochenlanger Ungewißheit erhielt ich die unfaßbare Nachricht von seinem plötzlichen Tode und erfolgter Einäscherung bei Linz a. d. Donau.

Leipzig O 5, Ob. Münsterstr. 2, p.

In tiefer Trauer
Emma verw. Theilemann
im Namen aller, die ihm nahestanden

Urnenbeisetzung Mittwoch, d. 18. 10. 40, vormittags 9 Uhr, Johannisfriedhof.

Wir erhielten soeben die betrübliche Nachricht, daß unser lieber, treusorgender Gatte und Vater, mein guter Bruder, Herr

Johannes Kornick

am 14. September bei Linz (Donau) verschieden ist. Nach erfolgter Einäscherung geben dies bekannt

Leipzig, Wettinerstraße 11, September 1940

In stiller Trauer
Margot Kornick geb. Schroeder
und Sohn Klaus
Martin Kornick

Ganz unerwartet erhielten wir die traurige Nachricht von dem plötzlichen Tode unseres geliebten Sohnes und Bruders und meines lieben Vaters

Kurt Teuscher

Er ging am 25. September nach jahrelangen seelischen Leiden, fern der Heimat, zum ewigen Frieden ein.

Die Einäscherung hat bereits in Grafeneck, Kreis Münsingen, stattgefunden.

Leipzig N 23,
Mecklenburgstraße 2, I

In tiefer Trauer
Familie Karl Teuscher
sowie alle Angehörigen

Die Beisetzung der Urne erfolgt später. Wir bitten, von Beileidsbesuchen dankend absehen zu wollen.

140/141. Protestbriefe des württembergischen Landesbischofs Wurm

Württ. Evang. Landeskirche. 01/527 Stuttgart, den 23. August 1940.

Anschrift: Stuttgart 1, Postfach 92.

Der Landesbischof. 79

Nr. - . -

An Herrn

Reichsjustizminister Dr. Gürtner,

B e r l i n .

Beil.: 1.

Sehr verehrter Herr Reichsjustizminister!

Die gegenwärtig in größerem Umfang vorgenommenen Maßnahmen zur Vernichtung gemeinschaftsunfähigen Lebens in gewissen staatlichen Anstalten, so insbesondere in Württemberg im Schloß Grafeneck, Gemeinde Dapfen, Kreis Münsingen, machen viel von sich reden. Ich habe mich deshalb mit dem in Abschrift angeschlossenen Schreiben an den Herrn Reichsinnenminister gewandt. Ich bitte Sie, Herr Reichsjustizminister, sich von Ihrem Aufgabenbereich aus dieser Sache anzunehmen, die bei Weiterführung in der bisherigen Weise im Gegensatz zu den gesetzlichen Maßnahmen zum Schutz der Erbgesundheit des Deutschen Volkes das Vertrauen des Volkes zum Recht ebenso erschüttern muß wie das Vertrauen zum Arzt als Helfer der Menschen.

Heil Hitler !

Ihr ergebener

D. Wurm

abl. mit III a 12/41 g Rs.

III a 11 41 g Rs -/1 Anl.

89

142. Landesbischof Theophil Wurm

Landesbischof Wurm an Reichsinnenminister Frick

19. Juli 1940.

Sehr geehrter Herr Reichsminister!
Seit einigen Monaten werden auf Anordnung des Reichsverteidigungsrats geisteskranke, schwachsinnige oder epileptische Pfleglinge staatlicher und privater Heilanstalten in eine andere Anstalt verbracht. Die Angehörigen werden, auch wenn die Unterbringung des Pfleglings auf ihre Kosten erfolgt war, erst nachträglich von der Überführung benachrichtigt. Meist erhalten sie wenige Wochen später die Mitteilung, daß der betreffende Pflegling einer Krankheit erlegen sei und daß aus seuchenpolizeilichen Gründen die Einäscherung hätte stattfinden müssen. Nach oberflächlichen Schätzungen dürften es schon mehrere Hundert Anstaltspfleglinge allein aus Württemberg sein, die auf diese Weise den Tod gefunden haben, darunter auch Kriegsverletzte des Weltkriegs.
Durch zahlreiche Anfragen aus Stadt und Land und aus den verschiedensten Kreisen veranlaßt, halte ich es für meine Pflicht, die Reichsregierung darauf aufmerksam zu machen, daß in unserem kleinen Lande diese Sache ganz großes Aufsehen erregt. Zunächst einmal deshalb, weil sich eine der in Betracht kommenden Anstalten, das Schloß Grafeneck, in welches die Pfleglinge eingeliefert werden und wo ein Krematorium und ein Standesamt errichtet worden ist, in Württemberg befindet. Grafeneck ist Eigentum einer Anstalt der Inneren Mission, der Samariterstiftung, die an verschiedenen Orten körperlich und geistig Behinderte seit vielen Jahren aufnimmt und verpflegt. Sie wurde bei Kriegsausbruch auf Weisung des württ. Innenministeriums in das Kloster Reutte in Oberschwaben verlegt; Grafeneck wurde für die Aufnahme der aus anderen Anstalten herbeigeschafften Pfleglinge bestimmt. Das Schloß liegt auf einer Anhöhe der Schwäbischen Alb inmitten eines spärlich bewohnten Waldgebiets. Um so aufmerksamer verfolgt die Bevölkerung der Umgegend die Vorgänge, die sich dort abspielen. Die Krankentransporte, die auf den kleinen Bahnhof Marbach a. L. ausgeladen wurden, die Autobusse mit undurchsichtigen Fenstern, die die Kranken von entfernteren Bahnhöfen oder unmittelbar von den Anstalten bringen, der aus dem Krematorium aufsteigende Rauch, der auch auf größere Entfernungen wahrgenommen werden kann, – dies alles erregt die Gemüter um so mehr, als niemand Zutritt zu dem Schloß bekommt...
Es ist gewiß ein großer Schmerz für Eltern, wenn unter ihren Kindern ein nicht vollsinniges ist; aber sie werden, solange Gott dieses Kind am Leben läßt, es ihre ganze Liebe spüren lassen; eine gegenteilige Handlungsweise, die natürlich auch vorkommt, wird durch das Volksempfinden verurteilt. Warum? Weil unser Volk in allen diesen Fragen durch die christliche Denkweise bestimmt wird. Und da die Partei ausdrücklich auf dem Boden eines »positiven

143. Weigerung der Anstalt Bethel bei Bielefeld, bei der »Euthanasie«-Aktion mitzumachen

Christentums« steht und unter diesem »positiven Christentum« wiederum ausdrücklich und vor allem die ethische Haltung des Christen, besonders auch die Nächstenliebe verstanden wissen will, so könnte sie eigentlich die Maßnahmen zur Lebensvernichtung nicht billigen. Wir verstehen deshalb gut, daß *die* Kreise der Partei, deren Stimme hauptsächlich im *»Schwarzen Korps«* [SS-Zeitung] zu hören ist, nicht bloß mit dem kirchlichen Christentum, sondern mit jedem Christentum aufräumen wollen, weil es eine Hemmung gegenüber solchen Maßnahmen bedeutet. Sie bestätigen damit die alte, oft gemachte Erfahrung, daß der Bruch mit dem christlichen Glaubensinhalt auch den Bruch mit der christlichen Ethik nach sich zieht. Aber immerhin – bis heute steht der Führer und die Partei auf dem Boden des positiven Christentums, das die Barmherzigkeit gegen leidende Volksgenossen und ihre menschenwürdige Behandlung als eine Selbstverständlichkeit betrachtet. Wird nun aber eine so ernste Sache wie die Fürsorge für hunderttausende leidende und pflegebedürftige Volksgenossen lediglich vom Gesichtspunkt des augenblicklichen Nutzens aus behandelt und im Sinne einer brutalen Ausrottung dieser Volksgenossen entschieden, dann ist damit der Schlußstrich unter eine verhängnisvolle Entwicklung gezogen und dem Christentum als einer das individuelle und das Gemeinschaftsleben des deutschen Volkes bestimmenden Lebensmacht endgültig der Abschied gegeben. Damit ist aber auch § 24 des Parteiprogrammes hinfällig geworden. Die Berufung darauf, daß nur das konfessionelle Christentum, nicht aber das Christentum als solches bekämpft werde, verfängt hier nicht; denn alle Konfessionen sind darin einig, daß der Mensch oder das Volk die ihm durch das Vorhandensein pflegebedürftiger Menschen auferlegte Last als von Gott auferlegt zu tragen hat und nicht durch Tötung dieser Menschen beseitigen darf.

Ich kann nur mit Grausen daran denken, daß so, wie begonnen wurde, fortgefahren wird. Der etwaige Nutzen dieser Maßregel wird je länger je mehr aufgewogen werden durch den Schaden, den sie stiften werden. Wenn die Jugend sieht, daß dem Staat das Leben nicht mehr heilig ist, welche Folgerungen wird sie daraus für das Privatleben ziehen? Kann nicht jedes Roheitsverbrechen damit begründet werden, daß für den Betreffenden die Beseitigung eines anderen von Nutzen war? Auf dieser schiefen Ebene gibt es kein Halten mehr. Gott läßt sich nicht spotten, er kann das, was wir auf der einen Seite als Vorteil gewonnen zu haben glauben, auf anderen Seiten zum Schaden und Fluch werden lassen. Entweder erkennt auch der nationalsozialistische Staat die Grenzen an, die ihm von Gott gesetzt sind, oder er begünstigt einen Sittenverfall, der auch den Verfall des Staates nach sich ziehen würde.

Ich kann mir denken, Herr Minister, daß dieser Einspruch als unbequem empfunden wird. Ich wage auch kaum die Hoffnung auszusprechen, daß meine Stimme gehört werden wird. Wenn ich trotzdem diese Darlegungen gemacht habe, so tat ich es in erster Linie deshalb, weil die Angehörigen der betroffenen Volksgenossen von der Leitung einer Kirche einen solchen Schritt erwarten. Sodann bewegt mich allerdings auch der Gedanke, daß dieser Schritt vielleicht doch zu einer ernsten Nachprüfung und zum Verlassen dieses Weges Anlaß geben könnte. Dixi et salvavi animam meam!*

Heil Hitler! Ihr ergebener (gez.) D. Wurm

[* Das sage ich zur Rettung meiner Seele! Hesekiel 3,19] *BA: R 22/5021, 81 ff.*

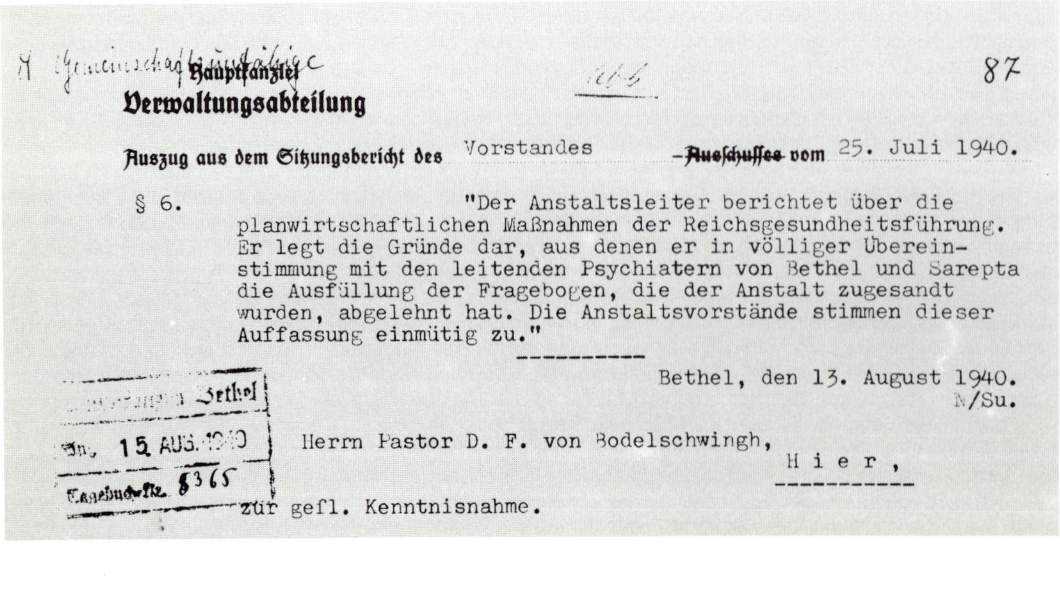

87

~~Hauptkanzlei~~
Verwaltungsabteilung

Auszug aus dem Sitzungsbericht des Vorstandes ~~-Ausschusses~~ vom 25. Juli 1940.

§ 6. "Der Anstaltsleiter berichtet über die planwirtschaftlichen Maßnahmen der Reichsgesundheitsführung. Er legt die Gründe dar, aus denen er in völliger Übereinstimmung mit den leitenden Psychiatern von Bethel und Sarepta die Ausfüllung der Fragebogen, die der Anstalt zugesandt wurden, abgelehnt hat. Die Anstaltsvorstände stimmen dieser Auffassung einmütig zu."

Bethel, den 13. August 1940.
N/Su.

Bethel
15. AUG. 1940
Tagebuch-Nr. 8365

Herrn Pastor D. F. von Bodelschwingh,
Hier,

zur gefl. Kenntnisnahme.

8. Distanz zum politischen Widerstand

Die evangelische Kirche beteiligte sich nicht am politischen Widerstand gegen Hitler und rief auch nicht dazu auf. Nicht wenige Christen dagegen, Laien und Pfarrer, fanden als einzelne den Weg von der Bekennenden Kirche zum Widerstand. Freilich bedeutete auch jede Sonntagspredigt, die dem Totalitätsanspruch des Nationalsozialismus widersprach, ein Stück Widerstand.

Für viele Teilnehmer am Widerstand gegen Hitler war die christliche Tradition ein grundle- 147–150
gendes Motiv ihres Handelns. Dies gilt besonders für den Kreisauer Kreis, der überwiegend aus evangelischen und katholischen Laien bestand. Seit 1942 traf sich auf dem Gutshof des Grafen Helmuth von Moltke in Kreisau in Schlesien ein Kreis von Männern aus allen Teilen Deutschlands. Sie waren sich einig in der Ablehnung des Nationalsozialismus und diskutierten die Neuordnung Deutschlands nach dem Kriege im Geiste des Christentums. Aus dem Kreisauer Kreis wurden nach dem 20. Juli 1944 hingerichtet: Alfred Delp, Theodor Haubach, Julius Leber, Carlo Mierendorff, Helmuth James Graf von Moltke, Alfred Reichwein und Peter Graf Yorck von Wartenburg.

Einer der wenigen evangelischen Theologen, der den Weg in die Verschwörung gegen Hitler 144
gefunden hat, war Dietrich Bonhoeffer. Schon 1933, kurz nach der Machtergreifung, nahm Bonhoeffer in einem Aufsatz zum Verhältnis von Kirche und Staat Stellung und erwog Situationen, in denen die Kirche »nicht nur die Opfer unter dem Rad zu verbinden, sondern dem Rad selbst in die Speichen zu fallen hätte«.

Als der Unrechtscharakter des NS-Regimes immer offenkundiger wurde, zog Bonhoeffer für 145
sich persönlich die Konsequenz und entschied sich für die Teilnahme an der Verschwörung gegen Hitler. Seit Oktober 1940 war Bonhoeffer Mitarbeiter von Admiral Canaris, dem Leiter des deutschen militärischen Auslandsnachrichtendienstes. Offiziell sollte er seine ökumenischen Beziehungen zur Verfügung stellen, und so konnte er während des Krieges in die Schweiz, nach Schweden, Norwegen und Italien reisen. Auf der Ebene der Verschwörung informierte er Freunde im Ausland über den deutschen Widerstand und erkundete umgekehrt die Friedensziele auf alliierter Seite.

Bonhoeffer kam im Zusammenhang mit dieser Verschwörertätigkeit 1943 ins Militärgefäng- 146
nis Tegel und wurde kurz vor Kriegsende nach einem Scheinverfahren im Konzentrationsla-
ger Flossenbürg hingerichtet. 150

144. Dietrich Bonhoeffer: Die politische Aufgabe der Kirche

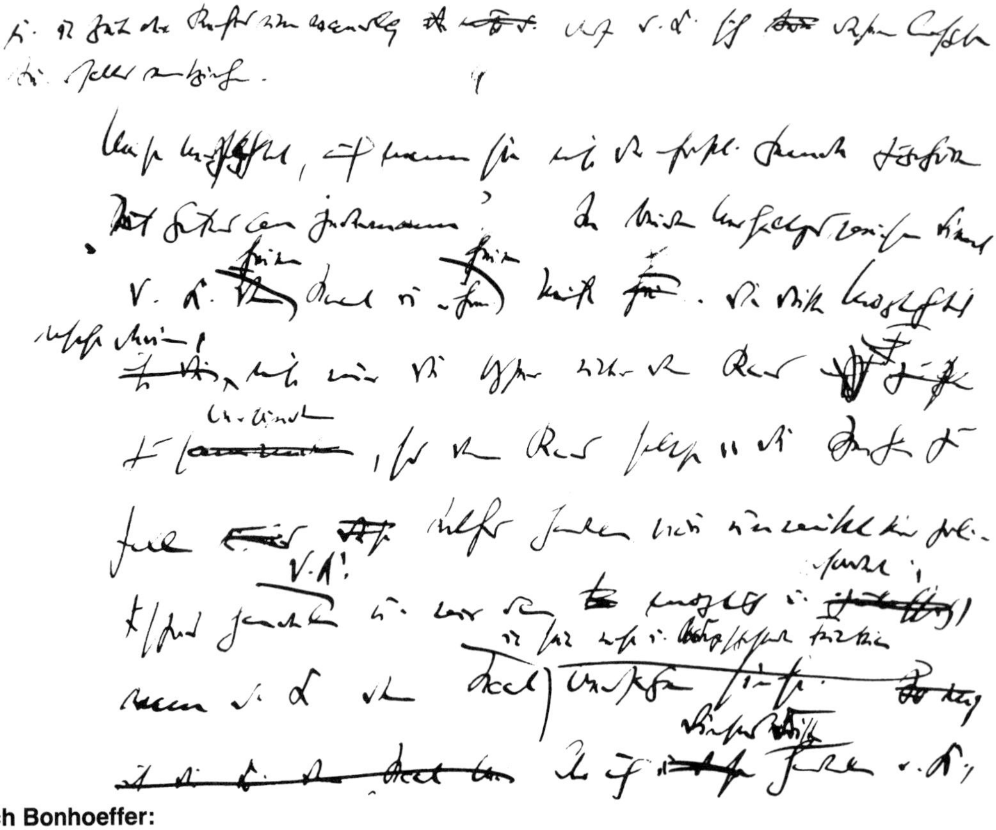

Dietrich Bonhoeffer:
Die dreifache Möglichkeit kirchlichen Handelns dem Staat gegenüber

Der Staat, der die christliche Verkündigung gefährdet, verneint sich selbst. Das bedeutet eine dreifache Möglichkeit kirchlichen Handelns dem Staat gegenüber: *erstens* (wie gesagt) die an den Staat gerichtete Frage nach dem legitim staatlichen Charakter seines Handelns, d.h. die Verantwortlichmachung des Staates. *Zweitens* der Dienst an den Opfern des Staatshandelns. Die Kirche ist den Opfern jeder Gesellschaftsordnung in unbedingter Weise verpflichtet, auch wenn sie nicht der christlichen Gemeinde zugehören. »Tut Gutes an jedermann.« In beiden Verhaltungsweisen dient die Kirche dem freien Staat in ihrer freien Weise, und in Zeiten der Rechtswandlung darf die Kirche sich diesen beiden Aufgaben keinesfalls entziehen. Die *dritte Möglichkeit* besteht darin, nicht nur die Opfer unter dem Rad zu verbinden, sondern dem Rad selbst in die Speichen zu fallen. Solches Handeln wäre unmittelbar politisches Handeln der Kirche und ist nur dann möglich und gefordert, wenn die Kirche den Staat in seiner Recht und Ordnung schaffenden Funktion versagen sieht, d.h. wenn sie den Staat hemmungslos ein Zuviel oder ein Zuwenig an Ordnung und Recht verwirklichen sieht. In beiden muß sie dann die Existenz des Staates und damit auch ihre eigene Existenz bedroht sehen. Ein Zuwenig läge vor bei der Rechtlosmachung irgendeiner Gruppe von Staatsuntertanen, ein Zuviel läge dort vor, wo vom Staate her in das Wesen der Kirche und ihre Verkündigung eingegriffen werden sollte, d.h. etwa in dem zwangsmäßigen Ausschluß der getauften Juden aus unseren christlichen Gemeinden, in dem Verbot der Judenmission. Hier befände sich die christliche Kirche in statu confessionis und hier befände sich der Staat im Akt der Selbstverneinung.

Dietrich Bonhoeffer, Die Kirche vor der Judenfrage, 1933, (Auszug), in: D. Bonhoeffer, Ges. Schriften 2, 45ff.

145. Kurierausweis des Auswärtigen Amts
für Bonhoeffer 1942

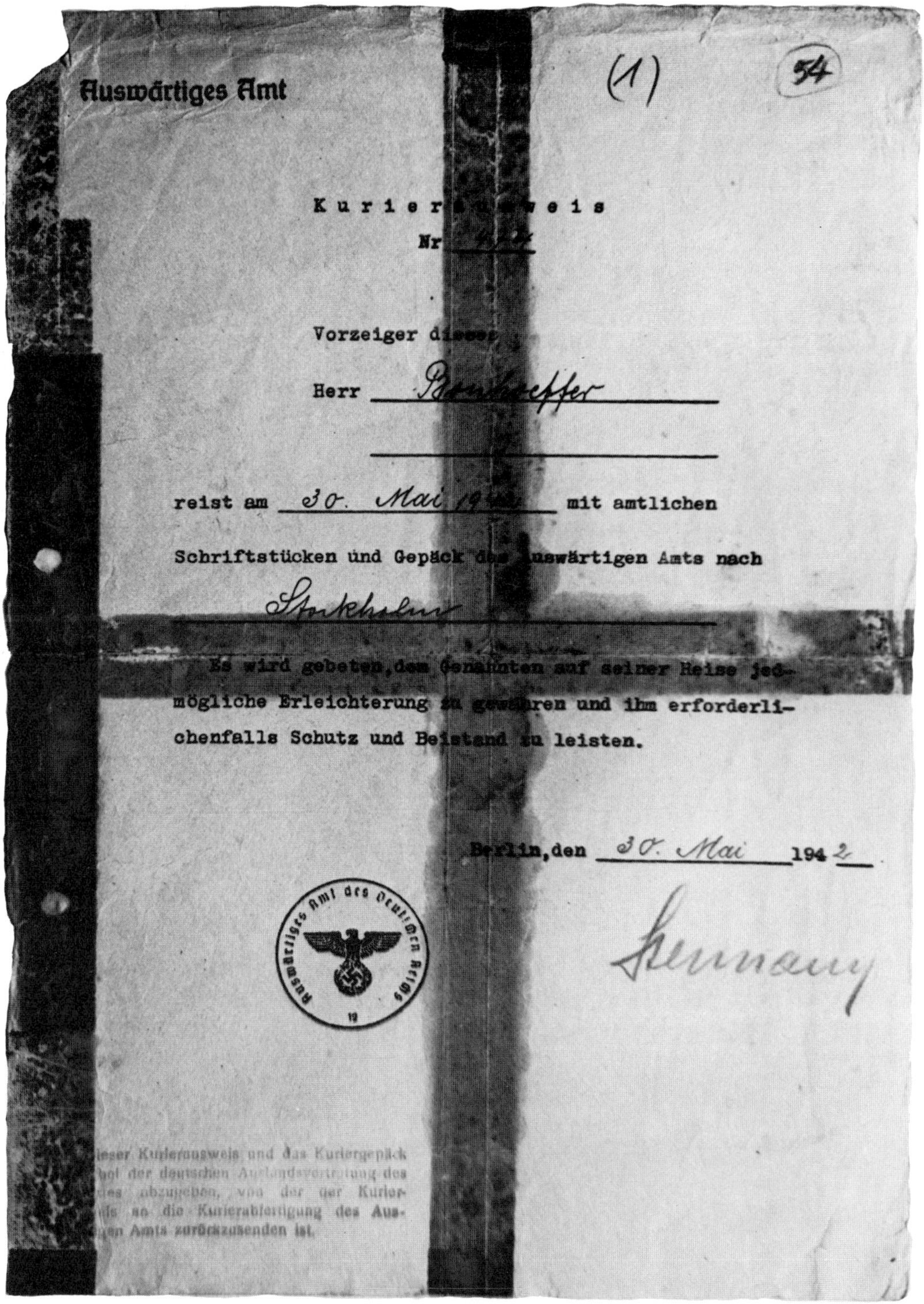

Auswärtiges Amt

(1) 54

K u r i e r a u s w e i s

Nr. [illegible]

Vorzeiger dieses

Herr Bonhoeffer

reist am 30. Mai 1942 mit amtlichen

Schriftstücken und Gepäck des Auswärtigen Amts nach

Stockholm

Es wird gebeten, dem Genannten auf seiner Reise jede mögliche Erleichterung zu gewähren und ihm erforderlichenfalls Schutz und Beistand zu leisten.

Berlin, den 30. Mai 1942

[illegible]ieser Kurierausweis und das Kuriergepäck [illegible] bei der deutschen Auslandsvertretung des [illegible] abzugeben, von der der Kurier[illegible] an die Kurierabfertigung des Aus[illegible] Amts zurückzusenden ist.

146. Bonhoeffer und andere Mitgefangene im Gefängnis von Berlin-Tegel 1944

147. Helmuth von Moltke vor dem Volksgerichtshof; im Hintergrund Eugen Gerstenmaier 1944

148. Urteil des Volksgerichtshofs gegen
Mitglieder des Kreisauer Kreises 1944

Abschrift.
1 L 439/44 1 L 397/44
O J 21/44gRs O J 38/44gRs.

Im Namen des Deutschen Volkes!

In der Strafsache gegen

1.) den früheren Rechtsanwalt, Erbhofbauer und ehemaligen Kriegsverwaltungsrat Graf Helmuth von Moltke aus Berlin-Lichterfelde-West, geboren am 11. März 1907 in Kreisau,
2.) den Konsistorialrat Dr. Eugen Gerstenmaier aus Berlin-Dahlem, geboren am 25. August 1906 in Kirchheim/Wrttbg.
3.) den Oberst a.D. und Gesandten a.D. Franz Sperr aus München, geboren am 12. Februar 1878 in Karlstadt/Main,
4.) den ehemaligen Rechtsanwalt Dr. Franz Reisert aus Augsburg, dort geboren am 28. Juni 1889,
5.) den Großlandwirt Josef Ernst Fürst Fugger von Glött aus Kirchheim/Bayern, dort geboren am 26. Oktober 1895,
6.) den Ordensgeistlichen Alfred Delp aus München, geboren am 15. September 1907 in Mannheim,

sämtlich zur Zeit in Haft,

wegen Verrats u.a.
hat der Volksgerichtshof, 1. Senat, auf die am 23. Oktober und 9. November 1944 eingegangenen Anklagen des Herrn Oberreichsanwalts in der Hauptverhandlung vom 9., 10. und 11. Januar 1945, an welchen teilgenommen haben:

als Richter:
Präsident des Volksgerichtshofs Dr. Freisler, Vorsitzer,
Volksgerichtsrat Dr. Koehler,
Gartentechniker und Kleingärtner Kaiser,
Kaufmann Seubert,
Bürgermeister Ahmels,

als Vertreter der Anklage:
Landgerichtsdirektor Schulze

für Recht erkannt:

Helmuth Graf von Moltke wußte von Goerdelers Verrat. Zwar lehnte er seine Mitarbeit scharf ab, warnte auch
seine

IVg 10b 67 4r g Rs

– 2 –

seine politischen Freunde vor Goerdeler, aber er meldete sein Wissen nicht.

Er selbst, in Defaitismus befangen, bildete einen Kreis, der für den Fall eines Zusammenbruchs unseres Reiches mit Nichtnationalsozialisten die Macht ergreifen wollte.

Durch dies alles ist er für immer ehrlos geworden.

Er wird mit dem T o d e bestraft.

Der Jesuitenpater Alfred D e l p arbeitete sehr eng und intensiv mit Helmuth Graf von Moltke zusammen, vermittelte ihm auch ein wichtiges informierendes Gespräch mit dem Bischof von Fulda und stellte ihm seine Münchener Wohnung zu Verratsbesprechungen zur Verfügung.

Auch er hat sich dadurch für immer ehrlos gemacht und wird mit dem T o d e bestraft.

Eugen G e r s t e n m a i e r nahm an vorbereitenden Besprechungen, wie er meinte, mehr theoretischer Art, im Moltke-Kreis teil. Er mag nicht erkannt haben, daß sie die Machtergreifung vorbereiten wollten. In seinem Verkehr mit Moltke erfuhr er jedoch, daß Goerdeler einen Militärputsch plane. Das meldete er nicht.

Dafür bekommt er 7 – sieben – Jahre Zuchthaus; weitere 7 – sieben – Jahre ist er ehrlos.

Franz R e i s e r t nahm an Besprechungen mit Helmuth Graf von Moltke in München teil. Zwar lehnte er Moltkes Pläne ab, aber auch er erstattete keine Meldung.

Dafür erhält er 5 – fünf – Jahre Zuchthaus und ist darüber hinaus 5 – fünf – Jahre lang ehrlos.

Josef Ernst Fürst Fugger von G l ö t t kam einmal ahnungslos in eine Besprechung mit Männern des Moltke-Kreises in München hinein, in der er erkannte, daß hier "eine Schweinerei" im Gange sei. Er lehnte zwar jede Mitarbeit ab, erstattete aber keine Meldung.

Dafür wird er mit 3 – drei – Jahren Gefängnis bestraft.

Denen, die zu Zuchthaus oder Gefängnis verurteilt sind, wird ihre ganze Haft darauf angerechnet.

Franz

149. Das Christentum als Motiv des Widerstands gegen Hitler aus der Sicht der SS

Der Chef der Sicherheitspolizei und des SD [redacted] rlin SW 11, den 4. Oktober 1944
nz-Albrecht-Straße 8
Ortsanruf 12 00 40 · Fernanruf 12 04 21
Reichsbankgirokonto: 1/148 · Postscheckkonto: Berlin 1886

17536/44 g.Rs.
Bitte im Schriftverkehr dieses Geschäftszeichen, das Datum und den Gegenstand angeben

Geheime Reichssache
3 Ausfertigungen
1. Ausfertigung

An
Reichsleiter
Pg. Martin B o r m a nn
– Parteikanzlei –
M ü n c h e n

Betr.: 20. Juli 1944
Vorg.: laufend
Anlg.: 1

Sehr geehrter Parteigenosse Bormann !

Anliegend übersende ich Ihnen eine zusammenfassende Übersicht über die konfessionellen Bindungen und kirchlichen Beziehungen der Verschwörerclique vom 20.7.

Heil Hitler !
Ihr
ergebener

SS-Obergruppenführer
und General der Polizei

150. Gedenkstätte auf dem Dorotheen-Friedhof, Berlin

Bericht des Chefs der Sicherheitspolizei und des SD Kaltenbrunner an die Parteikanzlei des NSDAP vom 4.10.1944 (Auszug)

Betr.: 20. Juli 1944

Die konfessionellen Bindungen und kirchlichen Beziehungen der Verschwörerclique.

In den Untersuchungen zum 20. Juli 1944 stellt sich immer wieder heraus, daß die konfessionellen Bindungen und kirchlichen Beziehungen in der Verschwörerclique eine *große Rolle* gespielt haben.

1. Ein Teil der Personen, die in die Untersuchung einbezogen werden mußten, gibt an, *gläubige Christen* der evangelischen oder katholischen Konfession zu sein.
2. Ein weiterer Teil hält an den *traditionellen Bindungen* christlich-kirchlicher Art fest.
3. Eine ganze Anzahl der am 20.7. Beteiligten kommt aus der *politischen Arbeit des Katholizismus* (katholische Aktion, Zentrum, Christliche Gewerkschaften) oder steht in der *Bekenntnisfront.*
4. Bei aller Verschiedenartigkeit der Verhältnisse, das die einzelnen Personen zum Christentum und zur Kirche haben, haben diese konfessionellen Bindungen das *Verhältnis zum Nationalsozialismus* zumindest dahingehend *bestimmt,* daß man dem Nationalsozialismus mit Vorbehalten, kritisch oder ablehnend gegenüberstand.
5. Über alle Unterschiede und Gegensätzlichkeiten hinweg, wie sie im Gesamtkreis der Verschwörung angetroffen werden, bestand eine gewisse Übereinstimmung, daß das *Christentum die sittliche Grundlage des Staates* abgeben sollte, wobei verschiedentlich offen gelassen wurde, ob nicht das Christentum allmählich durch eine andere feste Weltordnung abgelöst werden würde.
6. Viele Bestrebungen liefen darauf hinaus, den nicht-nationalsozialistischen Staat über die Macht der Kirchen auf die Menschen zu befestigen und den *Kirchen jede Möglichkeit zu geben, sich religiös und caritativ zu entfalten.*
7. *Innerhalb der einzelnen Gruppen hat es starke Auseinandersetzungen gegeben, ob man nicht den neuen Staat als christlich in der Weise proklamieren sollte, daß er christliche Politik* betreibe.

BA: NS 6 I/19,20

In den letzten Kriegsjahren versuchte Landesbischof Wurm, die zerstrittenen Flügel der Bekennenden Kirche wieder zusammenzubringen. Im »Kirchlichen Einigungswerk« trafen sich Vertreter der Bekennenden Kirche und der »Mitte«. Wurms Bemühungen ist es zu verdanken, daß unmittelbar nach dem Zusammenbruch die Evangelische Kirche in Deutschland (EKD) entstand.

152 Im August 1945 wählte die Kirchenkonferenz in Treysa eine neue Leitung der evangelischen Kirche in Deutschland, den Rat der EKD, unter Vorsitz von Landesbischof Theophil Wurm.

151 Die neugebildete Leitung der EKD gab im Oktober 1945 in Stuttgart vor Vertretern der Ökumene eine Erklärung ab, die als »Stuttgarter Schuldbekenntnis« in die Geschichte einging. In dieser Erklärung sprachen die Ratsmitglieder offen das Versagen der evangelischen Christen im Dritten Reich aus: *»... wir klagen uns an, daß wir nicht mutiger bekannt, nicht treuer gebetet, nicht fröhlicher geglaubt und nicht brennender geliebt haben.«*

Dietrich Bonhoeffer hatte sich schon 1943/44 in der Haft in Tegel als »Nächtliche Stimmen« notiert: *»Leidensscheu und arm an Taten / haben wir Dich vor den Menschen verraten. / Wir sahen die Lüge ihr Haupt erheben / und haben der Wahrheit nicht Ehre gegeben. / Brüder sahn wir in größter Not / und fürchteten nur den eigenen Tod.«*

Die Ratsmitglieder wußten sich im Oktober 1945 »mit unserem Volk nicht nur in einer großen Gemeinschaft der Leiden, sondern auch in einer Solidarität der Schuld«. Aber gerade an diesem Bekenntnis der Schuld entzündete sich leidenschaftlicher Protest: Ist es Aufgabe der Kirche, sich in dieser Weise und überhaupt zu politischen Fragen zu äußern? Sind nicht auch andere Völker – unsere ehemaligen Feinde – im 2. Weltkrieg an uns Deutschen schuldig geworden? Diese Frage stellte sich gerade angesichts des unvorstellbaren Leides, das Massenflucht und Massenvertreibung im Osten über Millionen Deutsche gebracht hatte. Durfte hier die evangelische Kirche von der eigenen Schuld reden?

Vielleicht für viele überraschend, diente die Stuttgarter Erklärung den Kirchen des Auslands nicht zur Selbstrechtfertigung. Sie sprachen nun selbst von ihrer Schuld und nahmen die Beziehungen und die Gemeinschaft zu den Christen in Deutschland wieder auf. Ihre schnelle Hilfe bewahrte unzählige Deutsche vor dem Hungertod.

Auf diese Weise wurde die Evangelische Kirche in Deutschland sehr bald nach der bedingungslosen Kapitulation von 1945 ein vollwertiges und aktives Glied in der Gemeinschaft der Kirchen in der Welt und machte so das Erbe der Bekennenden Kirche fruchtbar, die gegen jede nationalistische Abkapselung den Kontakt mit den Auslandskirchen nie ganz hatte abreißen lassen.

Aber auch noch in einer anderen Hinsicht nahm das Ereignis von Stuttgart das Erbe der Bekennenden Kirche auf. Die Schulderklärung war das erste öffentliche Wort in einer langen Reihe von Worten, in denen die evangelische Kirche ihre besondere Verantwortung für das politische Geschehen in Deutschland inzwischen wahrgenommen hat. Sie stand damit zum
50 Wort der Bekennenden Kirche in Barmen 1934: *»Die Kirche erinnert an Gottes Reich, an Gottes Gebot und Gerechtigkeit und damit an die Verantwortung der Regierenden und Regierten.«*

Während der 12 Jahre Hitlerherrschaft hatte die Kirche nur mühsam gelernt, daß sie von ihrem Verkündigungsauftrag her nur Kirche sein kann, wenn sie Kirche für andere, Kirche für die Welt ist. In der Geschichte der evangelischen Kirche nach 1945 fand dies seinen konkreten Ausdruck u. a. in der Mitarbeit bei der Eingliederung der Flüchtlinge, im Engagement zur Aussöhnung mit den östlichen Nachbarn, im Streit um das rechte Friedenszeugnis der Christen und in der Verantwortung für die Dritte Welt.

151. Mitglieder des Rats der EKD 1945

152. Notkirche 1945

Mitglieder des Rats der EKD im Oktober 1945 in Stuttgart: Sup.intendent Heinrich Held
Pastor Wilhelm Niesel Landesbischof Hans Meiser
Landesbischof Theophil Wurm (Vors.) Oberlandeskirchenrat Hanns Lilje
Pastor Martin Niemöller (stv. Vors.) Bischof Otto Dibelius

153. Stuttgarter Schulderklärung mit den Unterschriften der Ratsmitglieder

For the Bishop of Chichester

435

Der Rat der Evangl. Kirche in Deutschland begrüsst bei seiner Sitzung am 18/19 Okt. 1945 in Stuttgart Vertreter des Oekumenischen Rates der Kirchen.

Wir sind für diesen Besuch umso dankbarer, als wir uns mit unserem Volk nicht nur in einer grossen Gemeinschaft der Leiden wissen, sondern auch in einer Solidarität der Schuld. Mit grossem Schmerz sagen wir: Durch uns ist unendliches Leid über viele Völker und Länder gebracht worden. Was wir unseren Gemeinden oft bezeugt haben, das sprechen wir jetzt im Namen der ganzen Kirche aus: Wohl haben wir lange Jahre hindurch im Namen Jesu Christi gegen den Geist gekämpft, der im nationalsozialistischen Gewaltregiment seinen furchtbaren Ausdruck gefunden hat; aber wir klagen uns an, dass wir nicht mutiger bekannt, nicht treuer gebetet, nicht fröhlicher geglaubt und nicht brennender geliebt haben.

Nun soll in unseren Kirchen ein neuer Anfang gemacht werden. Gegründet auf die Heilige Schrift, mit ganzem Ernst ausgerichtet auf den alleinigen Herrn der Kirche gehen sie daran, sich von fremden Einflüssen zu reinigen und sich selber zu ordnen. Wir hoffen zu dem Gott der Gnade und Barmherzigkeit, dass er unsere Kirchen als sein Werkzeug brauchen und ihnen Vollmacht geben wird, sein Wort zu verkündigen und seinem Willen Gehorsam zu schaffen bei uns selbst und bei unserem ganzen Volk.

Dass wir uns bei diesem neuen Anfang mit den anderen Kirchen der ökumenischen Gemeinschaft herzlich verbunden wissen dürfen, erfüllt uns mit tiefer Freude.

Wir hoffen zu Gott, dass durch den gemeinsamen Dienst der Kirchen dem Geist der ~~Macht~~ Gewalt und der Vergeltung, der heute von neuem mächtig werden will, in aller Welt gesteuert werde und der Geist des Friedens und der Liebe zur Herrschaft komme, in dem allein die gequälte Menschheit Genesung finden kann.

So bitten wir Gott in einer Stunde, in der die ganze Welt einen neuen Anfang braucht: Veni creator spiritus!

Stuttgart, dem 18/19 Okt. 1945

D. Wurm

Asmussen D.D. H. Meiser Held Dr. Lilje

Hahn Lic. Niesel Smend D.Dr. Heinemann

Dibelius Martin Niemöller D.D.

154. Zerstörtes Stuttgart 1945 mit der
Kreuzigungsgruppe vor der Leonhardskirche

Die Güte des Herrn ist es, daß wir nicht gar aus sind; seine Barmherzigkeit hat noch kein Ende.

Klagelieder 3, Vers 22

1930

14. 9. Anstieg der NSDAP von 12 auf 107 Reichstagsmandate

1931

Dezember 5,7 Millionen Arbeitslose in Deutschland

1932

30. 5. Rücktritt Brünings
31. 7. NSDAP 230 Reichstagsmandate
6.11. NSDAP 196 Reichstagsmandate

1932

6. 6. Gründung der Glaubensbewegung Deutscher Christen (DC), Richtlinien der DC
12.–14.11. Kirchenwahlen in der preußischen Landeskirche: DC gewinnen 1/3 der Sitze

1933

30. 1. Hindenburg beruft Hitler zum Reichskanzler
27. 2. Reichstagsbrand, van der Lubbe verhaftet
28. 2. Verordnung zum Schutz von Volk und Staat
5. 3. Letzte Parteienwahl zum Reichstag: NSDAP 43,9 %
21. 3. Auf Befehl des Reichsführers der SS, Himmler, wird in der ehemaligen Pulverfabrik Dachau das erste Konzentrationslager errichtet
Tag von Potsdam (Garnisonskirche)
23. 3. Hitlers Regierungserklärung: Konfessionen sind wichtigste Faktoren zur Erhaltung des Volkstums
24. 3. Ermächtigungsgesetz zur Behebung der Not von Volk und Reich
1. 4. Boykott jüdischer Geschäfte
7. 4. Gesetz zur Wiederherstellung des Berufsbeamtentums (Arierparagraph)
26. 4. Hitler ernennt Wehrkreispfarrer Ludwig Müller zu seinem Vertrauensmann für die Evangelische Kirche
10. 5. Bücherverbrennung vor den Universitäten
14. 7. Verfassung der DEK durch Hitlers Unterschrift Gesetz, Art. 5: am 23. Juli kirchliche Neuwahlen. In derselben Kabinettsitzung Reichskonkordat beschlossen
20. 7. Rom schließt Konkordat mit Hitler
14.10. Hitler erklärt Austritt aus dem Völkerbund
20.12. v. Schirach gliedert mit Hilfe L. Müllers das Evang. Jugendwerk in die HJ ein

1933

3.–5.4. 1. Reichstagung der Deutschen Christen in Berlin
April P. Tillich, G. Dehn, K. L. Schmidt beurlaubt
4. 5. Dreimännerkollegium (Kappler, Marahrens, Hesse) zum DEK-Verfassungsentwurf mit Ludwig Müller in Loccum
9. 5. Gründungsaufruf der Jungreformatoren
27. 5. v. Bodelschwingh Reichsbischof
24. 6. Jäger Staatskommissar, Rücktritt v. Bodelschwinghs
25. 6. »Theologische Existenz heute« Nr. 1 erscheint
17. 7. Gestapo durchsucht das Büro der Jungreformatoren
23. 7. Kirchenwahl: über 70 % DC; Rückzug der Jungreformatoren aus der Kirchenpolitik; Siegmund-Schultze in die Schweiz
5. 9. »Braune« Synode (APU-Generalsynode) führt den Arierparagraph ein
21. 9. Pfarrer Martin Niemöller ruft zum Zusammenschluß im Pfarrernotbund auf
27. 9. Nationalsynode in Wittenberg. L. Müller Reichsbischof
20.10. 1. gemeinsame Sitzung der Vertrauensleute des Pfarrernotbundes aus der ganzen DEK (37 Teilnehmer aus 18 Landeskirchen und preußischen Provinzialkirchen)
13.11. Sportpalast-Kundgebung der DC mit Dr. Krauses Rede (Abschaffung des AT, Beseitigung der Theologie des »Rabbiners« Paulus, heldischer Jesus). Danach Massenabfall von DC
19.11. Erste Suspendierungen vom Pfarramt

1934

24. 1. Alfred Rosenberg mit der Überwachung der gesamten geistigen und weltanschaulichen Schulung der Partei und aller gleichgeschalteten Verbände beauftragt

30. 6. »Röhmputsch«

9. 7. Frick verbietet öffentliche Erörterung des Kirchenstreites

2. 8. Hindenburg gestorben; Hitler vereinigt Präsidenten- und Kanzleramt auf seine Person

19. 8. Volksabstimmung: 89,9 % für Hitler

20. 8. Rusts Beamteneid-Verordnung: K. Barth lehnt die Eidesleistung ab

1934

25. 1. Kirchenführerempfang bei Hitler

16. 3. Polizeiliche Auflösung der Westfälischen Synode, konstituiert sich als Bekenntnis-Synode neu

18. 3. »Gemeindetag unter dem Wort« in Dortmund (Westfalenhalle)

12. 4. Jäger »Rechtswahrer« der DEK. Beginn der Eingliederungen

22. 4. Tag von Ulm der »Bekenntnisfront«

29.–31. 5. Barmen: 1. Reichsbekenntnissynode Theol. Erklärung

23. 9. Reichsbischof-Einführung im Dom, ohne ökumenische Beteiligung

Oktober Bischöfe Wurm und Meiser unter Hausarrest

19.–20. 10. Dahlem: 2. Reichsbekenntnissynode, Erklärung des Notrechtes, Notorgane!

24. 10. Aufruf zur »Arbeitsgemeinschaft der missionarischen und diakonischen Werke und Verbände der DEK«, die sich der BK zuordnete

26. 10. Rücktritt Jägers

22. 12. K. Barth entlassen, Rückkehr in die Schweiz

1935

13. 1. Saarabstimmung

16. 3. Allgemeine Wehrpflicht

16. 7. Reichskirchenministerium errichtet mit Kerrl

15. 9. Nürnberger Gesetze zum Schutz des deutschen Blutes und der deutschen Ehre

24. 9. Hitler erläßt »Gesetz zur Sicherung der DEK«

9. 11. »Auferstehungsfeier« der NSDAP an der Feldherrnhalle

1935

17.–24. 3. Kanzelabkündigung wider Abgötterei. 715 Verhaftungen

Mai Nach Abbruch der Beziehungen der Reichsfrauenführerin und des Reichsbischofs zum Ev. Frauenwerk ordnet sich dieses der VKL zu.

4.–6. 6. 3. Reichsbekenntnissynode in Augsburg

17. 10. Reichskirchenausschuß unter Zoellner, APU-Landeskirchenausschuß unter Eger

1. 11. Kirchliche Hochschule (Berlin und Elberfeld) wird bei der Eröffnung verboten

2. 12. Fünfte Verordnung zum Gesetz zur Sicherung der DEK: Verbot von Prüfungen, Ordination u. a. durch »Gruppen«

27. 12. Bildung von Provinzialkirchenausschüssen

1936

7. 3. Rheinland remilitarisiert

29. 3. Volksbefragung: 99 % für Hitlers Politik

1. 8. Eröffnung der Olympischen Spiele in Berlin

1936

12. 1. APU-Bruderratsabkündigung gegen die Kirchenausschüsse

17.–22. 2. Bad Oeynhausen: letzte Reichsbekenntnissynode!

12. 3. Reichsbruderrat wählt die 2. VKL

18. 3. »Rat der Evang.-Lutherischen Kirche Deutschlands« (»Lutherrat«) bestellt: Marahrens, Meiser, Wurm, Breit, Hahn, Lilje, Beste, Otto

28. 5. Denkschrift der 2. VKL an Hitler

23. 7. Denkschrift vorzeitig in den »Basler Nachrichten« veröffentlicht; Bruderratbüros durchsucht, später Weißler verhaftet und ermordet

23. 8. Gekürzte Denkschrift als Kanzelabkündigung verlesen

1937

15. 2. Hitlererlaß zur Wahl einer Generalsynode der DEK

30. 9. Bekanntgabe des Himmlererlasses vom 29.8. betr. Verbot von Ersatzhochschulen und Ausbildung der BK. Prüfungen werden trotzdem fortgesetzt bis zum Prozeß Dezember 1941

1937

12. 2. Rücktritt des RKA

Juni BK-Kollekten-, Kirchenaustrittsabkündigungs-, Lehr-Verbot, große Verhaftungswelle

23. 6. APU-Bruderratssitzung aufgehoben, 8 Mitglieder verhaftet

1. 7. Haussuchung und Verhaftung Niemöllers

6. 7. Annäherung zwischen VKL und Lutherischem Rat im »Kasseler Gremium«

12.–26. 7. Oxford-Konferenz ohne BK- oder DEK-Delegierte

7./13.10 Fest der deutschen Kirchenmusik in Berlin: Die neu entstandene evang. geistliche Chormusik (Joh. Nepomuk David, Hugo Distler, Ernst Pepping u. a.) tritt an die Öffentlichkeit. Im »3. Reich« entstehen neue zeitgemäße Kirchenlieder (Rudolf Alexander Schroeder, Jochen Klepper, Otto Riethmüller u. a.).

1938

12. 3. Einmarsch in Österreich und Anschluß

10. 4. Volksabstimmung zur Politik Hitlers und zum Anschluß Österreichs

17. 8. Vornamenverordnung für Juden: Zusatz »Israel« bzw. »Sara«

29./30. 9. Konferenz von München mit Chamberlain, Daladier, Mussolini, Hitler

1. 10. Einmarsch ins Sudetenland

9. 11. Judenpogrom (»Reichskristallnacht«)

1938

2. 3. Niemöller freigesprochen, aber ins KZ verbracht (Sachsenhausen, später Dachau)

23. 7. APU-Synode in Steglitz: Eidesleistung

27. 9. Gebetsliturgie der VKL zur Tschechenkrise

29. 10. Marahrens, Meiser und Wurm verurteilen die Gebetsliturgie in einer Erklärung an Kerrl

16. 11. Bußtagspredigt von Pfarrer Julius von Jan in Oberlenningen gegen das Unrecht an den Juden

1939

15. 3. Einmarsch in die Rest-Tschechei

23. 3. Einmarsch ins Memelgebiet

1. 9. Einmarsch nach Polen. Überfall Polens. Der 2. Weltkrieg beginnt

3. 9. Kriegserklärung der Westmächte

8. 11. Attentat auf Hitler im Bürgerbräukeller

1939

29. 8. Geistlicher Vertrauensrat: Marahrens, Schultz, Hymmen

2. 9. Aufruf des Vertrauensrates mit dem Leiter der DEK-Kanzlei, Dr. Werner, zum Kriegsausbruch

1940

Januar Auflösung pommerscher Irrenanstalten, Euthanasie = »Gnadentod«

April Führerweisung: Während des Krieges keine weiteren Maßnahmen gegen die Kirchen

9. 4. Besetzung Dänemarks und Norwegens durch die deutsche Wehrmacht beginnt

30. 4. 1. polnisches Ghetto in Lodz eingerichtet

10. 5. Einmarsch nach Holland, Belgien, Luxemburg und Frankreich

12. 7. Erlaß des Reichskirchenministers: Verbot an Heimat-Pfarrer, Schriften an Frontsoldaten zu schicken

28. 10. Italien marschiert in Griechenland ein

November Erlaß des Reichsarbeitsministeriums: BK-Kandidaten, Vikare, Hilfsprediger arbeitsverpflichtet

1940

14. 3. Greisers 13 Punkte für den Warthegau: Kirche nicht mehr Körperschaft öffentlichen Rechtes

19. 7. Protestbrief von Landesbischof Wurm an Reichsinnenminister Frick wegen der »Euthanasie«

19. 12. Pastor Heinrich Grüber ins KZ

1941

6. 4. Feldzug in Griechenland und Jugoslawien

Mai Alle evangelischen Sonntags- und Gemeindeblätter (etwa 690) stillgelegt

6. 6. Hitlers »Kommissarbefehl«

22. 6. Angriff auf Rußland

1. 9. Polizeiverordnung über das Tragen des Judensterns, gültig ab 19. September

16.10. Erste nächtliche Massendeportation von Juden aus Berliner Häusern

11.12. Kriegserklärung an die Vereinigten Staaten

15.12. Kerrl gestorben

1941

6. 5. APU-Prüfungsausschuß: 23 leitende BK-Vertreter verhaftet

1. 6. Allgem. Krankenhausseelsorge verboten

12. 9. Vikarin Staritz ruft zur Solidarität mit jüdischen Mitchristen in Breslau auf (»Sternträger«)

Dezember Bischof Wurms Aufruf zum Einigungswerk »An die evang. Pfarrer in Deutschland«

22.12. Urteil im großen Prüfungsprozeß: Gefängnisstrafen

22.12. Der Leiter der Kirchenkanzlei fordert den Ausschluß jüdischer Mitchristen aus den deutschen Gemeinden

1942

20. 1. Wannseebesprechung über Endlösung der Judenfrage

8.11. Alliierte Landung in Nordafrika

1942

1943

14. 1. Casablanca: unconditional surrender! (bedingungslose Kapitulation)

31. 1. Ende der Schlacht von Stalingrad: Wende des 2. Weltkrieges

18. 2. Reichspropagandaminister Goebbels fragt im Berliner Sportpalast: Wollt ihr den totalen Krieg?

22. 2. Hinrichtung der Mitglieder der Weißen Rose (u.a. Geschwister Scholl)

13. 3. Mißglücktes Attentat auf Hitler durch Offiziere der Heeresgruppe Mitte in Rußland

11. 6. Liquidierung der polnischen Ghettos auf Befehl Himmlers

September Himmler Reichsinnenminister

1943

6. 4. Nach einer Erhebung des Geistlichen Vertrauensrats: 41 % der ordinierten Geistlichen und 79 % der Kandidaten der Theologie im Felde. Verhaftung von Dietrich Bonhoeffer und Hans von Dohnany

25. 4. Bischof Wurms Sätze betr. Einigungswerk mit 86 Unterschriften

16.–17.10 Letzte APU-Bekenntnis-Synode in Breslau: Wort zum 5. Gebot betr. Vernichtung »unwerten Lebens« und der »Nichtarier«

1944

6. 6. Alliierte Invasion beginnt mit der Landung in der Normandie

20. 7. v. Stauffenbergs Attentat auf Hitler. Eine Welle von Todesurteilen und Hinrichtungen folgt

1944

Im totalen Krieg sind Treffen von leitenden Amtsträgern der Kirche kaum mehr möglich

1945

30. 4. Selbstmord Hitlers

8. 5. Bedingungslose Kapitulation

1945

Januar Männer des Kreisauer Kreises hingerichtet

9. 4. Dietrich Bonhoeffer in Flossenbürg ermordet

28.–31. 8. Kirchenkonferenz von Treysa

19.10. Stuttgarter Schulderklärung des Rats der Evang. Kirche in Deutschland

1. Quellensammlungen und Handbücher

Schmidt, Kurt Dietrich (Hg.): Die Bekenntnisse und grundsätzlichen Äußerungen zur Kirchenfrage des Jahres 1933, Göttingen 1934, Band 2: Das Jahr 1934, Göttingen 1935, Band 3: Das Jahr 1935, Göttingen 1936
Eine zeitgenössische Sammlung aller bedeutsamen kirchlichen und theologischen Texte aus den Jahren 1933–1935. Vergriffen

Beckmann, Joachim (Hg.): Kirchliches Jahrbuch für die Evangelische Kirche in Deutschland 1933–1944 ([1]1948), Gütersloh [2]1976
Vermittelt ein lebendiges Bild des ganzen Kirchenkampfes im Spiegel von Originaltexten

Niemöller, Wilhelm: Die Evangelische Kirche im Dritten Reich. Handbuch des Kirchenkampfes, Bielefeld 1956
Enthält eine Fülle von Daten und Fakten vor allem zur Bekennenden Kirche. Vergriffen

Harder, Gerhard/Niemöller, Wilhelm (Hg.): Die Stunde der Versuchung. Gemeinden im Kirchenkampf 1933–1945. Selbstzeugnisse, München 1963
Der Kirchenkampf aus der Sicht verschiedener Gemeinden. Vergriffen

Boberach, Heinz (Hg.): Berichte des SD und der Gestapo über Kirchen und Kirchenvolk in Deutschland 1934–1944, Mainz 1971
Die Auseinandersetzungen mit beiden Kirchen aus der Sicht der Geheimpolizei.

Kretschmar, Georg (Hg.): Dokumente zur Kirchenpolitik des Dritten Reiches, bearb. von Carsten Nicolaisen
Band 1: Das Jahr 1933, München 1971
Band 2: 1934/35. Vom Beginn des Jahres 1934 bis zur Errichtung des Reichsministeriums für die kirchlichen Angelegenheiten am 16. Juli 1935, München 1975
Enthält die wichtigsten Dokumente zum Verständnis der staatlichen Kirchenpolitik

Schäfer, Gerhard: Die Evangelische Landeskirche in Württemberg und der Nationalsozialismus. Eine Dokumentation zum Kirchenkampf
Band 1: Um das politische Engagement der Kirche 1932–1933, Stuttgart 1971,
Band 2: Um eine deutsche Reichskirche 1933, Stuttgart 1972,
Band 3: Der Einbruch des Reichsbischofs in die württembergische Landeskirche 1934, Stuttgart 1974,
Band 4: Die intakte Landeskirche 1935–1936, Stuttgart 1977,
Band 5: Babylonische Gefangenschaft 1937–1938, Stuttgart 1982,
Band 6: ist in Vorbereitung
Eine umfassende Dokumentation zum Weg einer Landeskirche

Oberman, Heiko A./Ritter, Adolf Martin/Krumwiede, Hans-Walter (Hg.): Kirchen- und Theologiegeschichte in Quellen. Ein Arbeitsbuch
Band IV/2: Neuzeit, 2. Teil: 1870–1975, ausgew., übers. u. kommentiert von Hans-Walter Krumwiede, Martin Greschat, Manfred Jacobs und Andreas Lindt, Neukirchen-Vluyn 1980
Ein neues Lese- und Arbeitsbuch mit wichtigen Texten und Literaturangaben

2. Gesamtdarstellungen

Conway, John S.: Die nationalsozialistische Kirchenpolitik 1933–1945. Ihre Ziele, Widersprüche und Fehlschläge, München 1969

Scholder, Klaus: Art. Kirchenkampf, in: Evangelisches Staatslexikon, Stuttgart, Berlin, 2., vollständig neu bearbeitete und erweiterte Auflage 1975, Sp. 1177–1199
Eine kurze Gesamtdarstellung mit vielen Literaturhinweisen

Meier, Kurt: Der evangelische Kirchenkampf. Gesamtdarstellung in drei Bänden
Band 1: Der Kampf um die »Reichskirche«
Band 2: Gescheiterte Neuordnungsversuche im Zeichen staatlicher »Rechtshilfe«, Göttingen 1976
Band 3 in Vorbereitung
Eine umfassende und besonders materialreiche Darstellung

Scholder, Klaus: Die Kirchen und das Dritte Reich
Band 1: Vorgeschichte und Zeit der Illusionen 1918–1934, Frankfurt, Berlin, Wien 1977
Band 2 in Vorbereitung
Die erste Gesamtdarstellung der Geschichte der beiden großen christlichen Kirchen im Dritten Reich

3. Biographisches und Autobiographisches

Bonhoeffer, Dietrich: Widerstand und Ergebung. Briefe und Aufzeichnungen aus der Haft, hg. von Eberhard Bethge, München (1. Aufl. 1951), Neuauflage 1977; auch als Gütersloher Taschenbuch, GTB 1, erschienen
Gehört zu den wichtigsten christlichen Zeugnissen aus dieser Zeit

Wilm, Ernst: So sind wir nun Botschafter. Zeugnisse aus dem Kirchenkampf und dem KZ Dachau Bielefeld ([1]1953), 2., neubearb. u. gekürzte Aufl. 1979

Dehn, Günther: Die alte Zeit, die vorigen Jahre. Lebenserinnerungen, München 1962. *Vergriffen*

Schneider, Paul: ...und sollst mein Prediger bleiben, hg. von Rudolf Wentorf, mit einem Geleitwort von Kurt Scharf, Gießen und Basel 1966.
Erinnerungen an den »Prediger von Buchenwald«. Vergriffen

Schneider, Margarethe (Hg.): Der Prediger von Buchenwald. Werdegang, Wirken und Martyrium Paul Schneiders, Neuhausen–Stuttgart 1981, Telos-Tb

Bethge, Eberhard: Dietrich Bonhoeffer. Theologe, Christ, Zeitgenosse, München ([1]1967) [4]1978
Eine klassische Biographie, die zugleich ein anschauliches Bild der ganzen Zeit vermittelt

Schmidt, Jürgen: Martin Niemöller im Kirchenkampf, in: Hamburger Beiträge zur Zeitgeschichte, Band 8, Hamburg 1971

Tügel, Franz: Mein Weg 1888–1946. Erinnerungen eines Hamburger Bischofs, hg. von Carsten Nicolaisen, Hamburg 1972
Der Verfasser übernahm 1934 als »Deutscher Christ« das Hamburger Bischofsamt

Busch, Eberhard: Karl Barths Lebenslauf. Nach seinen Briefen und autobiographischen Texten, München ([1]1975) [3]1978
Eine anschauliche Darstellung des Lebensweges des Theologen Karl Barth

Niemöller, Martin: Briefe aus der Gefangenschaft Moabit, Frankfurt 1975

Oehme, Werner: Märtyrer der evangelischen Christenheit 1933–1945. Neunundzwanzig Lebensbilder, Berlin (DDR) 1979

4. Einzeldarstellungen

Wolf, Ernst: Barmen. Kirche zwischen Versuchung und Gnade, in: Beiträge zur evangelischen Theologie, Band 27, München ([1]1957), 2., mit einem Nachwort und einem Personenregister erw. Aufl. 1970. *Vergriffen*

Meier, Kurt: Die Deutsche Christen. Das Bild einer Bewegung im Kirchenkampf des Dritten Reiches, Halle 1964. Lizenzausgabe für die Bundesrepublik, Göttingen 1964. *Vergriffen*

Roon, Gerhard van: Neuordnung im Widerstand. Der Kreisauer Kreis innerhalb der deutschen Widerstandsbewegung, München 1967

Boyens, Armin: Kirchenkampf und Ökumene 1933–1939. Darstellung und Dokumentation, München 1969

Boyens, Armin: Kirchenkampf und Ökumene 1939–1945. Darstellung und Dokumentation unter bes. Berücks. der Quellen des Ökumenischen Rates der Kirchen, München 1973

Thierfelder, Jörg: Das Kirchliche Einigungswerk des württembergischen Landesbischofs Theophil Wurm, in: Arbeiten zur kirchlichen Zeitgeschichte, Reihe B: Darstellungen Band 1, Göttingen 1975

Riedel, Heinrich: Kampf um die Jugend. Evangelische Jugendarbeit 1933–1945, München 1976

Nowak, Kurt: »Euthanasie« und Sterilisierung im »Dritten Reich«: die Konfrontation der evangelischen und katholischen Kirche mit dem »Gesetz zur Verhütung erbkranken Nachwuchses« und der »Euthanasie«-Aktion, in: Arbeiten zur Geschichte des Kirchenkampfes: Ergänzungsreihe; Band 12, Göttingen ([1]1977) [2]1980

Baier, Helmut: Kirche in Not. Die bayerische Landeskirche im Zweiten Weltkrieg, in: Einzelarbeiten aus der Kirchengeschichte Bayerns; Band 57, Neustadt an der Aisch 1979

Brakelmann, Günther (Hg.): Kirche im Krieg. Der deutsche Protestantismus am Beginn des Zweiten Weltkrieges, in: Studienbücher zur kirchlichen Zeitgeschichte, Band 1/2, München 1979

Ginzel, Günther Bernd (Hg.): Auschwitz als Herausforderung für Juden und Christen, Heidelberg 1980

5. Materialien der Bundeszentrale für Politische Bildung

Auf Anfrage versendet die
Bundeszentrale für Politische Bildung
5300 Bonn
Berliner Freiheit 7
kostenlos folgende Materialien zur Geschichte des Dritten Reiches:

Informationen zur Politischen Bildung Nr. 123/126/127: Der Nationalsozialismus, Neudruck 1978

Informationen zur Politischen Bildung Nr. 160: Der Deutsche Widerstand 1933–1945, erschienen 1974

1: F. Arnold (Hg.), Anschläge. Politische Plakate in Deutschland 1900–1970, Ebenhausen bei München 1972, 80
2: Quadriga, Claus-Peter C. Groß, Berlin / Wolfgang Kern
3: F. Arnold, a.a.O., 37
5: BA: NS 20/129
6: Privatbesitz: Familie Beye
7: H. Hoffmann, Hitler wie ihn keiner kennt, München 1932, 58
8: BA: NS 26
9: E. Schockel, Das politische Plakat, München 1938, 138 (BA: Plakatsammlung)
10: Privatbesitz: Prolingheuer
16: Bildbericht für das deutsche Christenvolk, Jg. 1, Nr. 4, 3. Juliwoche 1933 (AGKZG)
17: Quadriga, Claus Peter C. Groß, Berlin / Wolfgang Kern
18: EZA: Bildersammlung
19: Ullstein Bilderdienst, Berlin
20: Landesbildstelle Berlin
21: HStA Hannover: Hann. 310 I B Nr. 3
22: EZA: KKA/264, 28
23/24: LKA Braunschweig: S 38
25: EZA: EKD B 3/423
26/27: Die Evangelische Welt. Monatliches Beiblatt zu rheinischen Gemeindeblättern, 1934, Nr. 12 (LKA Düsseldorf)
28: EZA: EKD A4/24, 260
29: Bildbericht für das deutsche Christenvolk, Jg. 1, Nr. 12, 1. Novemberwoche 1933 (AGKZG)
30: Landesbildstelle Berlin
32: EZA: EKD A4/97,53
33: EZA: EKD A4/97,30
34: BA: Plakatsammlung
35: Das Wort, Hg. von Reichsjugendpfarrer Zahn, 1935, Nr. 11 (Privatbesitz: Riedel)
36: LKA Bielefeld: 5,1 Nr. 8
37: Privatbesitz: Henninger
38: LKA Stuttgart: D 1/59,2
39: Privatbesitz: Keller
40/41: Barth-Archiv, Basel
42: LKA Düsseldorf: Bildarchiv
44: Barth-Archiv, Basel
45: LKA Stuttgart: Sammlung Hutten
46: LKA Bielefeld: 5,1 Nr. 844 Fasc. 2
47: Privatbesitz: Prolingheuer
48: BA: R 43 II/162, 67
49: LKA Düsseldorf
51: LKA Düsseldorf: Bildarchiv
52/53: LKA Nürnberg: Sammlung Kirchenkampf
54: BA: R 43 II/163, 40
55: LKA Bielefeld: Plakatsammlung
56: LKA Nürnberg: Sammlung Kirchenkampf
57: EZA: KKA/280, 19f
58: Privatbesitz: Bethge
59: Quadriga, Claus-Peter C. Groß, Berlin / Wolfgang Kern
60: BA: R 43 II/156, 52
61: Ullstein Bilderdienst, Berlin
63: BA: NS 31/311
64: BA: Bildarchiv
65: Rundbrief der Württ. Bekenntnisgemeinschaft 1935, Nr. 15 (LKA Stuttgart)
66: Privatbesitz: Thierfelder
67: Privatbesitz: Buttmann
69: EZA: EOK Gen. XII/46 II
70: Privatbesitz: Röhm
71: LKA Bielefeld: Bestand 1 (neu) E
72: LKA Bielefeld
73/74: LKA Bielefeld: Bestand 1 (neu) E
75: Synodalarchiv Bochum
76: LKA Nürnberg: Sammlung Kirchenkampf
77: LKA Stuttgart: D 1/175d
78: Bildarchiv Preußischer Kulturbesitz
80: BA: R 43 II/164, 29; 35f
82/83: LKA Bielefeld: 5,1 Nr. 7
84: G. Magnaguagno (Hg.), Clement Moreau, Mit dem Zeichenstift gegen den Faschismus, Lit Pol Verlagsgesellschaft, Berlin 15, 1980, 5
85: BA: MA N 139/439
86: Privatbesitz: W. Niemöller
87: BA: R 43 II/154, 44ff
88: BA: R 43 II/154, 67ff
89: LKA Nürnberg: Sammlung Kirchenkampf
90: BA: R 43 II/154, 66ff
91: Privatbesitz: Wentorf
92: Privatbesitz: Schneider
93: Document Center, Berlin
95: LKA Lübeck: Bildarchiv
96: Privatbesitz: W. Niemöller
97: Privatbesitz: Bethge
100: Archiv Calwer Verlag
101: BA: R 43 II/169a, 2; 7f
102: Gesetzblatt der DEK 1939, Nr. 19, 99
103: BA: R 43 II/160a, 88
104: Privatbesitz: Genoud (durch freundl. Vermittlung von Prof. Dr. Jochmann, Hamburg)
107: M. Bourke-White, Deutschland April 1945, München 1979, Bild 30
110/111: BA: Zentralnachweisstelle Aachen-Kornelimünster Bestand RM 32 – G – St 715
112: EZA: Bildersammlung
113: Privatbesitz: Delfs
114: BA: Bildarchiv
115: Heinrich v.d. Becke, Berlin
116: LKA Stuttgart: D 1/191,11
117: Privatbesitz: Dähnhardt
118: BA: R 43 II/150a, 2
121: Israelitische Kultusgemeinde Baden-Baden
122: LKA Stuttgart D1,99
123: LKA Stuttgart
124: Privatbesitz: v. Jan
125: Evang. Hilfsstelle für ehemalige Rasseverfolgte in Berlin (Hg.), An der Stechbahn, Berlin 1957, 2. U.
126: Privatbesitz: Grüber
127/128: EZA: EOK Gen. XII/46 II
129: Bildarchiv Preußischer Kulturbesitz
131: EZA: EKD C3/172, 45
132: Privatbesitz: Staritz
133: EZA: KKA/110, 287
134–136: Privatbesitz: Sylten
137: BA: R 22/4209
139: BA: R 22/5201, 139ff
140: BA: R 22/5021, 79
142: Privatbesitz: Schumacher
143: Archiv der von Bodelschwinghschen Anstalten, Bielefeld-Bethel
144–146: Bonhoeffer-Nachlaß: Bethge
147: BA: Bildarchiv
148: BA: NS 6 I/29, 1f
150: Privatbesitz: Röhm
151: S.W. Herman, DANA PHOTO from ICD PHOTO SECTION, Frankfurt/M, List B, 25 Oct 45
152: Heinrich v.d. Becke, Berlin
153: Lambeth Palace Library, London; Bell Papers: German Church 9, f. 435 (mit besonderer Genehmigung des Erzbischofs von Canterbury)
154: Landesbildstelle Stuttgart: Nr. 42 477